추천사

하루키 소설에는 실로 다양한 종류의 음악, 술, 음식들이 나온다. 그것은 작중인물이 제 감정과 문화 취향을 드러내는 기호로 작동한다. 이 책의 저자는 하루키의 소설과 에세이를 훑으면서 '술'에 관련된 것을 일일이 적시하고, 그 의미를 따져 문장을 적어 내려간다. 술과 함께한 인류의 문명사를 짚어내고, 하루키 주인공들이 술에 기대어 제 마음을 어떻게 진정시키는지를 보여주는 문장은 한 점의 모호함도 없이 명석하고, 내용은 백과사전만큼이나 정확하고 풍부하다. 처음엔 '술'이라는 코드로 '하루키 문학'을 탐사하는 아이디어에 감탄하고, 나중엔 기대를 넘어서는 책의 몰입도에 반했다. 책 말미에 부록으로 붙인 '이 책을 읽고 가볼 만한 곳'도 개인적으로 매우 흥미로웠다. 하루키스트라면 절대로 놓치면 안 될 책이다!

_장석주(시인)

40년 동안 숙성된 고급 위스키 같은 하루키의 글에는, 잉크 대신 검정색 알코올로 글을 쓴 듯 여러 빛깔의 술 향기가 묻혀 있다. 이 책을 통해, 어렸을 적 하루키 소설에 나오는 잘 몰랐던 음악과 술들을 알게 된다면, 한 번 더 고개를 끄덕이며 미소 지을 수 있을 듯.
허무하지만 간절함이 느껴지는 맥주, 우아하지만 왠지 쓸쓸함이 느껴지는 와인, 영혼의 진통제 위스키, 클래식한 칵테일들까지 저자는 술에 얽힌 이야기들과 역사를 바텐더처럼 친절하게 안내한다.

_'캡틴락' 한경록(크라잉넛)

햇살 좋은 날이면 학교 가던 길을 멈추고 하루키 소설 한 권을 손에 든 채 공원으로 가던 시절이 있었다. 벤치에 앉아 바람의 노래를 들으며 넘기던 페이지마다 적혀 있던 술에 대한 문장들을 읽어 내려가며, 나도 한 번쯤 25미터 수영장을 가득 채울 만큼의 맥주를 여름내 마셔보고 싶었다.
이 책은 바로 그 시절을 떠올리게 만든다. 하루키의 글들에 숨겨진 술에 관한 보석 같은 이야기들을 다양하고 풍성하게 풀어낸다. 하루키식으로 말하자면, 햇살이 눈부시게 쏟아지는 잔디밭에 나가 차가운 라거 병맥주와 함께 읽고 싶은 책이다. 작지만 '확실한' 행복이 귓가를 간질일 것만 같다.

_김양수(웹툰 작가)

맥주 반잔을 겨우 마시는 나도 무라카미 하루키의 작품 속에서 술 이야기를 접할 때면 그와 함께 여유로운 어른의 세계로 들어가는 기분이 들곤 했다. '술알못'도 즐길 수 있는 흥미로운 가이드이자 하루키 월드를 속속들이 파헤쳐주는 유니크한 팬북!

_양수현(『기사단장 죽이기』 책임편집자)

하루키를 읽다가 술집으로

♦ 이 책은 『하루키를 읽다가 술집으로』(싱긋, 2018)를 재출간한 것이다.

하루키를 읽다가 술집으로

조승원 지음

싱긋

들어가며

 하루키와 술, 내가 사랑하는 이 두 가지를 엮어서 책을 내 보면 어떨까 하는 발상은 술집이 아니라 빵집에서 나왔다. 정확히 말하자면 전작 『열정적 위로, 우아한 탐닉』을 출간한 지 석 달쯤 지났을 무렵, 일산의 한 빵집 2층에서였다. 비가 오락가락하던 그날, 문학과 예술을 사랑하는 어떤 분과 함께한 자리에서 누가 먼저 하루키 얘기를 꺼냈는지는 가물가물하지만, 아무튼 얼핏 이런 대화가 오간 것 같다.

 "뮤지션뿐만 아니라, 소설가 중에도 애주가가 많은가요?"
 "그럼요. 술 얘기를 책에 많이 쓴 작가가 대표적으로 두 명 있는데, 서양은 헤밍웨이, 동양은 하루키예요."
 "하루키 책에도 술 얘기가 많이 나오는군요?"
 "『바람의 노래를 들어라』에 맥주라는 단어가 몇 번이나 나오는지 아세요? 61번이나 나온다니까요. 대학 때 읽으면서 일일이 세어봤어요. 하루키 책을 읽다보면 술을 참는 게 너무 힘들어요."

이 말을 내뱉는 순간, 뭔가에 홀린 듯 '하루키가 사랑한 술'을 주제로 책을 써도 괜찮겠다는 생각이 들었다. 잠시 뒤, 나는 시간을 한참이나 거슬러올라가, 하루키와 처음 만난 대학 1학년 때로 돌아가 있었다.

내가 대학에 들어간 1991년은 혼란스러운 해였다. 그해 4월 명지대생 강경대씨가 시위 도중 백골단의 폭력에 숨졌다. 분신정국이 이어졌고, 캠퍼스에서는 화염병과 최루탄이 난무했다. 서강대 박홍 총장은 "어둠의 세력" 운운했고, 김지하 시인은 「죽음의 굿판 당장 걷어치워라」라는 글을 한 신문에 기고했다. 훗날 조작으로 밝혀진 유서대필 사건이 터졌는가 하면, 정원식 총리는 한국외대에 찾아가 밀가루와 계란을 뒤집어썼다. 덕분에 당시 여당인 민자당은 선거에서 압승했다.

시대 상황이 이렇다보니, 책 읽는 것도 눈치를 봐야 했다. 신입생이라면 '인역'(인간의 역사)이나 '스비까'(스스로를 비둘기라고 믿는 까치에게), '다현사'(다시 쓰는 현대사) 같은 입문서를 통독한 뒤 '빨간 책'으로 불린 진짜 운동권 서적으로 넘어가는 게 코스였다. 학회 선배들은 마르크스『자본론』을 자랑스럽게 들고 다녔고, 하버마스나 아도르노 정도는 읽어줘야 제대로 정신 박힌 대학생으로 대접받을 수 있었다.

  이 무렵에 하루키 책을 뒤적이는 건, 적어도 내가 다니던 학교에선 '금기'나 마찬가지였다. 주변 친구들은『난장이가 쏘아 올린 작은 공』이나『태백산맥』,『광장』같은 소설을 읽었다. 일부는 헤르만 헤세나 카프카를 읽기도 했지만, 그런 경우에는 "뭐 이런 것까지 읽느냐"라는 눈총과 함께 "좀 특이한 녀석"이라는 지적을 감수해야 했다. 이런 분위기였으니 하루키 책을 캠퍼스에서 들고 다니다가는 비웃음거리가 되는 건 물론, '정신머리 없는 놈'으로 낙인찍히기 십상이었.

  지금도 그렇지만 그때도 나는 지극히 소심한 인간이었다. 하루키를 들고 다니며 대놓고 읽을 용기는 감히 내지 못했다. 대신에 자취방에서 혼자 몰래 읽었다. 공부에 흥미를 잃은 나에게 하루키는 훌륭한 도피처였다. 어떤 날은 수업을 다 빼먹고 온종일 하루키만 탐독했다. 읽고 또 읽으며, 눈에 띄는 문장은 밑줄을 긋고 노트에 옮겨 적기도 했다. 하루키는 생각 없고 철없는 '날라리'들이나 보는 걸로 취급됐지만, 난 그런 '날라리 소설'이 좋았다. 자취방에서 전기포트에 라면 하나 끓여 먹고, 하루키 소설을 읽으며 맥주 한 캔 까는 게 최고의 낙이었다. 보통 때는 국산 맥주를 마셨지만, 하루키 소설 읽을 때만큼은 멋 좀 부려보고 싶어서 수입 맥주를 고집했다. 지금이야 편의점에 가도 수입 맥주가 수십 종류나 넘쳐나지만, 그때만 해도 밀러, 버드와이저 정도가 전부였다. 가난한 자취생 처지에선 제법 사치를 한 셈이다.

　대학 시절을 그렇게 보냈기에, '하루키의 술'을 주제로 책을 쓴다는 건 상상만 해도 가슴이 쿵쿵 뛰는 일이었다. 개인적으로는 푸릇푸릇했던 20대 초반의 나와 다시 만날 수 있는 소중한 기회이기도 했다. 하지만 정작 집필에 들어가려니 무엇보다 '이 책이 과연 세상에 꼭 필요할까' 하는 의문이 들었다. 왠지 이런 책이 국내엔 없더라도 세상 어딘가에는 이미 있을 것 같았다. 사실 하루키를 다룬 책은 이미 차고도 넘친다. 일반적인 하루키 비평서와 에세이는 국내에서 출간된 것만도 수십 종, 일본에는 수백 종쯤 된다. 하루키가 사랑한 음악을 주제로 쓴 책 역시 너무 많아서, 내 서재에 꽂혀 있는 것만도 다섯 종이다. 하루키 소설에 나오는 요리를 다룬 책이나 하루키 소설에 등장하는 장소를 소개하는 책도 여러 종 나와 있다. 정보 접근성이 좋은 일본 작가가 '하루키의 술'을 주제로 이미 책을 썼다면, 굳이 나까지 시간과 정성을 들여서 다시 쓸 필요가 있을까 싶었다.

　그래도 책을 쓸 운명이긴 운명이었던 것 같다. 분명히 어딘가에는 있을 것 같았는데, 아무리 뒤져봐도 '하루키의 술'을 다룬 책은 찾을 수 없었다. 일본어에 능통한 회사 후배와 일본인 친구를 동원해 확인한 뒤 내린 결론은, '하루키의 술'을 다룬 단행본은 '아직 지구상에는 존재하지 않는다'라는 것이었다.

세상에 없는 책이라면 내가 써야만 했다. 좀 웃기는 얘기이긴 하지만, 내 자신이 이 책을 너무나 읽고 싶어서였다. 하루키를 좋아하고 술을 사랑하는 나로서는 '하루키의 술'이라는 주제의 책을 꼭 읽어보고 싶은데, 세상 어디에도 없다고 하니 직접 쓰는 것 말고는 달리 방법이 없었다. 물론 남이 써줄 때까지 무작정 기다릴 수도 있겠지만, 그러다가 내가 죽을 때까지 아무도 안 쓰면 어떻게 한단 말인가? 딱 이틀간 고민했고, 결심을 했다.

'그래, 아무도 안 쓸 것 같다면 더 늦기 전에 나라도 쓰자. 내가 직접 써서 내가 맨 먼저 읽어보자.'

지난날 뮤지션이 사랑한 술을 다룬 책을 펴내면서 너무 고생을 해서 그런지, 이번엔 좀 쉽게 가려고 했다. 하루키 책이야 대부분 국내에 번역돼 있으니, 자료 찾는 수고도 훨씬 덜할 것 같았다. 그런데 막상 작업에 들어가니, 자료 정리하는 것도 보통 일이 아니었다. 하루키가 지난 40년간 끊임없이 작품을 발표한 부지런한 작가이다보니, 일단 읽어야 할 게 너무도 많았다. 국내에 번역된 소설과 에세이는 모조리 구해 읽고, 번역되지 않은 에세이도 구해서 일본어 잘하는 분의 도움을 받아 원서를 읽었다. 온갖 비평서와 하루키 관련 도서 역시 구할 수 있는 건 죄다 구해서 슬쩍이라도 살펴봤다. 마침 회사가 파업 기간이라 한 달 만에 자료를 정리할 수 있었다.

　흔히 소설가들이 "글은 엉덩이로 쓴다"라고 하던데, 이 책이야말로 그렇게 썼다. 파업 기간에는 신촌의 한 스터디카페에 자리를 잡아놓고, 집회 나가는 시간만 빼고 하루 평균 14시간씩 작업했다. 의자에 계속 앉아 있다보니 엉덩이가 아파서 쿠션을 두 개씩 깔아야 했다. 게다가 주제가 하필 술이어서 더 힘들었다. 글을 쓰다가 술 생각이 날 때가 많았기 때문이다. 술 좋아하는 사람이 하루종일 술 얘기를 글로 쓰고 있었으니, 얼마나 간절했겠는가? 그럴 때마다 꾹 참고 냉수를 벌컥벌컥 들이켰다. 정 힘들 땐 편의점에서 맥주 한 캔 사서 마시고 글을 썼다.

　고생은 했지만, 부족한 점도 많은 것 같다. 자료조사에 치중하다보니 정보 위주로 돼 있어서 읽기에 마냥 편하지는 않을 거라는 걱정도 든다. 변명을 하자면, 그동안 국내 작가가 쓴 하루키 관련 에세이가 지나치게 개인적 감성과 주관적 해석에 치우쳐 있어서, 나는 그렇게 쓰고 싶지 않았다. 하루키 작품 자체가 해석의 여지가 많고 복잡한데, 내 느낌과 감상으로 독자의 상상력을 제한하고 싶지도 않았다. 꼭 필요한 대목이 아니라면 독자가 마음껏 상상하고 해석할 수 있도록 객관적 정보 제공에 주력하고 싶었다. 아울러 독자 여러분께 알려드려야 할 게 있다. 하루키 소설이 국내에서 오랜 기간 잘 팔리다보니 개정판이 나온 것도 많고, 출판사가 바뀌어 새로 번역된 경우도 있다. 이런 이유로 이 책에 인용한 하루키 소설 문장이 독자 여러분이 읽은 것과는 조금 차이가 날 수도 있다.

나는 지금 원고 작업을 마치고, 도쿄 시내를 돌아다니고 있다. 하루키 단골 바에 들러 그가 사랑하는 블러디 메리 칵테일도 맛봤다. 일본까지 날아와서 하루키의 흔적을 훑고 다니다 보니 이런 생각도 들었다. 호프집에서 맥주 한잔 마시거나 바에서 칵테일 한잔하는 건 어쩌면 하루키 소설의 문장 하나를 읽는 거나 마찬가지라고. 외롭고 지친 이들에게 퇴근길 대포 한잔이 위로가 되듯, 하루키의 소설은 우리에게 힘과 용기를 준다. 감히 바라건대 내가 쓴 이 책도 누군가에게 기쁨과 위로가 되었으면 한다. 단 한 명이라도 이 책을 읽고 잠시나마 행복한 기분을 느낀다면 저자로서 더할 나위 없이 기쁠 것 같다.

2018년 여름 도쿄에서

들어가며 005

1장
하루키와 맥주

하루키 맥주 키워드—허무 018
하루키 맥주 키워드—일상 021
물이냐 맥주냐 029
빵이냐 맥주냐 031
액체로 된 빵 035
하루키에게 맥주란? 040
하루키처럼 맥주 마시는 법 043
하루키와 유럽 맥주 048
하루키가 사랑한 맥주 052

2장
하루키와 와인

하루키 와인 키워드—격식과 품위 076
맥주 vs 와인 080
와인은 왜 우아한 술이 되었는가? 081
하루키의 와인을 향한 열정 085
하루키가 사랑한 와인 088

3장	하루키 위스키 키워드—고독 136	
하루키와	하루키 위스키 키워드—진정과 치유 140	
위스키	하루키의 '위스키 성지여행' 158	
	하루키 작품 속 위스키 161	
	"위스키는 스카치" 163	
	하루키가 사랑한 스카치 169	
	하루키처럼 위스키 마시는 법 186	
	하루키가 추천하는 '위스키 마시며 들을 만한' 재즈 앨범 194	

4장	보드카 칵테일 207
하루키와	진 칵테일 243
칵테일	럼 칵테일 270

하루키와 음악—맥주 069
하루키와 음악—와인 129
하루키와 음악—위스키 197
하루키와 음악—칵테일 303

부록 1 이 책을 읽고 가볼 만한 곳 310
부록 2 술꾼이 밑줄 그은 하루키의 문장 342

감사의 말 349

맥주와 함께 있으라.
맥주는 한결같은 혈액, 한결같은 연인이다.
Stay with the beer.
Beer is continuous blood, a continuous lover.

―찰스 부코스키

1장

하루키와 맥주

　소설을 읽다보면 간혹 술 생각이 간절해진다. 맛있게 술을 마시는 장면이 나올 때 특히 그렇다. 이런 대목에선 목이 칼칼해진다. 입맛을 쩝쩝 다시게 된다. 글자는 더이상 눈에 들어오지 않는다. 책이고 뭐고 다 필요 없고, 빨리 술집으로 달려가고 싶어진다. '술맛 나는 소설'을 읽는 게 애주가에겐 즐거우면서도 고통스러운 일이다.
　애주가를 유난히 힘들게 하는 작가도 있다. 일단 그런 작가는 음주 장면을 작품에 너무 많이 집어넣는다. 음주에 대한 묘사는 세밀하고 생생하다. 읽다보면 도저히 술 생각을 떨치기 어려워진다. 맥주라도 있는지 냉장고부터 뒤지게 된다. 30년 넘게 전세계 애주가를 이런 식으로 괴롭힌 작가가 무라카미 하루키다.

애주가의 인내심과 절제력을 시험하려고 소설을 쓰는 것 같은 하루키. 그의 작품에 가장 자주 나오는 술은 맥주다. 하루키가 지금까지 펴낸 중·장편 소설은 데뷔작『바람의 노래를 들어라』(1979)부터『기사단장 죽이기』(2017)까지 총 14편. 맥주는 이 모든 작품에 빠지지 않고 나온다. 단 한 편도 예외가 없다. 특히 초기 삼부작인『바람의 노래를 들어라』,『1973년의 핀볼』,『양을 쫓는 모험』은 맥주라는 키워드를 빼놓으면 해석이 불가능하다. 맥주가 작품 전체의 분위기를 지배하는 핵심 소재이기 때문이다.

하루키 맥주 키워드
—허무

모든 건 스쳐지나간다. 누구도 그걸 붙잡을 수 없다.

—『바람의 노래를 들어라』

하루키의 데뷔작으로 '군조 신인문학상'(제22회)을 받은 『바람의 노래를 들어라』. 기념비적인 이 작품은 술꾼 입장에서는 '맥주 찬양 소설'이라고 불러도 무방하다. 중편 분량이지만 맥주 마시는 장면은 56번, 맥주라는 단어는 61번 등장한다. 이 소설의 두 주인공, 즉 '나(僕)'와 '쥐(鼠)'는 처음부터 끝까지, 주야장천, 시도 때도 없이 맥주를 퍼마신다.

'나'와 '쥐'가 친구가 되는 상황부터 보자. 열여덟 살 대학 신입생이던 '나'는 새벽까지 술을 마시다가 엉겁결에 '쥐'의 차를 타게 된다. 만취 상태인 두 사람은 서로 어떻게 만나서 알게 됐는지조차 기억이 없다. '쥐'는 차를 몰고 공원으로 질주하다가 돌기둥을 들이박고 만다. 음주 교통사고를 일으킨 상황에서 쥐는 느닷없이 "둘이서 팀을 만들어보자"고 제안한다.

"이봐, 우리 둘이서 팀을 만들어 보지 않을래? 틀림없이 무슨 일이든 잘 될 거야."
"그럼 첫 번째로 무엇을 할까?"

"맥주를 마시자."

―『바람의 노래를 들어라』

두 사람은 자판기에서 캔맥주 여섯 개를 뽑아 시원하게 들이켜고는 빈 깡통을 바다에 던져버리고 정식으로 친구가 된다. 그뒤로 둘은 끈끈한 우정을 이어간다. 스물한 살이 된 1970년. 여름방학을 맞아 고향에 내려온 '나'는 단골 술집인 제이스 바에서 '쥐'와 함께 매일같이 맥주를 마신다. 두 사람이 여름 내내 마신 맥주는 25미터 수영장을 가득 채울 정도였다.

여름 내내 나하고 쥐는 마치 무엇인가에 씐 것처럼 25미터 풀을 가득 채울 정도의 맥주를 퍼마셨고, 제이스 바의 바닥에 5센티미터는 쌓일 만큼의 땅콩 껍질을 버렸다. 그때는 그렇게라도 하지 않으면 살아남을 수 없을 정도로 따분한 여름이었다.

―『바람의 노래를 들어라』

두 청춘은 허송세월을 하면서 왜 이토록 맥주를 마셔대는 걸까? 다음 대사에서 힌트를 얻을 수 있다.

"왜 맥주 같은 걸 마시는 건데?"
나는 식초에 절인 전갱이와 야채샐러드를 한 번씩 번갈아 먹으면서 쥐 쪽은 보지도 않고 그렇게 되물었다. 쥐는 그것에 대해서 한

참 생각하더니 5분쯤 뒤에 입을 열었다.
"맥주의 좋은 점은 말이야, 전부 오줌으로 변해서 나와 버린다는 거지. 원 아웃, 1루, 더블 플레이, 아무것도 남지 않는 거야."

—『바람의 노래를 들어라』

"모든 것은 스쳐지나갈 뿐"이며, "소중한 것이 있더라도 붙잡을 수 없다"고 보는 하루키식 허무주의. 이런 극단적인 허무감은 이 소설뿐 아니라, 하루키 초기 작품 세계 전반을 관통하는 중요한 키워드다. 다음은 『바람의 노래를 들어라』의 후속작 『1973년의 핀볼』에서 '쥐'가 고향을 떠나기 전에 단골 술집 제이스 바에서 맥주를 마시는 장면이다.

지금이 은퇴할 적당한 시기일지도 모른다고 쥐는 생각했다. 이 술집에서 처음으로 맥주를 마신 것은 열여덟 살 때였다. 수천 병의 맥주, 수천 개의 감자튀김, 수천 장의 주크박스 레코드, 모든 것이 마치 거룻배에 밀려드는 파도처럼 밀려왔다가 사라져 갔다. 나는 이미 맥주를 충분히 마신 게 아닐까?

—『1973년의 핀볼』

열여덟 살 때부터 수천 병의 맥주를 "이미 충분히" 마신 '쥐'. 지금 그의 곁엔 아무것도 남아 있지 않다. 한때 의미 있다고 여긴 모든 것은 늘 바람처럼 파도처럼 왔다가 사라질 뿐이다.

『바람의 노래를 들어라』와 『1973년의 핀볼』에서 '나'와 '쥐'가 마셔대는 맥주는 삶의 의미와 존재 가치를 상실한 청춘의 허무감을 강렬하게 대변한다.

하루키 맥주 키워드
—일상

"마음껏 맥주를 마시기 위해서 수영장에 다니거나 조깅을 하면서 배의 군살을 빼고 있다."

—『세계의 끝과 하드보일드 원더랜드』

하루키 소설에 등장하는 맥주의 또다른 키워드는 '일상성日常性'이다. 하루키 작품의 등장인물은 언제 어디서든 끊임없이 맥주를 찾는다. 한마디로 때와 장소를 가리지 않는다. 초저녁이나 대낮은 물론이고 심지어 이른 아침부터 맥주를 즐긴다. 집이나 음식점, 술집에서는 당연히 마시고, 친구 집 옥상이나 공항 라운지, 기차 안에서도 마신다. 『양을 쫓는 모험』에서처럼 고급 호텔 바에서 한 잔을 들이켜는가 하면, 『댄스 댄스 댄스』에서처럼 고속도로를 달리다가 해변에 차를 세워놓고 맥주 캔을 따기도 한다. 특별한 사건이나 거창한 이유 같은 건 필요 없다. 맥주는 살아 있기에 당연히 마시는 '일상의 음료'

와도 같다.

　이런 상징을 극명하게 드러낸 작품이 『세계의 끝과 하드보일드 원더랜드』(1985)•다. '하드보일드 원더랜드'의 주인공인 '나'는 계산사計算士라는 직업을 가진 독신 남성이다. 특별한 능력을 지닌 그는 암호화된 정보를 풀기도 하고, 반대로 정보를 암호화해 뇌에 감춰놓기도 한다. 이 모든 과정은 컴퓨터 같은 기계 장치가 아닌, 머릿속에 있는 '무의식의 핵'을 통해 이뤄진다. 그런데 이 시스템을 개발한 '노박사老博士'가 실험을 하려고 '나'의 의식에 '세계의 끝'이라는 또다른 의식을 심어놓으면서 문제가 벌어진다. 박사는 실험을 마치면 '나'의 의식 상태를 원래대로 돌려놓을 생각이었지만, 연구실 자료를 도둑맞으면서 복구에 실패한다. 결국 주인공인 '나'는 하드보일드 원더랜드라는 현실 세계에서 의식의 종말을 맞게 될 처지가 된다. 영원한 수면 상태에 빠지기 전까지 '나'에게 허락된 건 고작 스무 시간. 만 하루도 안 되는 이 시간 동안 주인공은 대체 뭘 하고 싶을까?

　이발소에 가서 머리를 깎고, 그 길로 가이엔으로 가서 잔디밭에

• 이 작품으로 하루키는 다니자키 준이치로 상을 수상하며 평단으로부터 다시 한 번 인정을 받는다. '하드보일드 원더랜드'와 '세계의 끝'이라는 두 이야기가 홀수 장(章)과 짝수 장으로 나란히 흘러가며 미묘하게 교차하는 구성이다.

누워 하늘을 바라보는 거다. 그리고 차가운 맥주를 마시는 거다. 세계가 끝나기 전에.

—『세계의 끝과 하드보일드 원더랜드』

주인공은 "잔디밭에 누워 맥주를 마시겠다"는 다짐을 이후에도 계속 반복한다.

햇살이 눈부시게 쏟아지는 잔디밭에 누워서 음악을 들으며, 시원한 맥주를 마시고 싶다. 그 이상은 아무것도 바라지 않는다.

—『세계의 끝과 하드보일드 원더랜드』

시원한 맥주 한잔 마시며 '세계의 끝'으로 떠나고 싶은 주인공. 이 소설에 묘사된 '나'의 마지막 스무 시간의 행적은 다음과 같다.

1. 끊었던 담배를 다시 피운다.
2. 옷가게에서 코트와 넥타이를 산다.
3. 술집에 들러 굴을 먹으며 대낮부터 맥주를 마신다.
4. 렌터카를 빌리고 밥 딜런 테이프를 구입한다.
5. 도서관 사서로 일하는 '그녀'와 레스토랑에서 풀코스 만찬을 즐긴다.
6. '그녀' 집에 가서 위스키를 마신다. 세 번 사랑을 나눈 뒤 와인을

마신다.

주인공은 한밤이 되어서야 잠자리에 들지만, 얼마 안 돼 깨고 만다. 탁자에 놓아둔 일각수—角獸 두개골에서 갑자기 "크리스마스 트리처럼" 빛이 나자, '그녀'가 주인공을 흔들어 깨웠기 때문이다. 시계를 보니 새벽 4시 16분. 잠이 달아난 주인공은 일어나자마자 맥주부터 마신다.●

"목이 마른데."
"맥주 마실래요? 아니면 물?"
"맥주가 좋겠군." 하고 나는 말했다.
그녀가 냉장고에서 맥주를 꺼내 잔과 함께 거실로 가지고 오는 사이에, 나는 소파 뒤에 팽개쳐져 있던 손목시계를 주워 시각을 보았다. 4시 16분이었다. 이제 한 시간이 조금 지나면 날이 밝기 시작할 것이다.

—『세계의 끝과 하드보일드 원더랜드』

주인공은 아침이 밝자 '그녀'와 함께 공원으로 향한다. 가는 도중 술을 파는 가게에도 들러, "가을 햇빛에 물든 것처럼 반

● 아침에 눈을 뜨자마자 물 대신에 맥주부터 마신 대표적인 인물이 영국의 엘리자베스 1세다. 윈스턴 처칠도 아침부터 밤까지 맥주를 물처럼 마신 주당이었다.

짝반짝 빛나는" 밀러 캔맥주 여섯 개를 산다. 월요일 아침 공원은 마치 "갑판이 비어 있는 항공모함"처럼 썰렁하다. 주인공은 자신의 바람대로 잔디밭에 누워 맥주를 마신다.

이 정도면 그럭저럭 소원은 푼 것 같은데, 주인공은 성에 차지 않았나보다. 그는 이후에도 맥주 타령을 계속한다. 부두 창고 옆에 차를 세우고 밥 딜런 음악을 들으며 소멸을 기다리는 마지막 순간에도 그는 한 잔의 맥주를 아쉬워한다.

> 항구에 도착하자 나는 인기척이 없는 창고 옆에 차를 세우고, 담배를 피우면서, 밥 딜런의 테이프를 자동적으로 반복하게 틀어 놓은 채 듣고 있다. 등받이를 뒤로 젖히고, 두 다리를 핸들 위에 올려놓고, 조용히 숨을 쉬었다. 맥주를 좀 더 마시고 싶었지만 더 이상 맥주는 없었다. 공원에서 그녀와 함께 하나도 남김없이 다 마셔버렸던 것이다.
>
> ―『세계의 끝과 하드보일드 원더랜드』

주인공은 왜 이토록 맥주에 집착하는 걸까? 맥주를 미치도록 좋아해서일까? 그렇지는 않다. 주인공 '나'는 평소엔 위스키를 더 즐겨 마신다. 집안 거실에 스카치와 버번 위스키가 한가득일 정도다. 하지만 존재(의식)의 소멸을 앞둔 상황에선 다르다. 위스키 대신에 '한 모금의 맥주'를 간절히 원한다. 영원한 수면 상태에 빠져들게 될 주인공에게 '맥주를 마신다'는 것은

도쿄 히비야 공원.
『세계의 끝과 하드보일드 원더랜드』의 주인공은
의식의 소멸을 앞두고 이곳에서 밀러 캔맥주를 마신다.

히비야 공원의 주류 반입 금지 표지판.
소설에서와 달리, 현재 히비야 공원의 잔디밭에서는 술을 마실 수 없다.

아직 '현실 세계에 살아 있다'는 것을 입증하는 행위이기 때문이다.

물이냐 맥주냐

"맥주 마실래요? 아니면 물?"
"맥주가 좋겠군."

　의식의 종말을 앞둔 주인공이 물 대신에 맥주를 고르는 대목은 술의 역사를 연구해온 학자들에겐 상당히 의미 있게 다가올 것이다. "물이냐 맥주냐?"는 수천 년 동안 인류가 끊임없이 던져온 질문이기 때문이다. 수렵과 채집에서 벗어나 농경과 목축을 하며 정착한 뒤부터 인류는 물이 안전한지 맥주가 안전한지를 놓고 고민하기 시작했다.

　문명화된 21세기의 도시에 사는 현대인은 대체적으로 물을 믿고 마신다. 오염된 물은 흘려보내고 정화된 물을 공급하는 상하수도 시스템 덕분이다. 하지만 물을 안심하고 마시게 된 건 서구 사회에서도 그리 오래되지 않았다. 유럽의 경우 19세기 중반에 이르러서야 상하수도 시설이 갖춰졌기 때문이다. 상하수도가 완비되기 전까지 인류는 혹시 물이 오염된 건 아닐까 하는 걱정과 의심을 떨쳐버릴 수 없었다.

고고학자들의 연구에 따르면, 자동차도 없고 공장도 없던 로마 시대에도 도시 강물은 더러웠다. 인구 증가로 분뇨와 쓰레기가 늘어난데다, 처형한 시신까지 강에 그대로 던져넣는 바람에 수질이 악화된 것이다. 까마득한 로마 시대가 이랬으니, 중세와 근대의 경우는 더 말할 것도 없다. 콜레라 같은 수인성 전염병이 급속도로 확산되면서 물은 공포의 대상이 됐다. 역사학자 로드 필립스Rod Phillips가 쓴 『알코올의 역사』(윤철희 옮김, 연암서가, 2015)에 따르면, 고대 그리스와 로마 시대에도 납에 노출된 물을 마시는 것은 위험한 일이라는 경고가 있었다. 또 16세기와 17세기까지 유럽의 의사 대다수는 건강을 위해 물을 철저히 삼가라고 권했다.

이처럼 당시에는 물을 믿고 마실 수 없었는데, 그렇다면 뭘 마셔야 했을까? 콜라 같은 탄산음료? 그런 건 19세기 말에 나왔으니 언급할 필요도 없다. 그럼 커피나 홍차는? 이 역시 중세 이후에 서구 사회에 도입됐으며, 공급이 달려 일상적인 음료는 될 수 없었다. 혹시 우유는? 훌륭한 대안이었겠지만, 상업적으로 팔 수 있을 만큼 충분히 젖을 짜내기 어려웠다. 마지막으로 과일주스는? 이 역시 현실성이 없다. 물처럼 마셔댈 만큼 주스를 만들려면 과일을 엄청나게 수확해야 했기 때문이다.

그렇다면 물을 대체할 수 있는 음료로는 뭐가 있었을까? 바로 맥주였다. 맥주는 일단 안전했다. 제조 과정에서 맥아즙(워트)을 한 차례 푹 끓임으로써 거의 모든 병균을 죽였다. 물 마시고 탈이 나는 경우는 있지만 맥주는 탈이 날 염려가 없다는 걸 인류는 오랜 경험을 통해 알게 된다. 폭음만 하지 않는다면 말이다. 더구나 맥주는 독하지 않으면서 맛도 좋았다. 포만감과 더불어 적당한 취기로 기쁨을 줬다. 안전하면서 맛있다는 인식이 퍼지면서 맥주는 물을 대체하는 '필수 음료'로 자리잡게 된다.

빵이냐 맥주냐

하루키의 단편 중에 「빵가게 재습격」이란 게 있다. 줄거리는 황당무계하다. 새벽에 배고픔을 이기지 못한 평범한 신혼부부가 빵가게를 털기 위해 산탄총을 들고 나선다. 하지만 문을 연 빵집을 찾지 못하고 결국 맥도날드 매장에 들어가 빅맥 서른 개를 빼앗아 먹는다는 내용이다.

좀더 구체적으로 첫 장면부터 살펴보자. 주인공 부부는 저녁을 일찍 먹고 밤 9시에 잠자리에 들었다가 새벽 2시에 깨버린다. 부부는 허기가 "회오리처럼" 밀려오자 냉장고를 샅샅이 뒤지지만 거기엔 프렌치드레싱과 캔맥주 여섯 개, 곯아빠진 양파와 버터, 탈취제만 남아 있다. 먹고 싶은 빵 대신에 맥주를 마시지만 그래도 도저히 허기를 달랠 수 없다. 부부는 총과 마스크를 챙겨 기어이 빵을 찾아 나선다. 주인공 부부에게 맥주는 맥주일 뿐이어서, 빵을 대신할 순 없었던 것이다.

> 할 수 없이 우리는 캔맥주를 따서 마셨다. 양파를 먹는 것보다는 맥주를 마시는 편이 훨씬 나았기 때문이다. 아내는 맥주를 별로 즐기지 않아서 내가 여섯 캔 중 네 캔을 마시고, 아내가 나머지 두 캔을 마셨다. (…) 하지만 유감스럽게도 캔맥주도 버터 쿠키도 하늘에서 본 시나이 반도처럼 막막한 우리의 공복에 아무런 흔적도 남기지 않았다.
>
> ―『빵가게 재습격』

이 단편을 읽다가 떠오른 고고학계 논쟁이 있다. 바로 '빵 문명론'과 '맥주 문명론' 논쟁이다. 학자들은 인류 문명의 발전을 이끈 게 빵인지 맥주인지를 놓고 지난 60년간 온갖 증거를 제시하며 치열하게 다퉈왔다.

빵 문명론은 한마디로 "빵이 없었다면 인류 문명도 없었다"는 것이다. 이 설은 시카고 대학의 고고학자 로버트 브레이드우드 Robert J. Braidwood가 처음 제기했다. 그는 이란의 자그로스산맥 기슭을 돌아다니며 연구한 끝에, "신석기 인류가 수렵과 채집을 포기하고 정착 생활을 시작한 건 야생보리를 재배해 빵을 만들기 위해서였다"라고 주장했다. 즉 '신석기 농업 혁명'의 원동력이 보리로 만든 빵이라는 얘기다.

반론도 만만치 않다. 대표적인 게 맥주 문명론이다. 이 설은 "인류 문명 발전의 기폭제는 맥주"이며, "신석기 인류가 정착해 보리를 재배한 이유는 빵이 아닌, 맥주를 만들기 위해서였다"라는 것이다. 위스콘신 대학의 조너선 사워Jonathan Sauer 교수가 처음 제기한 이 설은 여러 학자들의 지지를 받고 있다. 특히 고대 술 연구의 권위자인 펜실베이니아 대학 패트릭 맥거번Patrick E. McGovern의 입장은 단호하다. 그는 저서 『술의 세계사』(김형근 옮김, 글항아리, 2016)에서 다음과 같이 주장했다.

> 실용적인 관점에서 생각해보면 대답은 정말로 간단하다. 만약 당장 선택해보라고 하면 어떤 것을 고르겠는가? 빵? 아니면 맥주? 신석기 시대 사람들은 우리와 똑같은 신경로와 감각기를 지녔다. 그리하여 그들의 선택 역시 지금 우리의 선택과 별반 다를 것이 없었다. 좀 더 과학적인 논쟁을 원하는 사람들에게는 보리맥주가 더 많은 비타민B와 필수 아미노산인 라이신을 포함하고 있어 빵보다는 영양가가 높다고 이야기할 수 있다. 하지만 맥주를 좋아하게 된 더 중요한 이유는 무엇일까? 4~5도 알코올을 함유한 맥주를 다량으로 흡수하면 강력한 향정신적·의약적 효과가 나타난다.
>
> ―『술의 세계사』

'맥주 문명론'은 이렇게 요약할 수 있다.

1. 거칠게 만든 보리 빵보다 보리 맥주가 맛있었다.
2. 맥주를 마시면 힘이 솟았다. 당시 사람들은 몰랐겠지만, 영양이 뛰어났기 때문이다.
3. 맥주가 주는 묘한 취기를 빵으로는 느낄 수 없었다.
4. 이런 맥주를 만들기 위해 한곳에 정착해 농사를 짓기 시작했고, 이것이 신석기 농업 혁명으로 이어졌다.

맥주 문명론이 옳든 빵 문명론이 옳든 한 가지는 분명하다. 맥주가 인류 문명의 탄생과 발전에 엄청난 영향을 끼쳤다는 사실은 누구도 부인하지 못한다. 최초의 문명 발상지인 메소포타미아 지역만 봐도 그렇다. 이곳에선 기원전 7000년경부터 맥주 제조를 위해 보리를 재배했다. 기원전 4000년경에 이르러서는 누구나 일상적으로 맥주를 먹었다. 물론 당시의 맥주는 지금과는 달랐다. 학자들의 연구에 따르면, 알코올 도수는 낮고 탄산도 거의 없는 걸쭉한 죽과 비슷했다. 그런데도 이런 김빠진 맥주를 먹기 위해 메소포타미아 수메르인은 애써 수확한 보리의 40퍼센트를 아낌없이 썼다. 이들에게 맥주가 얼마나 소중한 것이었는지 알 수 있는 대목이다. 수메르인은 맥주 제조법을 점토판에 새겨 후대에 남기기도 했다. 파리 루브르 박물관에 있는 '푸른 기념비Monument Bleu'가 그것이다. 기원전 3000년경에 제작된 것으로 추정되는 이 점토판에는 보리를 빻아 맥주를 만든 뒤 여신에게 제물로 바치는 모습이 담겨 있다.

액체로 된 빵

안전하고 맛있고 영양이 풍부하며, 때론 환각적인 경험을 주는 신비한 음료. 맥주는 이집트와 바빌로니아를 거쳐 곳곳으로 퍼져나갔고, 중세에는 유럽인 식단의 주식으로 자리잡았다. 중세 유럽인이 맥주를 얼마나 마셨는지에 대해서는 여러 추정치가 있는데, 대체적으로 한 사람이 매일 1리터 정도를 소비했다고 학자들은 보고 있다. 가난한 농촌 가정에서는 일인당 하루 0.5리터 정도를 섭취한 반면, 경제력이 있는 귀족은 1.5리터에서 2리터 이상을 마신 것으로 추정된다. 소비량이 증가하다보니 맥주를 제조해 공급하는 것도 예삿일이 아니었다. 농가에서는 맥주를 직접 빚어 해결했지만, 도시에선 그럴 수도 없었다. 결국 맥주를 대량 생산해 판매하는 상업적 양조장이 하나둘 생겨났다. 맥주가 산업화의 길을 걷게 된 것이다. 중세 말기 독일의 엘빙(지금의 폴란드 엘블롱크)이라는 도시의 예를 들어보자. 학자들이 조사한 결과, 당시 이 도시엔 맥주 양조 기술자만 적어도 65명이 있었다. 도시 전역에 고기를 파는 푸주한이 13명이고 빵을 만드는 제빵사가 22명이었던 것에 비하면 상당한 숫자다. 맥주가 얼마나 인기 있는 식료품이었는지 짐작할 수 있다.

중세에 맥주 문화가 꽃을 피운 데는 수도원의 역할을 빼놓을 수 없다. 시금털털하고 김빠진 맥주를 깔끔하고 맛있게 탈바꿈시킨 것도 진취적인 중세 수도사들이었다. 독일 학자 야콥 블루메Jacob Blume가 쓴 『맥주, 세상을 들이켜다』(김희상 옮김, 따비, 2010)에 따르면, 유럽의 수도원이 맥주를 만들기 시작한 건 대략 6세기부터다. 이 무렵부터 베네딕트 수도회와 시토 수도회를 중심으로 수많은 수도원이 앞다퉈 맥주 제조에 뛰어들었다. 중세 중기에는 양조장을 갖춘 수도원만 유럽 전역에 500개소에 달했다.

세속의 욕망과 거리를 둬야 할 종교인이 왜 이토록 맥주 제조에 열을 올렸을까? 한마디로 돈이 되는 '사업'이었기 때문이다. 수도원의 가장 확실한 돈벌이 수단이 맥주 제조였던 것이다. 이렇게 된 데는 여러 이유가 있다. 무엇보다 수도사들은 글을 읽을 줄 알기에 맥주 제조법을 문헌을 통해 정확하게 익힐 수 있었다. 또 도시 양조업자에 비해 돈도 많고 시간도 많아, 이런저런 재료로 다양한 실험을 해볼 수 있었다. 수도사들은 도시의 일반 양조장보다 훨씬 품질 좋은 맥주를 만들어냈고, 수도원은 이걸 내다팔아 짭짤한 수익을 올렸다. 중세 교회를 먹여 살린 돈줄이 맥주였던 셈이다.

  수도원에서 맥주를 만든 데는 다른 이유도 있었다. 다름 아닌 금식 수행 때문이다. 중세 수도사들은 1년에 40일 동안 배고픔을 참아가며 기도와 노동을 해야 했다. 이 기간에는 하루에 단 한 번만 '조촐한' 식사를 할 수 있었다. 빵 하나로 하루를 버텨내기 힘들었던 수도사들은 꾀를 내어 빵 대신에 맥주를 만들어 먹기 시작했다. "물처럼 흐르는 것을 먹는 일은 금식을 깨는 게 아니다"라고 주장하며 배고플 때마다 맥주를 꿀꺽꿀꺽 들이켰다. 맥주를 '흐르는 빵' 혹은 '액체로 된 빵Liquid Bread'이라 부르게 된 이유가 바로 여기에 있다. 맥주 덕분에 힘겨운 금식 수행을 버텨낼 수 있었으니, 수도사들에게 맥주는 빵보다 더 소중한 것이었는지 모른다.

인류 최초의 술?

주류酒類 전문 학자들이나 고고학자들이 지난 100년간 매달려 온 연구 주제가 두 가지 있다. "인류가 최초로 만든 술이 뭐냐?"라는 것과 "최초로 술을 만든 지역이 어디냐?"라는 것이다.

우선 '인류 최초의 술' 쟁점에서 학자들은 세 가지 가능성을 제시했다. 첫번째 가능성은 벌꿀로 만든 미드mead다. 스페인 알타미라 동굴 벽화 등을 볼 때, 인류는 약 1만 5천 년 전부터 야생 벌꿀을 채취했던 것 같다. 이렇게 얻은 벌꿀을 물에 희석해 인류 최초의 술(발효주)을 만들었을 거라는 설명이다. 두번째 가능성은 과실로 만든 와인wine. 학자들이 쓰는 '와인'이라는 용어는 꼭 포도로 만든 것만을 뜻하지 않고 각종 열매로 만든 과실주를 포괄한다. 인간이 처음 만든 술이 와인일 거라고 추정하는 학자들은 미드만큼이나 와인 제조법이 간단하다는 이유를 든다. 과실에는 당분이 풍부해서 그냥 압착해 그대로 놔두기만 해도 자연 발효로 술이 되었을 거라고 본다. 마지막 가능성은 맥주beer다. 여기서도 맥주는 보리나 밀, 쌀을 포함해 곡물로 만든 모든 술을 통칭한다. 인류 역사상 가장 흔한 술이고 고대 메소포타미아 문명 때부터 존재했으니 당연히 맥주가 '인류 최초의 술'이라는 주장이다.

다음은 '최초로 술을 만든 지역은 어디일까'라는 의문이다. 여기에는 그동안 큰 이견이 없었다. 인류 문명 발상지인 메소포타미아 지역, 지금의 중동일 거라는 설이 지배적이었다. 근거는 고

고학적 유물 증거였다. 중동 지역에서 출토된 기원전 5400년경 토기에서 알코올 성분이 검출됐기 때문이다. 또 알코올alcohol이라는 단어와 증류기를 뜻하는 알렘빅alembic이라는 단어의 어원이 아랍어인 점도 이 주장에 무게를 더했다.

그런데 전세계의 학자들을 놀라게 한 사건이 2004년에 일어난다. 신석기 초기 마을인 중국 허난성 지아후賈湖에서 출토된 토기 파편에서 극미량의 알코올 성분이 검출된 것이다. 학자들이 그 제작 연대를 확인해보니 놀랍게도 기원전 7000년경이었다. 알코올 성분이 검출된 중동 지역 토기보다 적어도 1500년이 앞섰다. 지아후 유적 발굴 이후 '중동에서 최초로 술을 만들었을 것'이라는 주장은 힘을 잃게 된다. (영국의 〈고고학저널〉 최신호에는 미국 스탠퍼드대와 이스라엘 하이파대 공동 연구진이 이스라엘 북서부 라케펫 동굴에서 1만 3천 년 전 나투피안이 만든 것으로 추정되는 맥주 양조장 흔적을 발견했다는 글이 실렸다.)

그렇다면 9천 년 전 지아후에 살던 신석기인은 무엇으로 술을 빚었을까? 학자들은 '기체색층분석Gas Chromatography'이라는 기술로 토기 파편을 정밀 분석했는데, 거기서 또 한 가지 놀라운 사실이 밝혀졌다. 쌀과 포도, 산사나무 열매, 그리고 벌꿀 성분이 함께 검출되었던 것이다. 다시 말해 당시 지아후 사람들이 만든 술은 과실과 곡물은 물론이고 꿀 등의 다양한 재료가 들어간 일종의 '혼합주'였던 것이다. 이로써 인간이 최초로 만든 술이 와인(과실)이냐 미드(벌꿀)냐 맥주(곡물)냐 하는 논쟁은 의미가 없어졌다. 지아후 유적 발굴 이후, 관련 역사학 및 분자고고학 교과서는 개정판이 나왔다. 토기 파편 하나가 '인류의 술 역사'를 바꾼 것이다.

하루키에게 맥주란?

『세일러복을 입은 연필』에 실린 에세이 「술에 대하여」에서 하루키는 "일 하나를 끝내고 술잔을 기울이는 기분이란 인생의 몇 안 되는 소확행(小確幸, 작지만 확실한 행복)"이라고 적었다. 그런데 맥주를 마실 때는 소확행 정도가 아니라, '대확행(크고 확실한 행복)'이 된다. 하루키는 "햇볕이 쨍쨍 내리쬐는 여름날 오후, 짧은 바지 하나만 입고 로큰롤을 들으며 맥주라도 마시고 있으면 행복하다는 기분이 절로 든다"(『밸런타인 데이의 무말랭이』)라고 말했다. 또다른 에세이 「장거리 주자의 맥주」에서는 마라톤을 완주한 뒤 마시는 맥주 한잔을 이렇게 표현했다.

42킬로미터를 완주한 뒤에 꿀꺽꿀꺽 단숨에 마시는 맥주의 맛은 최고의 행복이라고 표현해야 할 것으로, 이를 능가할 만큼 맛있는 것을 나는 달리 생각해낼 수 없다. 그러니까 대개 마지막 5킬로미터쯤은 계속 "맥주, 맥주" 하고 조그맣게 중얼거리며 달린다. 이렇게 가슴속까지 맛있는 맥주를 마시기 위해 42킬로미터라는 머나먼 길을 달려야 한다는 것은 때로는 좀 잔혹한 조건처럼 느껴지고, 때로는 아주 정당한 거래인 듯 느껴지기도 한다.

―『세일러복을 입은 연필』

이런 정도이니, 하루키에게 맥주 없는 세상은 상상조차 할 수 없다. 하루키는 여행 에세이 『라오스에 대체 뭐가 있는데요?』에서 1980년대 말까지 맥주 판매가 금지됐던 아이슬란드를 언급하면서 다음과 같이 말했다.

> 그나저나 만약 일본에서도 맥주가 불법이 된다면 어떻게 해야 할지 나는 도무지 짐작도 가지 않는다. 어디 망명이라도 해야 할까.
>
> ―『라오스에 대체 뭐가 있는데요?』

이런 일화도 있다. 1995년 6월, 하루키가 미 대륙을 횡단하는 여행 도중 유타주에 들렀을 때였다. 유타주에서는 종교적인 이유로 술 판매가 금지된 터라, 하루키는 꼬박 이틀 동안 맥주를 단 한 모금도 마시지 못했다.• 혹시라도 싶어 주 외곽 도시까지 찾아가 맥주 파는 곳을 수소문해봤지만 결국 실패했다. 어쩔 수 없이 포기하고 맥주 없이 "맛대가리 없는 저녁 식사"를 마쳤다. 그런데 이때 문득 유타주로 넘어오기 전에 버드와이저 한 캔을 사놓은 게 기억났다. 하루키는 차 구석구석을 뒤져 미지근하게 방치된 맥주 한 캔을 기어이 찾아냈고, 호텔로 와서 차갑게 해서 마셨다.

• 현재는 라거 맥주의 경우 알코올 도수 3.2도까지 판매가 허용된다.

그것을 호텔로 들고 와 차게 해서 두 사람이 절반씩 나누어 마셨다. 몇 모금 안 되어 안타까웠지만 정말 최고의 맛이었다.

—『하루키의 여행법』

이후 하루키는 유타주를 벗어나자마자 사막 한가운데에 있는 마을의 허름한 술집으로 달려갔다. 그리고 곧바로 차가운 버드와이저를 주문해 꿀꺽꿀꺽 들이켜며 이런 생각을 했다.

차가운 버드와이저 맥주를 주문해 꿀꺽꿀꺽 단숨에 들이켰을 때는 정말 살 것 같았다. 그 순간 이 빌어먹을 세계의 피하려고 해도 피할 수 없는 현실이 내 몸에 조금씩 조금씩 스며들어왔다. 리얼하게, 차갑게, 음, 세상에는 이런 맛이 있어야지 하고 생각했다.

—『하루키의 여행법』

맥주 소비량도 상당한 편이다. 일단 자주 마시기 때문이다. 언제 어디서나 맥주를 찾는 소설 주인공처럼, 작가 자신도 맥주를 '일상의 음료'로 여긴다. 기차 식당칸이 좋은 이유는 "아침부터 눈치 안 보고 맥주를 마실 수 있어서"라고 말할 정도다.

도시에 있는 레스토랑이라고 아침부터 맥주를 마실 수 없는 건 아니지만, 주문하기도 쑥스럽고 애당초 마시고 싶은 기분도 잘 나지 않는다. 그에 비해 식당칸에서는 오전 열 시쯤부터 모두들 맥주를 마시니까, 덩달아 나도 마시고 싶어져 주문한다. 그렇게 해도 전혀 거부감이 없다.

—『밸런타인 데이의 무말랭이』

젊은 시절 하루키가 맥주를 입에 달고 사는 걸 보고, 한 잡지사 편집장은 "나이를 먹으면 맥주에서 다른 술로 기호가 바뀔 것"이라고 했다. 하지만 예상은 빗나갔다. 나이가 들면서 위스키나 와인을 마시는 양이 늘긴 했지만, 그렇다고 맥주 마시는 양이 줄지는 않더라는 것이다. 하루키는 "맥주의 나라에 가면 나는 분명히 VIP급 빈객 대우를 받을 것"이라며 "개인적인 소비량도 상당하고, 소설 속에서도 꽤나 맥주 지지론을 펴고 광고를 해왔다"고 솔직하게 말했다.(『세일러복을 입은 연필』)

하루키처럼
맥주 마시는 법

적정한 맥주 온도는?

하루키 소설 속 등장인물은 맥주 온도에 예민하다. 그들은 항상 '매우' 차가운 맥주를 마신다. '맥주야 당연히 차가워야지'라고 말하는 사람도 있겠지만, 이들이 마시는 건 적당히 차가운 맥주가 아니다. '머리가 아플 정도로' 차가운 맥주다.

먼저 『상실의 시대(노르웨이의 숲)』. 주인공 와타나베가 미도리의 집에 놀러가서 마신 맥주는 냉장이 기가 막히게 잘 되어 있다.

"냉장고에 맥주가 있으니까 거기 앉아서 마시고 있을래?" 하고 미도리가 이쪽을 흘끗 보면서 말했다. 나는 냉장고에서 캔맥주를 꺼내 테이블 의자에 앉아서 마셨다. 맥주는 한 반 년쯤 그 속에 들어 있었지 않나 싶을 정도로 냉장이 잘 되어 있었다.

—『상실의 시대』

『태엽 감는 새』 2부에서 주인공은 신주쿠의 한 레스토랑에서 점심을 먹으며 맥주를 시킨다. 그런데 주문을 받는 종업원 태도가 매우 불친절하다. 심지어 주문까지 착각해, 맥주를 작은 병이 아닌 큰 병으로 가져온다. 이 정도면 분명 화를 낼 만한 상황이지만, 주인공은 아무 소리도 하지 않는다.

맥주 작은 병을 주문했는데 잠시 후에 가져온 것은 큰 병이었다. 하지만 불만을 말하지 않았다. 제대로 차가운 거품이 나는 맥주를 가져온 것만으로도 감격하지 않을 수 없었다. 너무 많으면 반쯤 남기면 되는 것이다.

—『태엽 감는 새』

이처럼 하루키 소설에서 맥주는 적당히 차가워서는 안 된다. "얼음처럼" 차갑거나, "지나칠 정도로" 차가워야 한다. '맛있는 맥주'는 곧 '아주 차가운 맥주'인 것이다. 『태엽 감는 새』 3부에 나오는 다음 대사를 보자.

하루가 저물 무렵에 마시는 아주 차가운 맥주 한 병은 정말 기가 막힙니다. 이 세상에는 지나치게 차가운 맥주는 맛이 없다고 하는 까다로운 사람도 있습니다만, 나는 그렇게 생각하지 않습니다. 첫 병째의 맥주는 맛을 잘 알 수 없을 정도로 아주 차가운 것이 좋습니다. 두 병째부터는 분명히 적당하게 찬 것이 맛이 있지요. 그러나 맨 처음의 맥주가 얼음처럼 차가워야 한다는 건 나의 취향입니다. 관자놀이가 아플 정도로 차가운 것. 어디까지나 내 개인적인 취향이지만요.

—『태엽 감는 새』

'아주' 차가운 맥주를 선호하는 것은 하루키 본인의 취향이다. 여행 에세이 『먼 북소리』에서 하루키는 그리스 레스보스 섬의 한 카페에서 따사로운 햇살을 받으며 "골이 띵할 정도로 아주 차가운 맥주"를 마신 날을 "마치 인생의 양지와 같은 하루"였다고 기록했다.

세계적인 작가 하루키의 취향에 시비를 걸 생각은 없다. 맥주를 데워서 마시든 꽁꽁 얼려서 마시든 무슨 상관인가. 자기 입맛에만 맞으면 그만 아니겠는가. 다만 맥주 온도에 대한 전문가들의 조언은 참고할 필요가 있다. 전문가들이 공통적으로 지적하는 건 '무조건 차가워야 맛있는 건 아니다'라는 것이다. 어떤 맥주냐에 따라 최적의 온도가 다르기 때문에, 향과 맛을 제대로 느끼려면 맥주 종류를 보고 냉장 온도를 정하라고 말한다.

다음은 맥주 종류에 따른 최적의 저장 온도이다.

- 4~7도: 라거 맥주
- 8~12도: 대다수 에일과 밀맥주
- 12~14도: 흑맥주(포터, 스타우트)
- 14~16도: 발리 와인과 임페리얼 스타우트

이 기준대로라면 일반적인 냉장 온도(4도)로 보관할 맥주는 라거 계열밖에 없다. 향이 풍부한 에일은 통상적인 냉장 온도보다 조금 높이는 게 낫다. 또 발리 와인 스타일의 맥주는 화이트 와인처럼 약간 서늘한 정도로 보관해야 최적의 맛을 느낄 수 있다.

더구나 하루키가 말하는 "골이 띵할 정도"의 온도(4도 이하)가 되면 시원하기만 할 뿐, 맥주 맛은 오히려 떨어질 수 있다. 또한 어떤 경우에도 0도 이하로 보관해서는 안 된다. 색이 탁해질뿐더러 동결이 되어 병이 깨질 수 있다.

병맥주 vs 캔맥주

'병맥주냐 캔맥주냐'는 애주가들 사이에서 여전히 논쟁거리다. 탕수육 '찍먹/부먹' 논쟁만큼이나 오랜 것이 '병맥/캔맥' 논쟁이다. 주장이 팽팽히 맞서고 있지만, 하루키는 입장이 확고하다. 지금은 바뀌었는지 모르지만, 그는 확실한 '병맥'주의자였다. 하루키는 에세이에서 "세상 모든 신 앞에서 맹세컨대, 병맥주가 캔맥주보다 훨씬 맛있다"라고 주장했다. 그러면서 "미국에 머물던 시절에도 주로 병맥주만 마셨고, 롤링 록이나 바스 페일 에일, 새뮤얼 애덤스처럼 병맥주만 만드는 회사를 선호한다"라고 말하기도 했다.●

하루키처럼 병맥주를 고수하는 이들은 캔맥주의 단점을 지적한다. 고급스럽지 못할뿐더러, 알루미늄 때문에 위생적이지 않고 심지어 오래되면 쇠맛이 난다고 불평한다. 병맥주가 캔맥주보다 더 고급스럽다고 느끼는 건 각자 취향이니 논외로 치자. 위생이나 변질에 대한 부분은 팩트 체크가 필요하다. 결론부터 말하면 과거엔 이런 문제가 있었지만 요즘엔 그렇지 않다. 알루미늄 코팅 기술이 발달하면서 캔에 든 맥주의 맛이 변하는 경우는 거의 없다. 오히려 자외선과 산소가 완벽히 차

● 롤링 록Rolling Rock, 바스 페일 에일Bass Pale Ale, 새뮤얼 애덤스Samuel Adams는 오랫동안 병맥주를 고집해왔지만 최근에는 캔맥주도 출시한다.

단돼 보존성이 좋고, 냉장고에서 빨리 차가워진다는 장점이 부각되고 있다. 전세계 맥주 회사들이 최근 캔맥주 생산 비중을 늘리는 이유도 이런 데 있다.

다만 한 가지는 조심해야 한다. 알루미늄 캔은 냄새를 빨아들이는 특성이 있다. 냉장고에 보관할 때 된장이나 고추장, 절임 음식 옆에는 두지 않는 게 좋다.

하루키와 유럽 맥주

라거냐 에일이냐

세상의 맥주는 라거Lager와 에일Ale, 두 가지로 나뉜다. 발효시킬 때 어떤 종류의 효모를 쓰느냐에 따른 분류다. 우선 라거는 바닥으로 가라앉는 특징이 있는 하면발효 효모를 쓴다. 하면발효 효모는 낮은 온도(10도)에서 활동하기 때문에 저온에서 비교적 장기간(6~10일) 발효시킨다. 이렇게 만든 라거 맥주는 향은 풍부하지 않지만, 맛은 가볍고 부드럽다.

에일은 라거와 반대다. 위로 떠오르는 성질을 지닌 상면발효 효모를 사용하고, 높은 온도(15~25도)에서 비교적 단기간(3~5일) 발효시킨다. 에스테르 같은 발효 부산물이 많기 때문에 향이 풍성하고 맛은 묵직하다. 정리하면 이렇다.

1. 라거: 가라앉는 효모(하면발효)로 저온에서 장기간 발효시킨 가벼운 맥주.
2. 에일: 떠오르는 효모(상면발효)로 고온에서 단기간 발효시킨 묵직한 맥주.

하루키는 라거와 에일 중 분명히 라거 쪽이다. 일단 소설에 나오는 게 죄다 라거 맥주다. 에세이에도 주로 라거가 나오는데, 물론 예외가 있다. 1996년에 낸 『이렇게 작지만 확실한 행복』에는 미국 보스턴 체류 시절에 에일 흑맥주인 새뮤얼 애덤스 크림 스타우트(스위트 스타우트 계열 맥주)를 즐겨 마셨다는 대목이 있다.

그렇다면 향이 풍부하고 맛이 묵직한 에일 맥주는 하루키의 입맛에 안 맞았던 걸까? 그렇지는 않아 보인다. 다만 1949년생인 하루키로서는 그동안 에일 맥주를 다양하게 접하기가 쉽지 않았을 게 분명하다. 스스로 "20대에는 대부분 맥주만 마셨다"고 할 정도로 맥주 주당이었지만, 그가 젊었을 땐 에일이 지금처럼 흔하지 않았다. 일본에서 발행된 『맥주도감』에 따르면, 일본에서는 1994년 이후 소규모 맥주 양조가 허용되면서 여러 종류의 에일 맥주가 '지역 맥주(지비루)'로서 출시됐다. 하지만 라거 맥주에 익숙한 소비자들이 외면하면서 대

라거 맥주의 탄생

역사를 살펴보면 19세기 전까지 인류가 마신 거의 모든 맥주는 에일이었다. 냉장 설비가 없던 시대에는 저온에서 발효시켜 저장하는 라거를 만들기 어려웠기 때문이다. 문헌에 따르면 19세기 이전에 라거를 만든 곳은 독일 뮌헨 남쪽의 알프스 산악 지역뿐이다. 이 지역의 수도사들은 봄에 만든 맥주를 산기슭에 있는 동굴에 넣어두고 여름을 났다. 어둡고 서늘한 동굴을 천연 냉장고로 활용한 것이다. 그후 수도사들은 맥주 통 밑에 가라앉아 있는 효모(하면발효 효모)를 우연히 발견하게 됐고, 이걸 건져내서 라거 맥주를 만들었다.

라거 맥주는 19세기 들어 새 국면을 맞는다. 이 시기에 과학자 파스퇴르는 저온에서 활동하는 효모의 정체를 밝혀낸다. 또한 카를 폰 린데는 기계식 냉장시설을 개발한다. 이로써 저온에서 장기간 발효, 숙성시키는 라거 맥주를 대량 생산하는 게 가능해졌다. 특히 1842년 체코 서남부 도시 플젠에서 양조 기술자 요제프 그롤이 만든 필스너Pilsner가 공전의 히트를 치면서, 라거는 대세로 자리잡는다. 에일보다 부드럽고 유리잔에 담았을 때 보기에도 좋은 필스너가 인기를 끌자, 다른 지역 양조업자들도 앞다퉈 라거 쪽으로 돌아섰다. 라거는 그후 전세계로 뻗어나가면서 수천 년 전통의 에일을 제치고 맥주 시장을 석권하게 됐다.

다수 양조장이 금방 문을 닫았다. 일본에서 손쉽게 에일을 마시게 된 건 수제 맥주(크래프트 비어)가 다시 유행하기 시작한 2000년대 중반 이후부터다.

하루키가 유럽 맥주를 사랑하는 까닭

젊었을 때 라거 맥주에 입맛이 길들여진 하루키. 하지만 미국식 라거만큼은 좋아하지 않는다. 1991년, 미국 프린스턴 체류 시절에 쓴 에세이 『이윽고 슬픈 외국어』에서 하루키는 "유럽 맥주는 즐기지만, 미국 맥주는 달착지근해서 그다지 좋아하지 않는다"고 적었다.

하루키는 왜 미국 맥주를 달착지근하다고 했을까? 우선 그가 말하는 미국 맥주는 맛이 가벼운 '아메리칸 라거'를 뜻한다. 이런 스타일의 맥주를 만들어낸 건 19세기 독일 출신 이민자와 그 후손들이다. 밀러Miller를 창업한 프레더릭 밀러를 비롯해 버나드 스트로(스트로Stroh 맥주), 조지프 슐리츠(슐리츠Schlitz 맥주), 아돌프 부시(버드와이저Budweiser 맥주) 등 미국의 대형 맥주 회사 창업자는 모두 '맥주의 나라' 독일에서 건너왔다. 이들은 처음엔 독일 방식 그대로 보리와 물, 홉, 효모, 이렇게 네 가지만으로 맥주를 제조하려고 시도했다. 그런데 곧 난관에 부딪히고 만다. 미국에서 나는 보리 품종 자체가 유럽과 달랐던 것이다. '여섯 줄 보리'인 미국 보리는 '두 줄 보리'인 유럽 보리보다 단백질 함량은 많고 껍질도 두꺼웠다. 이걸로 맥주를 만들어보니 맛은 거칠고 색깔도 탁했다. 이들은 고심 끝에 보리 비중을 줄이고 옥수수와 쌀을 듬뿍 넣기 시작했다. 특히 2차대전 이후부터는 제조 원가를 낮추려고 옥수수와 쌀 비중을 40%까지 늘렸다. 이같은 제조 공정 때문에 미국식 맥주인 '아메리칸 라거'는 유럽 라거 맥주보다 맛이 가볍고 달착지근한 느낌이 난다.

하루키가 사랑한 맥주

하이네켄

하루키 작품에 가장 많이 나오는 맥주는 유럽산 라거 맥주 하이네켄Heineken이다. 이 맥주가 등장하는 장편 소설만 네 편이다. 초기작 『양을 쫓는 모험』(1982)부터 『태엽 감는 새』(1992)와 『스푸트니크의 연인』(1999), 『1Q84』(2009)에도 하이네켄이 나온다.

『양을 쫓는 모험』에서는 주인공이 고급스러운 분위기에서 하이네켄을 마신다. 주인공인 '나'는 우익 거물의 비서에게 등에 별 모양이 있는 특별한 '양¥'을 찾아내라는 명령을 받는다.

하루키가 사랑한 하이네켄 맥주.
Heineken이라는 로고에서
'e'를 옆으로 살짝 기울여
웃는 듯한 느낌을 준다.

착수금을 받은 뒤, 양을 찾으러 떠나기에 앞서 주인공은 시내 고층 호텔의 꼭대기 층 바에서 하이네켄을 마신다. 첫번째 병은 단 두 모금에 비워버리고 야경을 감상하며 느긋하게 세 병을 더 마신다.

『태엽 감는 새』에서 하이네켄은 미성년자도 마시는 술로 나온다. 어느 날 주인공은 집 나간 고양이를 찾으러 다니다가 알게 된 10대 소녀 가사하라 메이의 집을 찾아간다. 그런데 고등학교 휴학생인 가사하라는 주인공을 보자마자 당돌한 부탁을 한다. 날이 더워서 그러니 정원에서 자신의 몸에 호스로 물을 뿌려달라는 것이다. 수영복 차림의 가사하라에게 물을 흠뻑 끼얹어준 뒤, 주인공은 가사하라와 하이네켄을 한 캔씩 마신다.

『스푸트니크의 연인』에서는 공항 라운지에서 하이네켄을 마신다. 짝사랑하는 여인 스미레가 그리스에서 실종됐다는 소식을 들은 주인공은 날이 밝자마자 공항으로 달려가 비행기 표를 끊는다. 비즈니스 클래스 라운지에서 쉬던 주인공은 꿈을 꾸다가 식은땀을 흘리며 잠에서 깬다. 주인공이 비몽사몽중에 맥주를 부탁하자, 라운지 여직원은 하이네켄을 가져다준다. 주인공은 이 맥주를 마시고 나서야 겨우 정신을 차리게 된다.

『1Q84』에서도 하이네켄은 특별한 장면에 나온다. 청부 살인을 하는 여주인공 아오마메는 종교집단 '선구'의 리더 후카다를 호텔에서 살해한 뒤, 세이프 하우스라는 곳에 숨어든다. 은신처에 도착하자마자 아오마메는 냉장고부터 여는데, 거기에 마침 하이네켄이 있다. 도피 행각에 지친 아오마메는 차가운 하이네켄을 한 모금 마시며 숨을 돌린다.

하루키는 에세이에서도 하이네켄에 대한 애정을 자주 드러냈다. 먼저 「하이네켄 맥주의 우수한 점에 대하여」(『비밀의 숲』)라는 글이 눈길을 끈다. 제목만 보면 하이네켄이 왜 맛있는지를 설명하며 온갖 찬사를 늘어놨을 것 같은데, 그렇지는 않다. 하이네켄의 맛과 향에 대해서는 언급조차 하지 않는다. 대신에 "하이네켄은 철자에 R이나 L이 들어 있지 않아서 해외에 나갔을 때 발음하기가 편하다"라고 하이네켄의 장점을 설명한다.

하루키는 또 『밸런타인데이의 무말랭이』에서 "페리 보트를 타고 도쿄만을 가로질러 가는 동안 하이네켄 맥주 3캔을 마셨다"고 적었다. 『이렇게 작지만 확실한 행복』에서는 미국 케임브리지 체류 시절에도 하이네켄을 자주 마셨다고 기록했다.

이처럼 하루키는 하이네켄에 대한 글을 참 많이 남겼다. 하지만 앞서 언급한 그 어떤 것도 「하이네켄 맥주 빈 깡통을 밟는 코끼리에 대한 단문」(『빵가게 재습격』)이라는 단편을 따라갈 수는 없다.

이 글은 한마디로 '하이네켄 헌정 소설'이라 할 만하다. 줄거리는 대략 이렇다.

마을에 있던 동물원이 폐업하면서 골칫거리가 생긴다. '늙고 진이 빠진' 코끼리 한 마리를 처분할 길이 없었던 것이다. 코끼리가 늙고 볼품도 없어서 다른 동물원에서는 인수하기를 거절했다. 동물 거래업자는 마을 주민들에게 코끼리를 헐값에 가져가라고 제안한다. 주민들은 한 달 동안 격론을 주고받은 끝에 코끼리를 기르기로 한다. 학교 체육관을 코끼리 오두막으로 개조하고, 학교 급식 찌꺼기를 먹이로 주며 보살핀다. 주민들은 코끼리에게 시킬 만한 일도 찾아내는데, 그것은 분리수거한 깡통을 밟아 찌그러뜨리게 하는 것이었다. 피리를 불면 땅을 발로 짓밟도록 훈련시켜놓고, 매주 금요일마다 '깡통 밟기'를 시켰다.

이 단편의 마지막은 다음과 같다.

한번은 하이네켄 맥주 빈 깡통을 한 다스 모아 코끼리에게 밟게 한 적이 있다. 사육사의 피리 소리와 함께 열두 개의 하이네켄 캔은 한 장의 근사한 초록색 판자가 되었다. 그 초록색 판자는 5월의 태양 아래 하늘에서 내려다본 아프리카 평원처럼 반짝반짝 눈부시게 빛났다.

―「하이네켄 맥주 빈 깡통을 밟는 코끼리에 대한 단문」

코끼리가 하이네켄 캔을 밟아서 눈부시게 빛나는 초록빛 판을 만들어낸다는 상상력. 정말 기가 막히지 않은가? 내가 만약 하이네켄 맥주 회사 회장이라면, 이 글을 쓴 하루키를 초대해 '하이네켄 평생 무료 이용 쿠폰'이라도 줬을 것 같다.

하이네켄 맛의 비밀

하루키가 "아프리카 평원"같다고 묘사한 하이네켄의 초록색. 하이네켄이 자연과 건강, 활력을 상징하는 이 색깔을 브랜드 상징으로 쓰기 시작한 건 1900년 무렵이다. 이때까지만 해도 대다수 맥주 회사는 칙칙한 갈색 병에 맥주를 담아서 팔았다. 하이네켄은 차별화 전략으로 녹색 병을 채택하고, 거기에 빨간 별 하나를 넣어 포인트를 줬다. 청결과 정통성을 상징하는 빨간 별은 중세 유럽 맥주 장인들이 품질 보증의 의미로 양조장 문에 빨간 별을 달아놓았던 데서 유래했다. 또 빨간 별의 꼭짓점 다섯 개는 맥주를 만드는 다섯 가지 요소, 그러니까 불, 땅, 물, 공기, 마법을 뜻한다.

하이네켄은 독특한 디자인만큼이나 깔끔한 맛으로도 사랑

하이네켄의 초록색은 자연과 건강, 활력을 상징한다.

받아왔다. 하이네켄을 마셔보면 맛이 크게 튀지는 않지만 그렇다고 평범하지도 않다. 감칠맛 있고 부드러운 가운데 독특한 쓴맛이 여운처럼 남는다. 이런 특유의 맛은 '하이네켄 A'라고 부르는 효모에서 나온다. 하이네켄 맥주 맛의 비밀인 이 효모를 개발한 사람은 파스퇴르의 제자 엘리온$^{H. Elion}$ 박사다. 엘리온이 1886년에 배양한 이 효모를 하이네켄은 아직까지 그대로 사용하고 있다. 하이네켄 생산 공장은 전세계에 퍼져 있지만, 효모만큼은 본사에서 항공편으로 보내 품질을 유지한다고 한다.

암스테르담에 있는 하이네켄 옛 양조장.
양조장은 1988년에 문을 닫았고, 현재는 하이네켄 박물관으로 운영되고 있다.

하이네켄은 독일 맥주?

하이네켄을 독일 맥주로 알고 있는 사람이 의외로 많다. 아마 발음 때문인 듯싶다. 하지만 하이네켄이 탄생한 곳은 풍차와 튤립의 나라 네덜란드다. 1864년, 당시 22세의 네덜란드 청년 제라드 하이네켄이 어머니에게 돈을 빌려 암스테르담의 양조장을 사들이면서 역사가 시작됐다. 제라드는 회사를 인수한 뒤 곧바로 변화를 꾀했다. 전부터 만들던 에일은 깨끗이 포기하고, 독일에서 전문가를 데려와 바이에른 지방 스타일의 라거를 만들기 시작했다. 세계적으로 맥주의 흐름이 에일에서 라거(하면발효 맥주)로 바뀔 거라고 정확히 내다본 것이었다.

그후 하이네켄은 서서히 입소문을 타면서 주문량이 늘어났다. 1873년엔 로테르담에 새 양조장까지 지었다.

창업자의 역할도 컸지만, 하이네켄이 세계적인 브랜드로 성장한 데는 손자인 알프레드 하이네켄도 크게 기여했다. 알프레드는 맥주를 문화 상품으로 인식하고, 광고와 마케팅에 엄청난 돈을 쏟아붓고 회사 몸집도 키웠다. 유럽을 넘어 세계로 유통망을 넓히면서, 1968년에는 네덜란드 내 경쟁사인 암스텔Amstel 맥주까지 인수했다. 150년 넘는 전통을 지닌 하이네켄은 2017년 기준으로 전세계 70개국에 걸쳐 165개 공장을 갖고 있다. 2016년에는 업계 1위 AB인베브Anheuser-Busch InBev와 2위 사브밀러SABMiller가 합병하면서, 하이네켄은 현재 세계에서 두번째로 큰 맥주 기업이 됐다.

삿포로

하루키는 맥주 광고 제의를 여러 번 받았다. 발표하는 소설마다 맥주 마시는 장면을 잔뜩 집어넣었으니 당연히 그럴 만하다. 당대 최고 작가가 맥주 광고에 슬쩍 얼굴만 내비쳐도 매출이 급증할 게 분명했다. 그래서 하루키를 잡으려고 일본의 광고대행사들은 온갖 노력을 다했다. 하루키가 베네치아에서 여행을 즐기고 있었을 때는 이런 일도 벌어졌다. 호텔에서 아침식사를 하러 식당으로 가고 있는데, 한 일본인 남성이 하루키 씨 아니냐고 인사를 해왔다. 이 남성은 하루키에게 TV 맥주 광고 제안을 하려고 일본에서 날아온 광고회사 직원이었다. 로마에 있던 하루키 집에 무작정 찾아갔다가 하루키가 여행중이라는 정보를 듣고 베네치아까지 한걸음에 달려온 것이다. 하지만 이렇게까지 집요하게 따라붙어도 하루키의 대답은 늘 똑같았다.

"맥주 광고에는 절대로 나갈 생각이 없습니다."

거액을 제시해도 요지부동이던 하루키가 딱 한 번 맥주 광고에 협조한 일이 있었다. 2012년 1월, 삿포로 맥주 회사는 달리기를 주제로 한 캠페인 CF 4편을 잇달아 내보냈다. 마라톤 연습을 하는 육상부 학생, 운동회에서 달리는 어린이, 결승점을 통과한 마라토너, 바닷가를 달리는 동네 사람들을 주인공으로 내세운 CF였다. 그런데 이 연작 CF는 기획 단계에서부터 화젯거리가 됐다. 내레이션 카피를 맡은 사람이 무라카미 하루키였기 때문이다. 하루키는 에세이 「달리기를 말할 때 내가 하고 싶은 이야기」의 내용을 바탕으로 카피를 작성했다. 그중 나에게 가장 인상 깊었던 세번째 CF 내레이션 카피를 소개하고 싶다.

드디어 마라톤 골인 지점에 도착했다.
폭염 속에 42킬로미터를 끝까지 달렸다는 성취감 따위는 없다.
머릿속에 드는 생각은 '아 이제 더이상 달리지 않아도 된다' 정도.
마을의 카페에서 한숨 돌리며 차가운 맥주를 성에 찰 때까지 마신다.
맥주는 물론 맛있다. 하지만 내가 달리며 간절히 상상했던 맥주만큼 맛있지는 않다.
절박한 인간이 꿈꾸는 환상만큼 아름다운 것은 현실세계에는 존재하지 않는다.

―삿포로 맥주 CM '달리기에 관한 말' 제3화

하루키는 그 대가로 받은 수익금 전액을 동일본 대지진 구호 성금으로 기부했다.

하루키는 삿포로를 좋아한다

하루키가 삿포로 맥주 광고 카피 제안을 받아들인 데는 여러 이유가 있을 것이다. 맥주만큼이나 좋아하는 달리기를 주제로 했다는 점이 맘에 들었을 수 있다. 하지만 하루키 성격상 삿포로 맥주를 싫어했다면 아마도 제안을 정중히 거절했을지 모른다. 「내 부엌으로 하루키가 걸어들어왔다」에 따르면, 하루키는 한시적으로 운영한 홈페이지를 통해 가장 좋아하는 맥주 1위로 삿포로 구로(블랙) 라벨을 꼽은 적이 있다(2위는 산토리 프리미엄 몰츠). 또 2011년에 출간된 『무라카미 하루키 잡문집』을 보면, 하루키가 굴튀김을 안주로 삿포로 맥주를 마시는 대목이 있다.

삿포로 맥주는 『1Q84』 3부에도 나온다. 남자 주인공 덴고는 혼수상태에 빠진 아버지를 보살피기 위해 바닷가 마을의 요양원을 찾는다. 요양원 근처에 숙소를 잡아놓고 아버지를 돌보다가 간호사들과도 친해지게 된다. 어느 날 덴고는 간호사 세 명과 저녁을 먹고 놀다가 헤어진다. 그런데 아다치 구미라는 간호사가 자기집으로 덴고를 데리고 와서는 삿포로 맥주를 대접한다.

북극성 달린 삿포로

하루키는 별 달린 맥주를 유난히 좋아하는 것 같다. 삿포로 맥주에도 하이네켄처럼 큼지막한 별이 박혀 있다. 하지만 삿포로의 별은 하이네켄의 그것과는 상징하는 바가 다르다. 이 별은 메이지시대 홋카이도에서 도쿄로 처음 출항한 배에 달았던 '북극성'을 의미한다. 한마디로 도전과 개척의 상징인 것이다.

삿포로 맥주는 홋카이도 개발 과정에서 탄생했다. 1869년, 당시 메이지 정부는 황무지인 홋카이도를 개발하려고 개척사開拓使라는 관청을 세웠다. 맥주 제조는 개척사가 추진한 주요 사업 가운데 하나였다. 개척사가 홋카이도에 맥주 양조장을 세우려고 한 이유는 무엇보다 기후가 잘 맞았기 때문이다.

삿포로 맥주 박물관에서 전시중인
초창기 삿포로 맥주.
라벨에 그려져 있는 붉은 별은
'개척'과 '도전'을 상징한다.

예부터 홋카이도는 물이 맑기로 유명했고 기후도 냉랭해 맥주 만들기에 적합했다. 특히 삿포로는 세계적인 맥주 생산지인 독일 뮌헨과 똑같은 북위 43도에 위치해 입지 조건도 최적이었다. 1876년에 설립된 삿포로 양조장에서는 독일 유학파인 나카가와 세이베에中川淸兵衛를 영입해 맥주 제조 실험에 나섰고, 이듬해에는 북극성을 단 '삿포로 라거'를 출시했다. 일본에서 가장 오래된 맥주 브랜드인 삿포로의 역사는 이렇게 시작됐다.

IPA

IPA는 특정 맥주 브랜드 이름이 아니라, 에일 맥주의 한 유형(스타일)을 가리킨다. 과거엔 생소했지만, 에일 바람이 불면서 요즘에는 마트는 물론이고 동네 맥주집이나 편의점에서도 IPA를 쉽게 접하게 됐다. 홉을 듬뿍 넣어 제법 씁쓸하기 때문에, 딱 한 번만 마셔봐도 맛을 잊지 못한다.

IPA를 풀어서 쓰면 India Pale Ale, 즉 '인도의 페일 에일'이라는 뜻이다. 왜 인도라는 말이 붙었는지 궁금할 텐데, 한마디로 '페일 에일 맥주의 인도 수출 버전'이라고 보면 된다. 19세기 초반 영국은 동인도회사를 통해 인도의 대부분 지역을 점령했다. 당연히 인도에는 많은 영국인이 거주하게 됐고, 본국에서는 이들이 마실 맥주를 공급해야 했다. 당시 영국 현지에서는 버튼 온 트렌트Burton on Trent 지역에서 생산하는 페일 에일* 맥주가 인기를 끌었는데, 이 맥주를 인도까지 보내려니 문제가 한둘이 아니었다. 우선 인도까지 뱃길로 가려면 아프리카 대륙 남단 항로를 거쳐 적도를 지나야 했다. 기온은 높고 항해 기간은 길다보니, 나무통에 담은 맥주가 인도에 도착하기도 전에 상하기 일쑤였다. 결국 영국의 맥주 제조업체는 인도로 수출하는 페일 에일에 방부 효과가 있는 홉을 잔뜩 집어넣었다. 이것이 바로 IPA, India Pale Ale이 탄생한 역사적 배경이다.

씁쓸하면서도 강렬한 풍미를 자랑하는 IPA는 영국에서는

• 당시 유행하던 흑맥주 포터Porter보다 엷은(pale) 색을 띠어서 페일 에일이라는 이름이 붙었다.

국내 할인마트에서
판매하고 있는
각종 IPA 맥주.

거의 자취를 감췄다. 19세기 후반부터 라거 맥주에 밀려 수출 길이 막힌데다 영국 현지에서도 인기가 시들해졌기 때문이다. 역사 속으로 사라질 뻔한 IPA를 되살려낸 건 20세기 후반에 설립된 미국의 소규모 맥주 양조장이었다. 이들은 놀라운 실험정신으로 미국산 홉을 이용해 다양한 향과 맛을 지닌 IPA를 경쟁적으로 내놓고 있다. 이런 이유로 IPA는 이제 영국의 전통 맥주가 아니라 미국식 맥주로 취급되고 있다.

라거 맥주를 주로 마시던 하루키는 2010년대 들어 IPA에 푹 빠졌다. 2015년 3월, 하루키는 팬과의 소통을 위해 한시적으로 개설한 홈페이지 '무라카미 씨가 있는 곳'(村上さんのところ, www.welluneednt.com)에 "IPA를 좋아하는데, 대기업에서 만들어 주지 않아 좀 속상하다"는 글을 올렸다. 또 "집 근처에 꽤나 맛있는 IPA 생맥주를 파는 가게가 있어 감사히 다니고

있다"며 "일본에서도 좀 더 편하게 IPA를 마실 수 있었으면 좋겠다"고 적었다. 참고로 하루키가 가장 좋아하는 IPA 브랜드는 미국 하와이 마우이섬에서 생산되는 빅스웰Big Swell이다(아직 한국에는 수입이 안 되고 있다). 하루키는 "언젠가 기회가 되면 하와이에 날아가서 빅스웰 IPA를 생맥주로 마셔보고 싶다"는 바람을 전했다.

하루키와 함께 맥주를!

하루키 소설에 나오는 맥주는 하이네켄, 삿포로 말고도 많다. 『댄스 댄스 댄스』의 주인공은 데친 시금치와 뱅어포를 무쳐놓고 기린 흑맥주를 마신다. 또 하와이에 갔을 땐 현지에서 생산되는 프리모Primo 맥주를 즐겼다. 단편 「패밀리 어페어」에서는 주인공이 버드와이저 캔맥주를 혼자서 벌컥벌컥 들이켜는 장면이 나온다. 『스푸트니크의 연인』의 주인공은 그리스까지 날아가서 네덜란드 맥주 암스텔을 마신다. 『1Q84』의 주인공 덴고 역시 단골 술집인 '무기아타마'에 가면 버릇처럼 칼스버그Carlsberg 생맥주를 주문한다. 또한 단편 「독립기관」에서는 맥주 두 가지를 섞어서 마시는 블랙 앤 탠black and tan●이 등장하

● 기네스와 호가든을 섞어서 마시는 것처럼 흑맥주와 밝은 빛깔 맥주를 섞는 게 일반적이다.

기도 한다.

하루키 소설의 주인공 가운데 맥주를 즐기지 않는 이는 거의 없다. 주인공뿐 아니라 등장인물들도 대부분 '맥주 주당'이다. 이들이 어울려 맥주를 마시면, 한 시간도 안 되어 "대단한" 장관이 연출된다.

> 우리집 냉장고에는 캔맥주만은 언제나 빼곡히 들어 있다. 친구가 작은 회사를 경영하는데, 남아도는 선물용 맥주 상품권을 싸게 나눠주기 때문이다.
>
> 그는 아무리 마셔도 안색 하나 바뀌지 않았다. 나도 맥주라면 어지간히 마신다. 그녀도 같이 어울려 몇 캔인가 마셨다. 결국 한 시간도 안 되는 사이에 빈 맥주 캔이 책상 위에 죽 늘어섰다. 대단했다.
>
> ─「헛간을 태우다」, 『반딧불이』

예외가 있다면 『해변의 카프카』의 주인공 카프카와 『색채가 없는 다자키 쓰쿠루와 그가 순례를 떠난 해』의 주인공 다자키 쓰쿠루 정도다. 카프카는 미성년자라서 당연히 술을 마셔서는 안 될 것이고, 다자키 쓰쿠루는 선천적으로 술이 약해 맥주를 반잔밖에 못 마신다. 이 두 사람 말고는 하루키 장편소설 주인공 모두가 맥주 애호가다.

끝으로 '하루키처럼 맥주 마시는 법' 하나만 더 소개하겠다. 하루키의 에세이는 물론이고 장편 『양을 쫓는 모험』과 『댄스 댄스 댄스』, 그리고 단편 「5월의 해안선」에 공통적으로 나오는 장면이 있다. 바로 기차를 타고 가면서 이른 아침부터 맥주를 마시는 모습이다. 다른 건 몰라도 이건 한번 따라 해보기 바란다. 차창 밖 풍경을 바라보며 마시는 맥주, 그것도 아침에 마시는 맥주는 한마디로 "끝내준다!"

대학에 다닐 때 방학이 되면, 나는 옷가지가 담긴 여행 가방을 들고, 아침의 첫 신칸센 열차에 올랐다. 창가의 좌석에 앉아, 책을 읽고, 풍경답지 않은 풍경을 바라보고, 햄 샌드위치를 먹고, 맥주를 마셨다. 그러한 아침에 맥주를 마신 것은, 나에게 있어서는 하나의 의식 같은 것이었다.

―「5월의 해안선」, 『지금은 없는 공주를 위하여』

하루키와 음악—맥주

『바람의 노래를 들어라』에 흐르는 비치 보이스의 곡

하루키의 데뷔작 『바람의 노래를 들어라』에는 맥주를 마시면서 들을 만한 명곡이 많이 나온다. 대표적으로, 제이스 바의 주크박스에서 흘러나오는 네 곡을 들 수 있다. 주인공이 맥주를 마실 때 나오는 곡은 펑크 그룹 슬라이 & 더 패밀리 스톤의 〈Everyday People〉(1969)과 포크록 그룹 크로스비, 스틸스, 내시 & 영의 〈Woodstock〉(1970), 싱어송라이터 노먼 그린바움의 히트곡 〈Spirit in the Sky〉(1969), R&B 가수 에디 홀먼의 〈Hey There Lonely Girl〉(1969)이다. 하나같이 명곡이라 애청곡 목록에 올려놓고, 하루키 소설을 읽으며 맥주 마실 때 들으면 좋다.

더불어 '맥주 찬양 소설'인 『바람의 노래를 들어라』에 등장하는 곡 하나를 소개하려 한다. 다름 아닌 비치 보이스의 〈California Girls〉(1965)다. 서프 뮤직(서핑을 주제로 한 1960년대 팝 음악 장르)을 대표하는 이 노래는 한마디로 『바람의 노래를 들어라』라는 소설의 주제곡에 해당한다. 이 곡이 처음 등장하는 장면에서 주인공은 등나무 의자에 누워 맥주를 마시고 있다. 그런데 마침 집으로 걸려온 전화를 받아보니, 놀랍게도 라디오 프로그램 전화 연결 코너다. 라디오 DJ는 당황한 주인공에게 "어떤 여성이 당신에게 신청곡을 선물했다"고 설명한다. 미지의 여성이 주인공에게 선물로 보낸 신청곡은 비치 보이스의 〈California Girls〉.

한참을 생각한 끝에 주인공은 5년 전쯤 자신이 같은 반 여학생에게 비치 보이스 레코드를 빌렸다가 되돌려주지 않은 사실을 기억해낸다. 이후 주인공은 신청곡을 보낸 여자 동창생에게 그 LP를 돌려주기 위해 '새끼손가락 없는' 그녀가 점원으로 있는 가게에서 레코드를 산다. 하지만 백방으로 수소문을 해봐도 동창생의 행방은 묘연하다. 주인공은 레코드를 가지고 귀가해 〈California Girls〉를 들으며 혼자 맥주를 마신다. 그후로 주인공은 여름이 되면 언제나 레코드를 꺼내서 맥주를 마시며 이 노래를 듣는다.

〈캘리포니아 걸스〉 레코드는 아직도 내 레코드 선반 한구석에 있다. 나는 여름엔 언제나 그걸 꺼내서 몇 번씩 듣곤 한다. 그리고 캘리포니아에 대해 생각하면서 맥주를 마신다.

―『바람의 노래를 들어라』

하루키가 비치 보이스를 비틀스보다 더 좋아했다는 사실은 잘 알려져 있다. 학창 시절 하루키는 비틀스 노래를 "어차피 영국인이 하는 음악"이라고 생각한 반면, "비치 보이스의 음악은 진짜"라고 여겼다. 『잡문집』에 실린 「모두가 바다를 가질 수 있다면」이라는 글에 따르면, 하루키는 열네 살 때인 1963년에 라디오에서 〈Surfin' USA〉를 듣고 충격을 받는다. 그동안 들었던 다른 팝송과는 비교할 수 없을 만큼 신선하고 독창적이라고 느꼈단다. 이후 하루키는 비치 보이스 음악에 푹 빠졌고, 특히 리더인 천재 뮤지션 브라이언 윌슨의 광팬이 됐다.

하루키가 비치 보이스를 언급한 대목은 『바람의 노래를 들어라』 말고도 많다. 장편 『댄스 댄스 댄스』는 제목부터 비치 보이스의 히트곡에서 그대로 가져왔다. 이 작품에서 주인공은 신비한 소녀 '유키'와 함께 〈Surfin' USA〉 후렴구를 부르기도 하고, 동창생 고탄다와 스바루 자동차를 타고 가면서 카스테레오 테이프로 〈Fun Fun Fun〉, 〈California Girls〉, 〈409〉, 〈Catch a Wave〉를 잇따라 듣는다.

하루키는 잡지에 연재됐다가 단행본으로 묶인 에세이집 『의미가 없다면 스윙은 없다』에서도 브라이언 윌슨의 성공과 파멸, 그리고 재기에 이르는 파란만장한 일생을 조명했다. 특히 〈월 스트리트 저널〉의 음악평론가 짐 푸실리Jim Fusilli가 비치 보이스의 최고 명반인 〈Pet Sounds〉 해설서를 펴내자, 하루키는 자진해서 일본어판 번역을 맡기도 했다. 『무라카미 하루키를 음악으로 읽다』의 저자 오와다 도시유키는 "만약 당신이 무라카미 하루키의 팬을 자처하면서 아직 〈펫 사운즈〉를 들어보지 않았다면 모든 인간관계를 희생하더라도 당장 이 앨범을 구입해야 할 것"이라고 말했다.

신은 물을 만들었을 뿐이지만, 인간은 와인을 만들었다.
God made only water, but man made wine.

―빅토르 위고

2장

하루키와 와인

　하루키의 작품 세계에서 와인은 여성적인 술이다. 남자 주인공의 여자친구나 애인 혹은 부인은 거의 예외 없이 감미로운 '신의 물방울'을 즐긴다. 몇 가지 사례를 살펴보자. 데뷔작 『바람의 노래를 들어라』에 나오는 '새끼손가락 없는' 그녀는 주인공과 바에서 다시 만났을 때 "아주 차가운 화이트 와인"을 주문한다. 『양을 쫓는 모험』에서 주인공의 여자친구로 나오는 귀 모델 키키와 『세계의 끝과 하드보일드 원더랜드』에서 주인공과 깊은 관계를 맺는 도서관 여직원 역시 와인을 좋아한다. 『태엽 감는 새』에서는 주인공의 아내 구미코가 "평소에는 술을 마시지 않지만 잠이 오지 않을 때 항상 와인을 마시는" 인물로 묘사된다. 『색채가 없는 다자키 쓰쿠루와 그가 순례를 떠난 해』에서도 주인공의 여자친구 사라는 다자키 쓰쿠루가 남긴 와인까지 다 마시고도 얼굴색 하나 변하지 않는다.

심지어 『1Q84』에 등장하는 신비한 17세 여고생 후카에리는 미성년자인데도 레스토랑에서 당당히 화이트 와인을 주문해서 마신다.

하루키 소설의 등장인물 가운데 최고의 와인 전문가는 『스푸트니크의 연인』에 나오는 39세 한국계 여성 '뮤'다. 뮤는 어릴 때 피아니스트를 꿈꿨지만, 아버지가 암으로 죽자 가업을 이어받아 무역 회사 대표가 된다. 한국에서 건어물을 수입하던 뮤는 남동생이 자란 뒤엔 회사 경영을 남편과 남동생에게 맡기고 와인 사업에 뛰어든다. 해외(주로 프랑스)의 소규모 생산업자와 계약을 맺고 와인을 독점으로 들여와 레스토랑에 판매한다. 자신을 사랑하는 철부지 여인 스미레를 직원으로 고용해, 함께 이탈리아 토스카나와 프랑스 부르고뉴에서 '와인 투어'를 다니는 모습도 그려진다. 수입할 와인을 직접 고를 정도로 안목이 뛰어난 뮤는 테이스팅하는 모습도 범상치 않다.

> 웨이터가 새 잔에 따라준 레드 와인을 허공에 들어 올리고 주의 깊게 바라보다가 향기를 확인한 후, 조용히 첫 한 모금을 입에 머금었다. 일련의 그 동작은 내성적인 피아니스트가 오랜 세월에 걸쳐 갈고닦은 짤막한 카덴차를 연상시키는 우아함을 자동적으로 드러내며 이어졌다.
>
> ―『스푸트니크의 연인』

하루키 와인 키워드— 격식과 품위

●

하루키 소설에서 와인은 화려하고 고급스러운 분위기에서 등장할 때가 많다. 『세계의 끝과 하드보일드 원더랜드』에서 주인공 '나'는 의식의 종말을 앞두고 도서관 여직원과 이탤리언 레스토랑에서 저녁식사를 함께한다. 위확장증으로 엄청난 대식가가 된 도서관 여직원은 자리에 앉자마자 와인부터 고른다.

"마실 것은 포도주면 되겠어요?"라고 그녀가 물었다.
"당신에게 맡기겠어"라고 나는 말했다.
사실 나는 포도주에 관해서는 맥주만큼 알지 못한다. 나는 그녀가 포도주에 대해서 웨이터와 상의하고 있는 동안, 창밖의 매화나무를 바라보았다.

—『세계의 끝과 하드보일드 원더랜드』

주인공에게 이날 식사는 '최후의 만찬'이다. 다음날이면 현실에서의 삶을 끝내고 '세계의 끝'으로 불리는 불사不死의 세계로 떠나기 때문이다. 그래서인지 주인공은 '위확장증이 있는 그녀'와 함께 걸신들린 듯 폭식을 한다. 애피타이저로만 새우 샐러드와 생굴, 이탈리아식 간 무스, 오징어 먹물 찜, 가지

치즈 튀김, 빙어 마리네까지 총 여섯 가지를 먹는다. 이어서 파스타와 마카로니, 농어, 시금치 샐러드, 리소토를 조금도 남기지 않고 쓸어넣은 뒤, 디저트로 포도 셔벗과 레몬 수플레까지 맛본다. 요리사가 주방에서 나와 "이 정도로 드셔주시니, 저희로서도 만드는 보람이 있습니다"라고 인사할 만큼 온갖 비싼 요리를 다 먹어치운다. 이렇게 성대한 만찬을 즐기는 동안, 두 사람은 계속 와인을 마신다.

『양을 쫓는 모험』에도 비슷한 장면이 나온다. 주인공은 '완벽하게 아름다운 귀를 가진' 그녀와의 첫 데이트를 앞두고 "가장 고급스러운" 프렌치 레스토랑을 예약한다. 말끔하게 차려입고 레스토랑에 온 주인공은 "반달 치 식비가 날아가 버릴" 정도로 호사스럽게 요리를 주문한다. 이를테면 오리 고기 파이, 아귀 간의 사와 크림, 바다거북 수프, 파슬리 맛이 나는 송아지 고기 구이 같은 메뉴들이다. 이런 식사와 어울리는 술은 최고급 와인이다. 주인공은 와인 리스트를 살펴본 뒤 "되도록 담백한" 화이트 와인을 주문한다. 당연히 "식비가 응축된 맛"이 날 정도로 값비싼 와인이었다.

> 내가 말을 꺼내려고 할 때, 헤드 웨이터가 확신에 찬 구둣발 소리를 내며 우리가 앉아 있는 테이블로 왔다. 그는 외아들의 사진이라도 내보이듯이 싱긋 미소를 지으며 포도주의 라벨을 나에게 보여주고, 내가 끄덕이자 기분 좋은 작은 소리를 내며 마개를 딴 다

음 잔에 조금씩 따라 주었다. 식비가 응축된 맛이 났다.

—『양을 쫓는 모험』

꼭 고급 레스토랑이 아니더라도, 와인은 특별한 날에 자주 등장한다. 『상실의 시대』를 보자. 비가 내리는 1969년 4월의 어느 날, 주인공 와타나베는 자살한 친구의 애인이던 나오코의 스무번째 생일을 축하해주려고 케이크 하나를 사들고 그녀의 아파트로 찾아간다. 붐비는 전철 안에서 케이크는 "콜로세움 유적처럼" 뭉개져버렸지만, 촛불 스무 개를 켜놓으니 그럭저럭 분위기가 난다. 나오코는 둘만의 조촐한 생일 파티를 위해 와인을 내놓는다.

> 식사가 끝나자 둘이서 그릇을 치우고, 방바닥에 앉아 음악을 들으면서 나머지 포도주를 마셨다. 내가 한 잔을 마시는 동안 그녀는 두 잔을 마셨다.

—『상실의 시대』

뭔가 작심이라도 한 듯 와인을 마신 나오코는 네 시간 동안 한 번도 쉬지 않고 말을 한다. 와타나베는 전철 막차 시간과 기숙사 통금 시간이 다가오자 자리에서 일어나려고 하지만, 나오코는 놔주지 않는다. 그날 밤, 두 사람은 와인 두 병을 다 비운 뒤 깊은 관계를 맺는다.

이번엔 나오코가 스스로 목숨을 끊은 뒤, 요양원 룸메이트였던 레이코가 와타나베 집에 왔을 때다. 레이코와 와타나베는 저녁으로 전골 요리를 만들어 먹고, 각자 목욕탕에 다녀온 뒤 툇마루에 앉아 와인을 마신다. 그러다가 제삿술처럼 와인을 따라놓고 나오코의 장례식을 둘이서 또 한번 치른다.

"와타나베, 컵 하나 더 갖다 주지 않겠어?"
"네, 그러죠. 그런데 뭘 할 건데요?"
"지금부터 둘이서 나오코의 장례식을 치르는 거야" 하고 레이코 씨가 말했다.
"쓸쓸하지 않은 장례식을."

내가 컵을 가져오자 레이코 씨는 거기에 가득 포도주를 채우고 정원의 석등 위에 갖다 놓았다.

―『상실의 시대』

레이코가 말한 '쓸쓸하지 않은 장례식'은 두 사람이 함께 와인을 마시고 기타를 연주하며 나오코를 추모하는 의식이다. 레이코는 마흔아홉번째 곡으로 〈Elenor Rigby〉, 쉰번째 곡으로 〈Norwegian Wood〉를 연주한 뒤, 바흐의 푸가 연주로 '쓸쓸하지 않은 장례식'을 마무리한다.

맥주 vs 와인

하루키의 작품 세계에서 와인은 맥주와 상반된 이미지를 갖는다. 맥주가 물처럼 일상적으로 소비되는 음료인 반면, 와인은 특별한 날, 특별한 곳에서 마시는 '특별한 음료'다. 또 맥주에 비해 좀더 세련되고 품격 있는 술로 표현된다.

『세계의 끝과 하드보일드 원더랜드』에 나오는 다음 대사를 보자.

"서른다섯 살이 넘으면 맥주를 마시는 습관은 버리는 게 좋을 거요." 하고 왜소한 사나이가 말했다. "맥주라는 것은 학생들이나 육체노동자들이 마시는 거요. 배도 튀어나오고 품격도 떨어진다오. 어느 정도의 나이가 되면 포도주라든가 브랜디 같은 것이 몸에 좋소. 화장실에 너무 자주 가게 하는 술은 몸의 대사 기능을 훼손시키니까 그만 마시는 게 좋을 거요. 좀 더 비싼 술을 마시도록 하시오. 한 병에 2만 엔 정도 하는 포도주를 매일 마시면, 온몸이 깨끗이 씻겨 나가는 것 같은 느낌도 들 테니까 말이오."

─『세계의 끝과 하드보일드 원더랜드』

느닷없이 남의 집에 쳐들어와 '맥주 마시지 마라'고 훈계하는 '왜소한 사나이'. 그는 맥주와 와인에 대해 지나친 편견을 갖고 있다. 즉, 맥주는 돈이 별로 없는 학생이나 육체노동자가 마시는 품격 떨어지는 술인 반면, 와인은 값도 비싸고 몸에도 좋은 품격 있는 술이라는 것이다.

'왜소한 사나이'의 말을 정리하면 맥주는 '저렴한 술(대중주), 몸에 나쁜 술, 품격 떨어지는 술'이고, 와인은 '비싼 술(고급주), 몸에 좋은 술, 품격 있는 술'이다.

'왜소한 사나이'가 주인공에게 한 말은 명백히 틀렸다. 우선 맥주든 와인이든 종류에 따라 가격이 천차만별이라, '맥주는 싸고 와인은 비싸다'라고 단정할 수 없다. 더구나 맥주가 와인에 비해 몸에 더 나쁘다는 것도 말이 안 된다. 아무리 비싸고 좋은 술이라도 많이 마시면 몸에 해로울 뿐이다.

하지만 술의 역사를 살펴보면, '왜소한 사나이'가 왜 이런 생각을 하게 됐는지 이해할 수 있게 된다. 실제로 인류는 오랫동안 맥주와 와인에 대해 지나친 편견을 갖고 살아왔다. 왜 우리는 와인을 맥주에 비해 고상하고 품격 있는 술로 인식하게 된 걸까?

와인은 왜 우아한 술이 되었는가?

●

와인을 '품격 있는 술'로 보는 관점의 기원은 고대 이집트로 거슬러올라간다. 이집트에서 와인 생산이 시작된 시기는 기원전 3000년경으로 추정된다. 고대 이집트인들이 포도로 와인을 만드는 과정은 여러 벽화에 남아 있는데, 큰 통에 포도송이를 넣고 장정 대여섯 명이 발로 밟아서 즙을 낸 다음, 항아리에 담아 지하창고에서 그대로 발효시키는 방식이었다. 이렇게 만든 와인은 맥주에 비해 생산량이 턱없이 적어, 왕족 같은 엘리트 계층만 마실 수 있었다. 곡물을 보관해놓고 그때그때 조금씩 만들 수 있는 맥주와 달리, 와인은 1년에 딱 한 번 수확기에만 빚을 수 있었기 때문이다. 더구나 이집트 땅은 포도 재배가 쉽지 않아, 수확량이 신통치 않았다. 이런 이유로 포도로 만드는 와인은 이집트에서 맥주보다 훨씬 '귀한' 음료였다.

희소가치가 높다보니, 이집트인들은 종교적 제사 의식을 치를 때 와인을 주로 사용했다. 신에게 기도를 올리면서 제단에 바치는 술(헌주, libation)로 맥주보다 와인을 선호했다. 대표적으로 파라오 람세스 3세는 생전에 와인 항아리 5만 9588개를 신에게 바쳤다는 기록이 있다. 또 사후세계를 중시한 이집트인은 와인으로 시신을 닦았으며, 파라오가 죽었을 땐 무덤에 와인을 함께 묻었다. 열아홉 살에 사망한 이집트 18왕조 12대왕 투탕카멘의 묘에서는 와인을 담았던 것으로 추정되는 항아리 36개가 출토되기도 했다.

제사를 지내며 신에게 바치는 술. 왕의 사후세계에 동반되는 술. 와인은 이집트인들에게 '신성한 음료'였다.

맥주보다 와인을 우월하게 보는 경향은 그리스에선 더 심했다. 역사학자 로드 필립스에 따르면, 그리스인은 "맥주가 남자를 여자처럼 나약하게 만든다"며 천시했다. 또 "맥주는 야만인에게나 어울리는 열등한 음료이기 때문에, 교양 있는 사람이 되고 싶다면 피해야 한다"고 여겼다.

반면에 와인은 지극히 귀하게 대접했다. 그리스인은 와인을 문명화된 술이면서 동시에 남성적이고 지성적인 술로 여겼다. 주류학 서적을 살펴보면, 그리스인이 남겨놓은 와인 예찬론이 한도 끝도 없이 이어진다. 예를 들어 그리스 철학자 플라톤은 "와인은 영혼의 정숙, 건강, 심신의 강건함을 제공할 목적으로 주어진 값진 약"이라고 했다. 또 그리스 극작가인 아리스토파네스는 "와인을 마시면 흥취에 젖어 부자가 되고, 성공한 사람이 되고, 소송에 이기고, 행복해지고, 친구들에게 너그러워진다"면서 "머리를 촉촉이 적셔 현명한 말을 할 수 있도록 와인 한 잔을 달라"고 적기도 했다. 심지어 아리스토텔레스는 "맥주는 사람을 멍청하게 만들기 때문에 취하면 뒤로 자빠진다"고 주장하며 "머리를 무겁게 만들어주는 와인을 마시라"고 권했다.

고대 이집트에서는 엘리트 계층만 와인을 소비했지만, 그리스에서는 사회의 모든 계층이 즐겼다. 그리스 지역의 기후 조건이 포도 재배에 잘 맞아, 와인 생산량이 크게 늘었기 때문이다. 그리스인은 심지어 "맥주 먹는 야만인을 교화해야 한다"

면서 와인을 유럽 각지에 전파하기도 했다. 그리스 본토를 넘어 식민지까지 와인 문화가 퍼지면서, 와인 제조와 운송 기술도 급진전했다. 과거 이집트에서는 사람이 직접 발로 밟아 포도즙을 짜냈지만, 그리스인은 금속압착기를 발명해 사용했다. 또 생산한 와인을 담아서 먼 곳까지 보내기 위해 암포라●라는 초대형 점토 항아리를 만들었다. 특히 지금의 보졸레 누보처럼 양조 직후에 바로 마실 수 있는 와인을 개발하고, 와인에 꿀이나 사탕수수액을 첨가해 연고와 화장품을 만들기도 했다.

와인 문화가 꽃피면서 그리스에서는 독특한 음주 풍습이 자리잡았다. 성인 남성들이 모여 와인을 마시는 심포지엄(그리스어 symposion)이다. '함께(sym=together) 마시다(posion=drinking)'라는 뜻의 심포지엄은 12명에서 24명에 이르는 그리스 상류층 남성들이 밤새 와인을 마시며 이야기를 나누는 그리스식 음주 모임이었다. 여러 문헌 기록에 따르면, 심포지엄의 형태와 방식은 다양했다. '품격 있고 지적인 음료'인 와인을 마시는 자리인 만큼, 학문과 정치, 예술을 논하는 고상한 심포지엄도 있었다. 하지만 와인의 품격을 떨어뜨리는 무질서하고 방탕한 심포지엄도 많았다. 심한 예를 들자면, 아우톨레키토이(음경)나 팔로이(발기) 같은 이름의 심포지엄은

● 밑바닥은 뾰족하고 몸통은 불룩한 형태이며 손잡이는 두 개가 달렸다. 주사 용액을 담는 앰플이라는 말도 암포라에서 유래했다.

매춘부를 불러 함께 와인을 퍼마시고 난교와 같은 음란 행위를 하는 모임이었다.

남성들이 와인을 함께 즐기는 심포지엄 문화는 로마시대에는 코미사티오comissatio라는 이름의 대연회로 바뀐다. 『와인에 담긴 역사와 문화』(김복래 외, 북코리아, 2005)라는 책에 따르면, 와인에 취한 로마인의 흥청거림은 그리스인에 뒤지지 않았다. 연회가 열리는 동안, 로마인은 와인을 잔뜩 퍼마신 뒤, 깃털로 목구멍을 간질여 와인을 토해냈다. 또 이렇게 토한 뒤엔 예절의 표시로 트림을 했다. 로마의 철학자인 세네카는 이런 모습을 가리켜 "먹기 위해 토하고, 토하려고 먹었다(vomunt ut edant, edunt ut vomant)"라고 표현하기도 했다. 결국 상당수의 심포지엄과 코미사티오는 와인이 상징하는 고상함과 우아함과는 거리가 먼 광란의 음주 파티에 불과했다.

하루키의
와인을 향한 열정

하루키는 여행을 즐겼다. 한마디로 '떠돌이 인생'이었다. 끊임없이 이곳저곳을 돌아다니며 글을 썼다. 방랑벽이 심해 "긴 여행을 떠나지 않고서는 도무지 견딜 수 없었다"고 고백할 정도였다. 떠돌아다니는 걸 좋아하다보니, 그동안 펴낸 여행 에세이(해외 체류기 포함)도 한두 권이 아니다. 1990년에는 이탈리아, 그리스 여행기인 『먼 북소리』와 그리스 아토스반도와 터키 여행 기록을 담은 『비 내리는 그리스에서 불볕천지 터키까지』를 잇따라 펴냈다. 또 이듬해부터는 4년 반 동안 미국 뉴저지 프린스턴과 매사추세츠 케임브리지에 체류했는데, 이때의 기록은 『이윽고 슬픈 외국어』와 『이렇게 작지만 확실한 행복』이라는 두 권의 책에 담겼다. 1998년에는 미국, 멕시코, 몽골, 일본 여행기를 모은 『하루키의 여행법』을 발표했다. 이 밖에도 2000년 시드니 올림픽 참관기인 『시드니!』를 펴냈는가 하면, 아이슬란드와 라오스, 핀란드 등을 여행하며 쓴 글을 모아 『라오스에 대체 뭐가 있는데요?』라는 에세이집도 출간했다.

세계 각국을 여행하면서 하루키에겐 한 가지 원칙이 생겼다. 현지에 가면 반드시 현지의 술을 맛본다는 것이다. 그 이유에 대해 하루키는 "토속주라는 것은 그 지역에 익숙해지면 익숙해질수록 맛이 좋아지는 법"이라고 적었다. 이 원칙을 지키며 여행을 하다보니 자연스럽게 세계 주요 산지 와인을 모두 현지에서 접하게 됐다. 이탈리아 토스카나에 머물 때는 키안티 와인을 마시고, 그리스에서는 송진이 들어간 레치나 와인을 즐기는 식이었다.

하루키가 여행을 하면서 얼마나 와인을 즐겨 마셨는지는 『먼 북소리』에 실린 다음의 에피소드를 보면 알 수 있다.

하루키가 그리스 스페체스섬에 배를 타고 갔을 때였다. 선착장에 내리니 곳곳에 현수막이 잔뜩 붙어 있었다. 그리스어를 몰라서 뭐라고 적힌 건지 알 수 없었는데, 저녁을 먹으러 음식점에 가서야 이 현수막이 선거 홍보물이라는 걸 알게 됐다. 하루키 일행이 음식점에서 생선 요리와 함께 화이트 와인을 주문하자, 주인은 현수막을 가리키며 "오늘은 전국 동시 지방선거가 있는 날이라서 와인이든 뭐든 주류는 절대 팔 수 없다"고 말했다. 그리스에서는 선거 날에 술을 팔지 않는다는 걸 알게 됐지만, 하루키는 그냥 물러서지 않았다. 그리스 음식점에서 와인을 안 파는 건 "일본 장어구이 집에 간장이 떨어진 것"과 마찬가지라고 여기고, 주인에게 "외국인이라 상관없지 않느냐?"고 따진다. 와인을 달라는 하루키의 성화에 주인은 현지 경찰에 술을 팔아도 되는지 물어보지만, 돌아온 대답은 절대 안 된다는 것이었다. 결국 하루키는 와인을 한 모금도 마실 수 없었다. 그는 이날을 회고하며 "포도주가 없는 저녁식사가 얼마나 맛없는지는, 그리스에 와보지 않고는 모를 것이다"라고 적었다.

하루키가 사랑한 와인

●

키안티(토스카나)

> 등장하는 작품: 에세이 『먼 북소리』, 『라오스에 대체 뭐가 있는데요?』, 소설 「우리들 시대의 포크로어」(『TV 피플』), 「예스터데이」(『여자 없는 남자들』), 『1Q84』

하루키는 키안티를 사랑해

하루키는 서른일곱 살 때이던 1986년에 이탈리아로 떠나 약 3년 동안 로마에서 지냈다.• 물론 이 기간에 로마 한 곳에만 체류했던 건 아니다. 로마 시내의 아파트에서 글을 쓰다가 그리스나 일본도 다녀오고, 이탈리아의 여러 지방도 틈나는 대로 돌아다녔다.

이탈리아에 있을 때 하루키가 가장 즐겨 다닌 곳은 중서부 토스카나, 더 구체적으로는 키안티^{Chianti}였다. 키안티가 얼마나 좋았던지 "이곳 같으면 집을 사서 살아도 좋겠다"는 생각까지 했다고 한다. 하루키는 왜 키안티에 푹 빠지게 된 걸까?

첫째 이유는 환상적인 경치였다. 여행 에세이집 『라오스에 대체 뭐가 있는데요?』에서 하루키는 키안티 여행을 이렇게 표

• 이 기간에 완성한 작품이 『상실의 시대』와 『댄스 댄스 댄스』다.

현했다.

시간 여유를 갖고 기분 내키는 대로 키안티 지역을 자동차로 돌아보는 것은 멋진 경험이다. 약간 과장해서 말한다면, 그 경험은 당신 인생에서 한 가지 하이라이트가 될 수도 있다. (…) 붉은 벽돌과 곧고 푸른 실편백나무와 구불구불한 하얀 산길. 산 위 곳곳에 오래된 성과 한눈에도 유서 깊어 보이는 빌라가 눈에 띈다. 아름답고 단아한 광경이다. 조화롭게 어우러진 그 아름다움을 해칠 만한 것은 어디서도 찾아볼 수 없다.

—『라오스에 대체 뭐가 있는데요?』

하루키가 키안티를 사랑한 또다른 이유는 이곳에서 생산하는 키안티 와인에 있었다. 하루키는 와인을 구입하려고 이탈리아 체류 때 여러 차례 키안티를 방문했다. 와이너리를 돌며 몇 박스씩 와인을 사가지고 로마로 돌아와, 글을 쓰면서 한 병 한 병 꺼내 마셨다.

우리(나와 아내)가 토스카나를 자주 찾았던 이유는 두말할 것 없이 맛있는 와인을 사기 위해서였다. 토스카나의 작은 마을을 돌아보고, 양조장에 들러 마음에 드는 와인을 잔뜩 사들인다. 그리고 마을 레스토랑에 가서 맛있게 식사를 한다. 작은 여관에 묵는다. 그렇게 일주일쯤 정처 없이 여행하면서 차 트렁크를 와인으로 가득 채워 로마로 돌아온다.

―『라오스에 대체 뭐가 있는데요?』

키안티 와인의 매력

하루키를 사로잡은 키안티 와인의 매력은 뭘까? 우선 키안티는 이탈리아 토스카나 지방의 와인 산지 이름이면서 동시에 여기서 생산되는 와인 이름이다. 피렌체 남쪽 구릉지대에 자리한 키안티는 1930년대부터 급격히 확장돼 지금은 토스카나주의 대부분을 차지한다. 점토와 석회가 섞인 토양과 일교차가 큰 날씨 덕분에 포도 재배가 쉬워, 기원전 5세기 무렵부터 에트루리아인들이 이곳에서 와인을 만든 것으로 전해진다.

키안티를 대표하는 포도 품종은 산지오베제Sangiovese다. 이 포도의 특성 때문에 키안티 와인은 전반적으로 빛깔이 연하고 맛은 시큼하다. 부드럽지만 산도가 높아서, 묵직한 맛을 좋아하는 보르도 취향의 와인 애호가한테는 안 맞을 수도 있다.

키안티 심장부에 해당하는 핵심 지역을 '키안티 클라시코 Chianti Classico'라고 한다. 여기서 생산하는 키안티 클라시코는 일반 키안티보다 고급 와인으로 취급된다. 토양 여건이 좋아 포도 품질이 나을 뿐 아니라, 와인 생산 기준도 훨씬 엄격하기 때문이다. 키안티 클라시코 와인은 원래 산지오베제 80% 이상에 화이트 품종을 섞어서 만들었지만, 2006년부터는 규정이 바뀌어 화이트 품종을 빼고 산지오베제 100%로 만들거나, 산지오베제에 토착 레드 품종만 조금 섞고 있다.

왜 검은 수탉?

키안티 클라시코 와인에는 '갈로 네로Gallo Nero'라는 검은 수탉이 병목에 붙어 있다. 와인에 왜 수탉이 그려져 있는지 궁금할 텐데, 여기엔 유명한 전설이 전해져 내려온다. 1208년, 북쪽 피렌체와 남쪽 시에나는 지긋지긋한 영토 분쟁을 끝내려고 희한한 합의를 한다. 즉, 아침에 닭이 우는 것을 신호로 양쪽 도시에서 기사가 출발해 서로

키안티 클라시코 와인에는 병목에 검은 수탉이 그려져 있다.

만나는 지점을 영토 경계선으로 정하자는 것이었다. 이 합의는 어느 도시의 닭이 먼저 우느냐에 따라 승패가 갈리는 내기가 됐다. 닭이 먼저 울게 되면 그만큼 일찍 출발해 더 많은 땅을 차지할 수 있기 때문이었다. 시에나 사람들은 닭이 배부르면 일찍 자고 일찍 일어날 것이라고 생각해서 모이를 잔뜩 줬고, 피렌체 사람들은 반대로 생각해서 며칠간 닭을 쫄쫄 굶겼다. 결과는 어땠을까? 배가 고픈 피렌체의 검은 수탉이 먼저 깨어나 울어댔고, 그 덕분에 피렌체는 훨씬 많은 땅을 차지하

게 됐다. 이후 피렌체의 검은 수탉(갈로 네로)은 키안티의 상징이 됐다.

1983년산 콜티부오노

하루키가 키안티를 즐겨 찾던 무렵에 쓴 단편이 「우리들 시대의 포크로어」(『TV 피플』)다. 이 작품에서 주인공 '나'는 작가 하루키의 모습을 쏙 빼닮았다. 일본을 떠나 로마에서 소설을 쓰는 주인공은 아내가 잠시 고향에 간 사이, 혼자 이탈리아 곳곳을 여행한다. 베네치아, 베로나 등지를 거쳐 도착한 곳은 토스카나 북서부 루카. 주인공은 이곳에서 그야말로 '우연히' 고등학교 동창생을 만나 함께 저녁을 먹게 된다. 가구 수입상이 된 동창생은 키안티 와인인 1983년산 콜티부오노 Badia a Coltibuono를 주인공과 나눠 마시면서 오랜 세월 마음에 담아둔 이야기를 털어놓는다.

하루키의 단편 「우리들 시대의 포크로어」에 등장하는 1983년산 콜티부오노.

소설에서 콜티부오노라는 실명을 그대로 밝힌 이유는 하루키가 이탈리아에 머물던 시절에 실제로 이 와인을 즐겨 마셨기 때문이다. 재밌는 건 이 작품이 출간된 이후에 생긴 일이다. 이탈리아어로 번역된 소설을 '우연히' 읽게 된 콜티부오노

와이너리에서 하루키에게 감사 인사를 전하면서 콜티부오노 1983년산 몇 병을 보내준 것. 이런 인연으로 하루키는 콜티부오노 와이너리에 머물면서 키안티 와인의 역사와 생산 과정을 취재해 글로 썼다. 세계적인 대작가가 찾아오자, 와이너리에서는 토스카나 전통 요리를 내놓고, 하루키가 태어난 해에 생산한 1949년산 와인을 선물하며 칙사 대접을 했다고 한다.

키안티 와인은 단편 「예스터데이」(『여자 없는 남자들』)에도 등장한다. 이 작품에서 와세다 대학 2학년인 주인공은 아르바이트를 함께 하며 알게 된 삼수생 기타루에게 에리카라는 여대생을 소개받지만 맘이 편하지 않다. 에리카가 기타루의 여자친구이기 때문이다. 기타루와 에리카는 초등학교는 물론 중·고등학교까지 함께 다니며 이성으로 만나온 사이다. 하지만 대학입시에 계속 낙방하면서 열등감에 사로잡힌 기타루는 "어차피 딴 놈을 만날 거라면 너를 만나는 게 낫다"며 주인공의 등을 떠민다. 여차저차해서 주인공은 에리카와 데이트를 하게 되는데, 지갑이 가벼운 두 사람은 이탤리언 레스토랑에서 피자를 먹으며 키안티 와인을 마신다.

> 해질녘 거리를 잠시 산책한 뒤에 사쿠라가오카에 있는 작은 이탤리언 레스토랑에 들어가 피자를 주문하고 키안티 와인을 마셨다. 캐주얼한 분위기에 가격대도 그리 높지 않은 가격이었다.
>
> ―「예스터데이」, 『여자 없는 남자들』

『1Q84』에서는 주인공 아오마메가 경시청 여경 아유미를 마지막으로 만났을 때 키안티 와인이 등장한다. 아유미는 이 날 키안티 와인을 마시면서, 베일에 싸인 종교집단 '선구'를 조사한 내용을 아오마메에게 전달한다.

몬테풀치아노(토스카나)

등장하는 작품: 소설 『렉싱턴의 유령』

토스카나 '귀족 와인'

토스카나 와인 하면 키안티라고 생각하는 이들이 많다. 하지만 토스카나에는 키안티 말고도 주목할 만한 와인이 몇 가지 더 있다. 대표적인 게 키안티 남쪽 몬테풀치아노 마을에서 생산하는 '비노 노빌 디 몬테풀치아노 Vino Nobile di Montepulciano', 직역하면 '몬테풀치아노 귀족 와인'이다.

위키백과에 따르면, 몬테풀치아노 와인의 역사는 매우 깊다. 789년에 작성된 문서에는 아르니페르트라는 성직자가 이 지역 인근의 농장과 포도밭을 교회에 제공했다는 기록이 있다. 1350년 문서에는 몬테풀치아노 와인을 해외에 수출하는 조건이 명시돼 있고, 1685년에는 이탈리아 시인 프란체스코 레디가 "몬테풀치아노는 와인의 왕이다!"라고 칭송하기도 했다.

몬테풀치아노 와인이 귀족 와인으로 불리게 된 것은 1930년 이후다. 이 지역 와인 생산업자인 아다모 파네티 Adamo Fanetti는

1925년, 자신이 정성껏 만든 와인에 귀족(Nobile)이라는 이름을 붙여 판매했다. 그가 생산한 와인은 1931년 시에나에서 열린 와인 무역 전시회에 출품됐는데, "미래를 가진 와인"이라는 극찬을 받았다. 이 와인이 대성공을 거두면서, 키안티 와인을 만들던 마을의 다른 농부들도 협동조합을 결성해 파네티의 제조 방식을 따

토스카나의 '귀족 와인'인 몬테풀치아노.

르기 시작했다. '귀족 와인'으로 명명된 몬테풀치아노 와인은 2차대전 이후 세계 각지로 수출되면서 명성을 얻었고, 몬탈치노Montalcino와 더불어 토스카나 명품 와인으로 입지를 굳혔다.

하루키의 찬사

아마도 하루키는 이탈리아 체류 기간에 몬테풀치아노 마을에 들러 와인을 직접 마셔보지 않았을까 싶다. 이렇게 추정하는 건 1996년에 발표한 단편 「렉싱턴의 유령」 때문이다. 이 작품에는 몬테풀치아노(몽테블챠노) 와인에 찬사를 보내는 문장이 실려 있다.

그날 밤 나는 케이시가 마련해 놓은 몽테블챠노의 레드 와인을 따서 크리스털 포도주잔에 따라서 몇 잔을 마시고, 거실 소파에 앉아 막 사가지고 온 소설을 읽었다. 케이시가 권한 것이 무색하지 않게 여간 맛이 좋은 포도주가 아니었다.

―『렉싱턴의 유령』

나 역시 다큐멘터리 제작을 위해 10년 전쯤 키안티 일대를 돌며 몬테풀치아노 마을을 찾아간 적이 있다. 마을은 작고 매우 한적했는데, 여기서 마신 와인 맛은 지금도 잊을 수 없을 만큼 강렬했다. 토스카나를 방문하는 여행객이라면 와인 맛을 보기 위해서라도 몬테풀치아노에 들러볼 만하다.

유사품에 주의!

한 가지 유의해야 할 것이 있다. 몬테풀치아노는 키안티 인근의 와인 산지 혹은 거기서 생산한 명품 와인의 이름이지만, 한편으로는 이탈리아반도 동쪽 아부르초 지역에서 재배하는 포도 품종 이름이기도 하다. 이 때문에 아부르초 지역에서 몬테풀치아노 포도로 만든 와인에도 몬테풀치아노라는 이름이 붙는다. 예컨대 아부르초 지역의 대표 와인인 '몬테풀치아노 다부르초 Montepulciano d'Abruzzo'에도 몬테풀치아노라는 말이 붙어 있어 생산지가 몬테풀치아노인 것으로 착각하기 쉽다. 하지만 이 와인은 '귀족 와인'으로 통하는 몬테풀치아노 마을의 와인

(Vino Nobile di Montepulciano)과는 아무 상관이 없다.

샤블리(부르고뉴)

등장하는 작품: 에세이 「호텔의 금붕어」,『채소의 기분 바다표범의 키스』, 소설 「패밀리 어페어」,『빵가게 재습격』,『1Q84』,『색채가 없는 다자키 쓰쿠루와 그가 순례를 떠난 해』

하루키가 사랑한 화이트 와인

하루키 작품에는 레드 와인만큼이나 화이트 와인이 자주 등장한다. 그냥 '와인'이 아니라 '화이트 와인'이라고 명시적으로 표현된 작품이 중·장편 가운데 총 7편에 달한다. 초기작 『바람의 노래를 들어라』와 『양을 쫓는 모험』의 여주인공은 공통적으로 "아주 차가운" 백포도주를 좋아한다. 또 『상실의 시대』의 여주인공 나오코 역시 룸메이트인 레이코와 요양원에서 몰래 술 파티를 할 때 화이트 와인을 마신다.

> 레이코 씨가 냉장고에서 백포도주를 꺼내어 따개로 코르크 마개를 뽑은 다음, 유리잔 세 개를 들고 들어왔다. 뒤뜰에서 담근 것처럼 정말 개운하고 맛좋은 포도주였다.
>
> —『상실의 시대』

『스푸트니크의 연인』과 『1Q84』,『기사단장 죽이기』에서는

국내 백화점에서 판매중인 샤블리 와인.

남자 주인공도 화이트 와인을 즐겨 마신다. 이렇게 남자 주인공이 화이트 와인을 마실 때는 두 가지 공통점이 있다. 하나는 비교적 저렴한 품목을 선호한다는 것이고, 또하나는 혼자 '집에서 분위기를 낼 때' 마신다는 것이다.

> 맑은 날이면 식사 후에 테라스로 나가서 접의자에 드러누워 화이트 와인을 마셨다.
>
> ―『기사단장 죽이기』

작품에 화이트 와인이 자주 등장하는 것은 작가 하루키의 식성과도 관련이 있지 않을까 싶다. 잘 알려진 것처럼 하루키는 편식이 심하다. 향이 강한 중화요리는 입에 대지 않고, 라면이라면 냄새 맡기도 꺼린다. 육류도 싫어해서, 어릴 때부터 익숙한 쇠고기 스테이크를 빼놓고는 거의 먹지 않는다. 대신에 담백한 채소와 생선을 좋아하고 굴을 즐겨 먹는다. 채소와 생선 취향의 입맛이라면 화이트 와인을 싫어할 이유가 없다. 이런 음식에는 화이트 와인이 잘 어울리기 때문이다.

포도 품종과 생산지에 따라 화이트 와인도 종류가 무척 다양하다. 생선과 굴을 좋아하는 하루키는 '샤블리Chablis'를 특히 선호한다. 하루키는 「호텔의 금붕어」라는 에세이에서 대낮에 구마모토 굴과 함께 마신 차가운 샤블리를 "최고의 맛이었다"라고 회고했다.

생굴과 환상적인 조합

'와인 좀 즐긴다' 하는 사람이라면 샤블리 한 잔쯤은 마셔봤을 것이다. 일본 와인 만화 『신의 물방울』이 소개되면서 국내에서도 샤블리 열풍이 불었기 때문이다. 이 책이 히트하면서, 와인 전문점은 물론이고 할인마트와 백화점 와인 코너에 다양한 등급의 샤블리가 한꺼번에 깔렸다. 특히 『신의 물방울』을 통해 샤블리가 생굴과 어울린다는 게 널리 알려지면서, 너나 할 것 없이 '샤블리-생굴'의 환상적인 마리아주mariage●를

● 프랑스어로 결혼이라는 뜻으로, 흔히 '음식과 술의 궁합'을 가리킨다.

즐기게 됐다.

  샤블리가 해산물, 특히 생굴과 단짝을 이루는 건 생산지의 특수한 토양 환경 때문이다. 샤블리 와인을 생산하는 샤블리 지역은 프랑스의 대표적 와인 산지인 부르고뉴의 최북단에 자리한다. 인구가 3천 명 남짓인 소도시 샤블리를 중심으로 세렝 강가를 따라 20개 마을에서 샤르도네Chardonnay 품종으로 샤블리 와인을 빚는다. 이 지역의 토양은 크게 두 가지로 나뉘는데, 그중 하나가 키메리지앵Kimmeridgien이다. 키메리지앵은 약 1억 5천만 년 전인 쥐라기 때 생성된 토양이다. 플랑크톤과 조개, 굴 껍데기 등이 퇴적해 석회질이 풍부하고 칼슘 함량도 높다. 이런 토양에서 자란 포도로 와인을 빚었으니 굴이나 생선 같은 해산물과 최고의 궁합을 이루는 게 당연하다. 이 지역의 또다른 토양인 포틀랜디언Portlandian 역시 지질 연대는 다르지만, 칼슘 등 미네랄 성분이 풍부해 산미가 높은 샤르도네를 키워낸다.

  샤블리는 품질에 따라 네 등급으로 나뉜다.

1. 샤블리 그랑 크뤼Chablis Gran Cru
2. 샤블리 프리미에 크뤼Chablis Premier Cru
3. 샤블리Chablis
4. 프티 샤블리Petit Chablis

최우수 등급인 그랑 크뤼 샤블리는 7개 포도밭에서만 생산된다. 병입한 뒤 최소 5년 이상 숙성시키는데, 알코올 함량이 높아 길게는 20년까지 보존 가능하다.

아오마메가 샤블리를 즐기는 까닭

하루키 작품의 주인공 중에서는 『1Q84』의 아오마메가 샤블리를 가장 좋아한다. 그런데 이 작품에 묘사된 아오마메의 식성이 하루키와 아주 비슷하다.

> 야채 요리가 그녀가 만드는 일상적인 음식의 중심이고, 거기에 어패류, 주로 흰 살 생선이 보태진다. 육류는 어쩌다 닭고기를 먹는 정도다. 식재료는 신선한 것만을 선택하고, 사용하는 조미료는 최소한으로 줄였다.
>
> ―『1Q84』

아오마메가 샤블리를 마시는 첫 장면은 1Q84라는 세계를 자각한 직후에 나온다. 아오마메는 자신이 1984년의 평행 세계에 있다는 걸 알게 된 뒤, 레코드 가게에 들러 야나체크의 〈신포니에타〉 레코드를 사서 귀가한다.

> 집에 돌아와 냉장고에서 샤블리 와인을 꺼내 마개를 열고, 레코드를 턴테이블에 얹고 바늘을 내렸다. 그리고 알맞게 차가워진 와인

을 마시며 음악에 귀를 기울였다.

—『1Q84』

　아오마메가 버드나무 저택에 사는 노부인老婦人과 저녁식사를 할 때도 샤블리가 등장한다. 폭력에 시달리는 여성을 위한 세이프 하우스를 운영하는 노부인은 스포츠클럽 강사인 아오마메에게 개인 트레이닝을 부탁하면서 프렌치 레스토랑에서 저녁을 대접한다. 메인 요리로 야채를 고른 노부인과 흰살 생선 그릴 요리를 선택한 아오마메는 샤블리 한 잔을 곁들이며 우아하게 식사를 한다.

　노부인은 잔술로 샤블리 한 잔을 마시고, 아오마메도 그것으로 했다. 요리와 마찬가지로 고급스럽고 깔끔한 맛의 와인이었다.

—『1Q84』

　샤블리는 다른 작품에서도 주로 생선 요리와 함께 등장한다.『색채가 없는 다자키 쓰쿠루와 그가 순례를 떠난 해』에서 다자키 쓰쿠루는 핀란드의 시골 마을로 찾아가 고등학교 동창생 에리를 만난다. 친형제보다 더 친했던 친구들한테 왜 따돌림을 당하게 됐는지 알게 된 쓰쿠루는 헬싱키로 돌아와 항구 근처 레스토랑에서 혼자 생선을 먹으며 샤블리를 곁들인다. 또 단편「패밀리 어페어」의 주인공은 훈제 연어 요리와 함

『1Q84』에 나오는 '야생 멧돼지' 샤르도네 와인

『1Q84』 2권에는 덴고와 후카에리가 집에서 함께 와인을 마시는 장면이 나온다. 구체적인 상황은 이렇다. 커피를 마시던 덴고가 후카에리에게 "뭐 좀 마실래?"라고 묻자, 미성년자인 후카에리는 화이트 와인을 달라고 한다. 덴고는 즉시 냉장고를 뒤져서 세일 때 사다놓은 샤르도네 화이트 와인을 찾아낸다.

> 덴고는 냉장고를 열고 차가운 화이트 와인이 있는지 찾아보았다. 한참 전 바겐세일 때 사온 샤르도네가 안쪽에 있는 게 눈에 들어왔다. 라벨에는 야생 멧돼지 그림이 그려져 있다. 코르크 마개를 열고 와인 잔에 따라 후카에리 앞에 놓아주었다. 그러고는 잠시 망설인 끝에 자신의 잔에도 따랐다. 분명 커피보다는 와인을 마시고 싶었다.
>
> —『1Q84』

그렇다면 여기 등장하는 화이트 와인은 대체 뭘까? 야생 멧돼지 그림과 샤르도네라는 두 가지 힌트를 감안하면, 캘리포니아 소노마 카운티에 있는 마르카신Marcassin 와이너리의 화이트 와인이 아닐까 싶다. 마르카신은 프랑스어로 '어린 야생 멧돼지'라는 뜻으로, 이 와이너리에서 나오는 대부분의 와인에는 야생 멧돼지 그림이 붙어 있다. 또한 마르카신 와이너리에서는 레드 품종으로

야생 멧돼지가 그려져 있는 마르카신 와인.

피노 누아를 쓰고, 화이트 품종으로는 샤르도네를 쓴다. 다시 말해, 마르카신 화이트 와인은 작품에 언급된 '야생 멧돼지'와 '샤르도네'라는 조건을 모두 충족시키는 것이다.

마르카신 와이너리가 야생 멧돼지를 상징으로 정한 데는 사연이 있다. 와이너리 운영을 꿈꾸던 헬렌 털리^{Helen Turley}와 남편은 소노마의 한 목장에서 열린 야생 멧돼지 파티에 초대를 받았는데, 거기서 환상적인 와인을 맛보게 된다. 이 일을 계기로 부부는 소노마 지역의 땅을 사들여 와이너리를 차리고, '어린 야생 멧돼지'를 뜻하는 마르카신을 와이너리 이름으로 정했다고 한다.

께 샤블리를 마신다.

하루키 작품에서도 "샤블리는 역시 해산물과 함께"인 것이다.

피노 누아(부르고뉴)

등장하는 작품: 소설「독립기관」(『여자 없는 남자들』), 『스푸트니크의 연인』, 『태엽 감는 새』, 에세이「파티는 괴로워」(『채소의 기분 바다표범의 키스』)

단편집 『여자 없는 남자들』에 수록된 「독립기관」의 주인공은 52세의 성형외과의사 '도카이'다. 독신주의자인 도카이는 결혼은 하지 않고, 두세 명의 여성과 동시에 연애를 즐기는 '자유로운 영혼'이다. 결혼을 전제로 하는 진지한 만남을 꺼리다보니, 유부녀나 애인이 있는 여성만 골라서 사귀어왔다. 도카이에게 여자가 끊이지 않는 데에는 이유가 있다. 한마디로 이성에게 어필할 만한 조건을 다 갖췄기 때문이다. 병원이 잘돼 고수익을 올리는데다, 이목구비가 단정하고 교양이 있다. 운동을 열심히 해서 젊은 시절의 체형을 유지하고 있으며, 요리와 칵테일에도 능숙하고, 와인 지식까지 해박하다.

다재다능하고 매력적인 중년 남성 도카이. '갖출 건 다 갖춘' 화려한 도시 남성 도카이가 가장 즐기는 와인이 피노 누아Pinot Noir다.

내가 자신 있는 거라고는 맛있는 피노 누아를 고를 줄 안다거나, 단골 레스토랑이나 초밥집이나 바가 몇 군데 있다거나, 피아노를 조금 칠 줄 안다거나, 고작해야 그런 정도예요.

—「독립기관」, 『여자 없는 남자들』

'공주 같은' 피노 누아

앞서 언급한 키안티, 몬테풀치아노, 샤블리가 해당 와인을 만드는 생산지인 반면, 피노 누아는 포도 품종이다. 이 포도는 독일, 오스트리아, 이탈리아 북부는 물론이고 미국과 뉴질랜드 등에서도 와인용으로 재배하지만, 원산지는 프랑스 부르고뉴 지역이다.

피노 누아 하면 떠오르는 영화가 두 편 있다. 하나는 2014년 개봉한 일본 영화 〈해피 해피 와이너리〉(원제: 포도의 눈물)다. 이 영화에서 주인공 아오는 아버지의 반대를 무릅쓰고 도시로 떠나 오케스트라 지휘자로 성공한다. 하지만 갑작스럽게 찾아온 돌발성 난청으로 음악을 포기하고 고향에 돌아온다. 아오는 아버지가 물려준 밀밭에 피노 누아를 심고 와인 생산에 도전하지만 번번이 좌절한다. 온 정성을 기울여도 포도가 영 시원찮았기 때문이다. 몇 년이나 실패를 거듭한 끝에 아오는 제대로 된 포도를 수확해 명품 와인을 탄생시킨다.

2005년 골든글러브 작품상을 받은 알렉산더 페인 감독의 〈사이드웨이〉에서도 피노 누아는 인상적으로 그려진다. 와인

애호가인 주인공 마일스는 피노 누아에 열광하는 인물로 나온다. 마일스는 왜 피노 누아를 좋아하느냐는 질문에 다음과 같이 말한다.

> 피노 누아는 기르기 힘들지. 피부(껍질)도 얇고 괴팍하거든. 방치해둬도 아무 데서나 잘 자라는 카베르네 쇼비뇽과는 차원이 다르지. 피노 누아는 끊임없이 보살펴줘야 하거든.

이 대사에서도 알 수 있듯이 피노 누아는 재배하기가 무척 까다롭다. 다른 포도는 자라기 힘든 서늘한 날씨를 선호하는 데다 토양 환경에 따라 맛이 천차만별로 변한다. 그러니까 아무 데나 심어놓는다고 잘 자라지는 않는다는 말이다. 껍질까지 얇아 잘 터지기 때문에 다루는 것도 조심해야 한다. 한마디로 민감하고 까다로운 품종이다.

피노 누아로 빚은 와인 역시 포도 품종의 특성을 그대로 갖고 있다. 대체로 색깔이 엷고(pale red) 맛은 부드럽다. 과일 향과 은은한 흙냄새가 나면서도 타닌이 주는 떫은맛이 별로 없다. 이런 피노 누아 와인을 설명할 때마다 빠지지 않는 수식어가 몇 가지 있다. '부드럽다(soft & silky), 우아하다(elegant), 섬세하다(delicate), 복잡하다(complexity).'

혹자는 피노 누아 와인을 '공주'에 비유하기도 한다. 다른 와인은 따라올 수 없을 만큼 우아하고 고급스러운 대신에 가격은 비싸고 여러모로 신경을 많이 써야 한다는 의미다.

하루키에게도 피노 누아는 우아하고 고급스러운 와인으로 각인된 것 같다. 하루키는 「파티는 괴로워」(『채소의 기분 바다표범의 키스』)라는 글에서 자신이 생각하는 이상적인 파티의 조건 중 하나로 피노 누아 와인을 꼽았다.

'피노 누아' 하면 '부르고뉴'

피노 누아는 프랑스 와인의 양대 산지인 부르고뉴의 대표 품종이다. 보르도에선 일반적으로 카베르네 소비뇽과 메를로, 카베르네 프랑 등 여러 품종을 섞어서 레드 와인을 생산하지만,• 부르고뉴에선 오로지 피노 누아만으로 만든다. 별도 와인 산지로 분류되는 보졸레••를 제외하면 '부르고뉴 레드 와인은 거의 100% 피노 누아'인 셈이다.

프랑스에서 두번째 와인 산지인 부르고뉴는 보르도에 비해 파리와 가깝다. 그래서 피노 누아로 빚은 이 지역 와인은 일찍부터 프랑스 황실과 귀족의 사랑을 듬뿍 받았다. 부르고뉴는 샤블리부터 코트 도르Cote d'Or, 코트 샬로네즈Cote Chalonnais, 마코네Maconnais, 보졸레Beaujolais의 5개 지역으로 나뉘는데, 그중 핵심은 '황금 언덕'이라는 뜻을 지닌 코트 도르다.

- 메를로 100%로 만드는 페트루스 등은 예외다.
•• 보졸레에서 생산하는 보졸레 누보는 가메Gamay 품종을 쓴다.

부르고뉴 피노누아 와인은 색이 엷고 맛은 부드럽다.

　　남북으로 30km에 걸쳐 있는 코트 도르는 부르고뉴의 심장부로, 전세계에서 가장 비싼 고급 와인이 생산되는 곳이다. 대표적으로 '평생 한 번 맛보는 게 영광'이라는 로마네콩티Romanee-Conti가 여기서 나온다. 100% 피노 누아로 빚은 로마네콩티는 와인 애호가 사이에선 '꿈의 와인'으로 불린다. 맛과 향이 완벽한 건 물론이고 품질 관리도 철저해, 1년에 5~6천 병만 한정 생산한다. 최고의 품질에 희소성까지 더해져 한 병에 수백만 원에서 수천만 원을 호가한다. 제조사인 DRC^{Domaine de la Romanee-Conti}에 인터넷으로 직접 주문을 할 경우 몇 년을 기다려야 하는 건 당연하고, 로마네콩티만 따로 팔지 않기 때문에

부르고뉴를 대표하는
'꿈의 와인', 로마네콩티.

DRC에서 생산한 다른 와인 11병과 함께 세트로 구입해야 한다. 특히 희귀 빈티지의 경우엔 매물 자체를 찾기 힘들어 말 그대로 '부르는 게 값'이다.

부르고뉴 코트 도르를 대표하는 명품 와인 중에는 나폴레옹이 사랑한 샹베르탱Chambertin도 빼놓을 수 없다. 평민으로 태어나 황제에 오른 나폴레옹은 자기 관리가 철저해, 잠도 많이 자지 않고 술도 삼갔다. 하지만 이런 나폴레옹도 코트 도르의 작은 마을 주브레 샹베르탱에서 나오는 와인만큼은 각별히 즐겼다. 나폴레옹은 "샹베르탱 와인 한 잔을 바라보는 것 이상으로 미래를 장밋빛으로 만드는 것은 없다"●라고 말했다고 한다. 이 밖에도 『신의 물방울』로 잘 알려진 샹볼뮈지니Chambolle-Musigny와 부르고뉴 3대 와인으로 손꼽히는 클로 드 부조Clos de Vougeot도 코트 도르 지역에서 생산된다.

참고로 부르고뉴는 한 포도원●●에 주인이 여럿인 경우가 많다. 개인이나 가족이 대규모 포도원을 통째로 소유하고 있는

- ● 네이버 문화원형백과 와인문화 참조.
- ●● 포도원은 포도밭과 양조장을 결합해 일컫는 말로, 부르고뉴에서는 도멘Domaine, 보르도에선 샤토Chateau라고 부른다.

보르도와는 다르다. 여러 명이 포도밭을 나눠 갖고 있어서 규모가 작고 소유 구조도 복잡하다. 이는 프랑스 대혁명 이후 이뤄진 토지 분배 때문인데, 당시 혁명 정부는 귀족들이 소유한 부르고뉴 포도밭을 몰수한 뒤 잘게 쪼개서 농민들에게 나눠줬다. 그래서 부르고뉴 와인은 같은 마을이나 같은 포도원에서 생산된 것이라고 해도 품질이 생산자마다 제각각이다. 명품 부르고뉴 생산지로 유명한 샹베르탱이나 샹볼뮈지니 같은 경우에도 생산자에 따라서는 품질이 떨어지는 와인도 제법 있다. 부르고뉴는 이름값만 믿고 덥석 집었다가는 낭패를 볼 수 있기 때문에 생산자까지 꼭 확인해야 한다.

"꿈처럼 달콤한 와인"

하루키 소설에서 부르고뉴 와인은 장편 『태엽 감는 새』와 『스푸트니크의 연인』에 등장한다. 『태엽 감는 새』에서는 인간의 마음의 병을 치료하는 능력을 지닌 너트메그가 부르고뉴 와인을 즐긴다. 너트메그에게는 늘 가는 단골 레스토랑이 있는데, 그곳은 "하루 한 차례만 손님을 받는" 고급스러운 곳이다. 너트메그는 이 레스토랑에서 항상 같은 연도 부르고뉴 와인을 주문해 절반만 마시고 남긴다.

『스푸트니크의 연인』에는 부르고뉴 현지에서 와인을 맛보는 장면이 있다. 스미레는 와인 수입상 뮤와 함께 이탈리아와 프랑스의 와이너리를 돈다. 파리에서 기차를 타고 부르고뉴에

도착한 이들은 거래 상담을 마친 뒤 숲에서 와인을 마시며 오후를 즐긴다.

> 한가한 오후에는 바구니에 도시락을 넣고 근처의 숲으로 산책을 나갔다. 물론 와인도 몇 병 가지고 갔다. "이곳에서의 와인은 꿈처럼 달콤해"라고 스미레는 편지에 썼다.
> ―『스푸트니크의 연인』

두 작품 모두 '부르고뉴'라고만 나오기 때문에 구체적으로 어떤 와인인지는 알 수 없다. 하지만 "꿈처럼 달콤"하다거나 "하루 한 차례만 손님을 받는 레스토랑"이라는 표현을 볼 때, 부르고뉴 코트 도르에서 생산한 꽤 값나가는 레드 와인이 아닐까 싶다.

메독(보르도)

『기사단장 죽이기』 1권에 나오는 멘시키 저택에서의 만찬 장면을 떠올려보자. 주인공은 거실에서 환영 칵테일 한 잔을 마시고 집안 구석구석을 둘러본 뒤 식당으로 안내된다. 본격적인 만찬에 앞서 주인공은 "자잘한 거품이 경쾌하게" 춤추는 고급 샴페인을 대접받는다. 이후 본격적으로 음식이 나오는데, 유기농 야채로 만든 오르되브르(애피타이저)가 나왔을 땐

천혜의 와인 산지인 보르도에서 생산된 각종 와인.

"완벽한 맛의 화이트 와인"이 제공된다. 연근과 오징어와 흰 깍지콩이 들어간 샐러드에 이어 바다거북 수프, 아귀 요리를 먹은 뒤엔 두툼한 사슴고기 스테이크가 나온다. 이때 포니테일 헤어스타일의 바텐더는 육류 요리에 맞는 레드 와인을 주인공에게 따라주는데, 이 와인은 이미 디캔팅decanting까지 완벽하게 마친 상태였다.

"공기가 적당히 들어가서 지금쯤 딱 마시기 좋을 겁니다."
공기가 어떤지는 잘 모르겠지만 굉장히 깊은 맛의 와인이었다. 처음 혀에 닿았을 때와 입안에 머금었을 때, 그리고 삼킨 뒤에 느껴지는 맛이 모두 달랐다. 마치 각도나 광선에 따라 미묘하게 다른 아름다움을 발하는 미스터리한 여자처럼. 그리고 기분 좋은 뒷맛이 남았다.

―『기사단장 죽이기』

미묘하게 다양한 맛을 내는 이 와인은 어디에서 생산한 걸까? 멘시키는 구체적인 설명 대신 "보르도"라는 단 한 마디로 요약한다.

"보르도입니다." 멘시키가 말했다. "설명은 생략하죠. 그냥 보르도입니다."
"하지만 일단 설명을 시작하면 상당히 길어질 것 같은 와인이군요."
멘시키가 미소지었다. 눈가에 보기 좋은 주름이 잡혔다. "말씀대로입니다. 설명하기 시작하면 상당히 길어질 겁니다. 하지만 전 와인의 라벨을 분석하는 것을 썩 좋아하지 않습니다. 대상이 뭐든 마찬가지예요. 그저 맛있는 와인 그 말만으로도 충분하지 않겠습니까."

―『기사단장 죽이기』

"그저 맛있는 와인"과 "그냥 보르도"라는 표현에는 '보르도면 됐지, 뭘 더 설명할 필요가 있느냐'는 멘시키의 속내가 담겨 있다. 하긴 이만큼 단순하면서 확실한 표현이 어디 있겠는가? 와인에 대해 잘 모르는 사람이라도 보르도라는 말은 들어

보르도 5대 샤토

보르도 5대 샤토의 기원은 1855년으로 거슬러올라간다. 당시 파리 세계박람회를 앞두고 프랑스 상공회의소는 보르도 지역에서 생산되는 고급 와인 61개에 '위대한 포도원'이라는 뜻의 '그랑 크뤼Gran Cru'라는 이름을 붙여 별도로 분류했다. 이때 선정된 그랑 크뤼 61개 가운데 60개는 메독 지역에서 생산되었는데, 유일한 예외가 그라브 지역에서 생산된 샤토 오브리옹이었다. 그랑 크뤼로 선정된 61개 와인은 당시 거래 가격을 기준으로 다시 5단계로 등급을 매겼는데, 최고등급인 1등급으로 선정된 와인이 라피트로쉴드와 라투르, 마르고, 오브리옹이었다. 이후 1973년에 그랑 크뤼 2등급이던 샤토 무통로쉴드가 승격되면서, 최고등급 와인은 5개로 늘어났다. 이 다섯 개 와인이 바로 보르도를 대표하는 '5대 샤토'로 불린다.

1. 샤토 라투르

생산 지역은 메독 지역 포이악 마을. 라투르는 별명이 많다. 한국의 와인 애호가 사이에선 '첨성대 와인'으로 불린다. 와인 라벨에 첨성대처럼 생긴 탑(la tour)이 그려져 있어서다. 또 2007년 전경련 회장단 모임에서 삼성 이건희 회장이 샤토 라투르 1982년산을 돌려, 일명 '이건희 와인'으로도 불린다. 더 앞서서는 2000년 남북정상회담 때 북한 김정일 국방위원장이 김대중 대통

흔히 '첨성대 와인'으로 불리는 샤토 라투르.

령과 만찬을 하면서 라투르 1993년 빈티지를 내놓아 '김정일 와인'으로 주목받기도 했다.

'남성적인 와인'으로 평가받는 샤토 라투르는 70년에서 100년간 저장이 가능하다는 말이 나올 정도로 힘있는 와인이다. 5대 샤토 가운데 향과 맛이 가장 강하다.

2. 샤토 라피트로쉴드

생산 지역은 메독 지역 포이악 마을. 라피트는 '왕의 와인'이라는 별칭을 갖고 있다. 프랑스 루이 15세가 이 와인을 즐겨 마셨기 때문이다. 루이 15세가 라피트를 좋아하게 된 데는 리슐리외 공작의 솔깃한 한 마디가 결정적이었다. 지방에 내려갔다가 임기를 마치고 돌아온 리슐리외는 루이 15세를 알현하는 자리에서 "라피트를 마시면 늙지 않고 영원히 젊게 살 수 있다"고 말했다. 루이 15세는 타고난 동안童顔이었던 리슐리외의 말을 믿고 이 와인을 즐겨 마시게 됐다고 한다. 또 루이 15세의 애첩이었던 퐁파두르 부인도 라피트 맛에 반해 궁정에서 만찬을 할 때마다 내놨다고 한다.

루이 15세가 사랑한 샤토 라피트로쉴드.

섬세하고 깊은 맛으로 사랑받는 라피트는 1855년 그랑 크뤼 등급 분류에서 1등급으로 뽑혔다. 1868년 로쉴드(로스차일드) 가

문으로 넘어간 뒤부터는 라피트로쉴드라는 이름으로 명가의 자존심을 지키고 있다.

3. 샤토 무통로쉴드

생산 지역은 메독 지역 포이악 마을. 무통로쉴드는 병 자체가 예술품이다. 세계적인 화가의 작품이 라벨에 그려져 있기 때문이다. 지금까지 무통로쉴드 라벨을 장식한 화가의 면면을 보면 입이 떡 벌어진다. 1958년 달리, 1969년 미로, 1970년 샤갈, 1971년 칸딘스키, 1973년 피카소, 1975년 앤디 워홀, 1988년 키스 하링, 1990년 프랜시스 베이컨 등등

로버트 파커가 100점을 매긴 샤토 무통로쉴드 1982년산. 만화 『신의 물방울』에도 등장한다.

이다. 2013년 빈티지에는 국내 작가로는 처음으로 이우환 화백의 작품이 실리기도 했다.

무통은 1855년 그랑 크뤼 등급 분류에서는 2등급이었다. 하지만 자크 시라크(전 프랑스 대통령)가 농무장관으로 있던 1973년에 전격적으로 1등급으로 승격된다. 무통의 1등급 승격은 프랑스 와인 업계에선 전무후무한 일대 사건으로 기록되고 있다. 그랑 크뤼 등급이 바뀐 건 1855년 이후 지금까지 무통이 유일무이하기 때문이다.

4. 샤토 마르고

생산 지역은 메독 지역 마르고 마을. 샤토 마르고는 '와인의 여왕'이다. 라투르가 강하고 남성적인 와인의 대명사라면, 마르고는 우아하고 섬세한 맛의 여성적인 와인이다. 루이 15세의 두 번째 애인인 마담 뒤 바리가 궁중에 소개하면서 귀족 사회에 퍼졌다. 그뒤로도 샤토 마르고를 사랑한 명사는 한둘이 아니었는데, 대표적으로 헤밍웨이를 들 수 있다. 헤밍웨이는 이 와인을 너무나 사랑해, 자신의 손녀에게 마고라는 이름(마고 헤밍웨이)을 붙이기도 했다.

샤토 마르고는 라벨에 그려진 성채 건물도 유명하다. 1811년 당대 최고의 건축가 루이 콩브가 설계한 것으로, 현재 프랑스 국가 지정 건축물이다. 1949년 옛 서독 수상 아데나워가 프랑스 국민에게 2차대전 도발을 사과한 장소도 바로 이곳이다. 왜 여기서 사과했는지 묻자, 아데나워는 "프랑스인 마음 한가운데에 보르도가 있고, 보르도의 한가운데에 샤토 마르고가 있다"는 유명한 말을 남겼다.

헤밍웨이가 사랑한 샤토 마르고.

프랑스 국가 지정 건축물인 샤토 마르고 성채.

5. 샤토 오브리옹

생산 지역은 그라브 지역 패삭 마을. 1855년 등급 분류에서 메독 와인이 아닌데도 유일하게 그랑 크뤼가 됐다. 그것도 최상 등급인 1등급 프리미에 크뤼 Premiers Cru로 선정됐다. 샤토 오브리옹에
만 예외가 적용된 건 그만큼 명성이 자자해서다. 17세기부터 오브리옹은 영국 런던 사교계에서 인기를 끌었다. 프랑스 대사를 지낸 미국의 3대 대통령 토머스 제퍼슨 역시 이 와인을 극찬했다고 한다.

오브리옹과 관련된 흥미로운 일화 하나를 소개한다. 나폴레옹 전쟁 패전 이후 빈 회의 당시의 얘기다. 1814년부터 이듬해까지 이어진 빈 회의에서 프랑스 외교관 탈레랑 페리고르는 만찬 때마다 최고급 프랑스 요리와 함께 샤토 오브리옹을 내놨다. 맛좋은 음식과 오브리옹 덕분에 회담 분위기가 좋아져, 프랑스는 패전국 배상액을 최소한으로 줄일 수 있었다고 한다.

그라브 지역에서 생산하는 샤토 오브리옹.

봤을 테니 말이다. 그만큼 보르도는 그 자체로 고급 와인의 대명사가 된 지 오래다. 와인 평론가 고형욱이 내린 보르도의 정의를 보자.

> 보르도 시를 중심으로 펼쳐져 있는 세계 최고, 세계 최대의 와인 생산 지방을 포괄해서 부르는 말.

이탈리아나 독일, 미국, 호주의 와인 생산업자가 들으면 어이없어할지 모르지만, 어쨌든 '와인 하면 보르도, 보르도 하면 와인'인 게 사실이다.

명품 와인의 보고, 보르도 메독

프랑스 남서부 대서양 연안에 자리하는 보르도는 포도 재배에 이상적인 지역이다. 온화한 서안 해양성 기후로 일조량이 많고 강수량도 적당해 포도가 잘 자란다. 보르도를 양분하는 지롱드강을 중심으로 수많은 지류가 흘러 수량도 풍부하다. 또 서쪽의 숲지대는 대서양에서 불어오는 찬바람을 병풍처럼 막아준다. 천혜의 자연환경 덕분에 보르도에서는 서기 1세기 무렵부터 포도 재배가 시작됐고, 중세를 거치면서 세계적인 고급 와인 산지로 자리잡았다.

9천여 개 샤토가 있는 보르도의 와인 산지는 메독, 그라브, 소테른, 생테밀리옹, 포므롤인데, 가장 중요한 지역이 메독(메도크)

이다. 코트 도르(황금 언덕)가 부르고뉴를 대표한다면, 메독은 보르도의 심장이다. 메독은 '중간에 있는 땅'이라는 뜻처럼, 대서양과 지롱드강 사이에 끼어 있다. 지롱드강을 따라 약 80km에 걸쳐 비탈진 경사면에 넓은 포도밭이 형성돼 있다. 메독은 강 하류 저지대에 있는 바메독 Bas-Medoc 과 강 상류 고지대인 오메독 Haut-Medoc 으로 나뉘는데, 그중 바메독은 대체로 품질이 조금 떨어지는 와인을 생산하고, 질 높은 와인은 오메독에서 나온다.•

메독(오메독)이 왜 '명품 와인의 보고'로 불리는지는 다음 한 가지만 얘기해도 충분하다. 고급 와인이 즐비한 보르도에서도 최고급으로 평가받는 특별한 와인 다섯 가지가 있다. 일명 '5대 샤토'로 통칭되는 와인으로, 샤토 라투르 Latour, 샤토 라피트로쉴드 Lafite-Rothschild, 샤토 무통로쉴드 Mouton-Rothschild, 샤토 마르고 Margaux, 샤토 오브리옹 Haut-Brion 이다. 그런데 보르도 와인 최고봉인 '5대 샤토' 가운데 4개가 메독(오메독)에서 생산된다. 생산지가 메독이 아닌 건 샤토 오브리옹(그라브 지역)뿐이다.

뮤가 마신 1986년산 메독

하루키 작품 등장인물 가운데 최고의 와인 전문가라고 할

• 와인 라벨에 생산지가 메독이라고만 적혀 있다면, 이는 오(높은) 메독이 아닌, 바(낮은) 메독에서 생산됐다는 뜻이다. 바메독 와인은 부정적 이미지 때문에 일부러 메독으로 표기하고 있다.

수 있는 뮤(『스푸트니크의 연인』)는 값비싼 와인을 주문해놓고 늘 절반 이상을 남긴다. 스미레와 함께 레스토랑에 갔을 때도 1986년산 메독을 주문한 뒤 딱 한 잔만 마신다. 와인을 남기면 아깝지 않느냐는 질문에, 뮤는 이렇게 답한다.

> "와인이란 건 말이죠. 많이 남기면 남길수록 그 식당에서 일하는 사람들이 많이 맛볼 수 있는 거예요. 소믈리에, 헤드 웨이터를 비롯해 가장 아래에서 물을 따르는 사람까지 말이에요. 그렇게 해서 모두 와인 맛을 알게 되는 거죠. 그러니까 고급 와인을 주문해서 남기는 건 쓸모없는 일이 아니에요."
>
> ―『스푸트니크의 연인』

"고급 와인"이라는 표현을 봤을 때, 이 작품에 나오는 '1986년산 메독'은 분명히 오메독일 것이다. 또 뮤가 와인 수입상을 하는 부유한 인물이라는 점을 감안하면 아마도 그랑 크뤼 등급, 어쩌면 5대 샤토 와인일지도 모른다. 하루키가 특별히 '1986년산'이라고 빈티지를 적시한 데에는 나름의 이유가 있다. 1986년은 보르도의 포도 작황이 전년에 비해 15%나 늘었을 정도로 풍년이었던 해다. 당연히 이 해에 수확한 포도로 빚은 와인 역시 더 비싸게 거래됐다. 즉, 하루키는 '1986년산 메독'이라는 표현을 통해, 뮤가 마신 와인이 비싸고 품질 좋은 제품이라는 걸 강조하고 있는 것이다.

단편 「기노」에 등장하는
나파밸리 진판델 와인.

『여자 없는 남자들』에 실린 단편 「기노」에도 메독 와인이 등장한다. 어느 날 주인공 기노가 운영하는 바에 두 남자가 들어온다. 이들은 코키지 차지 corkage charge• 5천 엔을 내고 바에서 오메독 와인 한 병을 마신다. 허세로 가득찬 두 남자는 바에서 와인을 마시며 설전을 벌이다가 잔까지 깨먹고 주인 기노와 다투게 된다.

하루키 소설에 나오는 그 밖의 와인

레치나
『스푸트니크의 연인』의 말괄량이 여주인공 스미레는 뮤와

• 손님이 외부에서 가져온 와인을 마실 때, 코르크를 개봉해주고 와인 잔을 제공하는 대가로 받는 요금.

함께 프랑스 와이너리를 돌다가 일본에 남아 있는 주인공에게 편지를 보낸다. 편지 내용은 여행 계획을 변경해 일본으로 돌아가지 않고, 그리스의 섬으로 가서 휴가를 즐기겠다는 것이다. 그러면서 스미레는 그리스에서 해보고 싶은 몇 가지를 편지에 적는다.

> 에게 해의 새하얀 해안에서 뒹굴며 아름다운 한 쌍의 유방을 햇볕에 드러낸 채 송진이 들어간 와인을 마시면서 하늘을 흘러가는 구름을 마음껏 바라보는 거야. 어때, 멋지다고 생각하지 않아?
> ─『스푸트니크의 연인』

여기 나오는 "송진이 들어간 와인"은 그리스 토속 와인인 레치나Retsina를 말한다. 하루키는 1986년 그리스 미코노스섬•과 스페체스섬에 석 달간 체류했는데, 이때 현지에서 이 와인을 처음 접했다. 또 24년이 흐른 2010년에도 이 섬을 다시 찾아가 옛 기억을 떠올리며 레치나 와인을 마신다. 하루키는 여행기에서 오랜만에 레치나 와인을 마셨지만 "톡 쏘는 송진 향이 엷어져 조금 실망했다"고 적었다.

그리스 사람들이 와인에 송진을 넣기 시작한 건 아주 오래

• 이 섬에서 하루키는 자신의 작품 중 최고 베스트셀러인 『상실의 시대』를 쓰기 시작했다.

됐다. 기원전 300년경부터다. 당시 그리스에서는 높이 3m 정도의 초대형 항아리에 와인을 보관했는데, 와인이 증발하는 걸 막으려고 항아리에 송진을 발랐다. 이 전통은 이후 2천 년 넘게 이어져 지금도 그리스에서는 와인을 만들 때 송진을 넣는다.

캘리포니아 와인(나파 밸리)

하루키는 대학 객원연구원 신분으로 미국에서 약 5년간 지냈다. 그래서인지 하루키 작품에는 미국 와인도 심심찮게 나온다. 『댄스 댄스 댄스』에서는 주인공이 하와이에 도착해 마트에서 캘리포니아산 와인을 사는 모습이 나온다. 『색채가 없는 다자키 쓰쿠루와 그가 순례를 떠난 해』에서는 다자키 쓰쿠루의 애인 사라가 심사숙고 끝에 카베르네 소비뇽으로 빚은 나파 밸리 와인을 고르는 장면이 등장한다. 그런가 하면 단편 「기노」에서는 주인공 기노가 정식으로 이혼이 이뤄진 기념으로 나파 밸리의 진판델Zinfandel 와인을 마신다.

스페인 셰리

장기 보존을 목적으로 와인에 브랜디를 첨가해 만드는 주정 강화 와인(fortified wine)에는 스페인산 셰리Sherry와 포르투갈산 포트Port가 있다. 이 둘의 차이는 브랜디를 어느 공정에서 첨가하느냐에 있다. 포트 와인이 발효가 진행중일 때 브랜디를 넣는 반면, 셰리는 발효를 다 마치고 나서 넣기 때문에 기본적으로 드라이한 풍미를 갖는다.

셰리는 『1Q84』 2권에 나온다. 버드나무 저택에 살며 세이프 하우스를 운영하는 노부인이 여름날 오후에 느긋하게 즐기는 술로 묘사된다. 70대 중반인 노부인은 아오마메에게 '셰리를 마시고 잠이 들었다가 그대로 세상을 떠났으면 좋겠다'는 소망을 털어놓기도 한다.

> "언젠가 그런 식으로 죽을 수 있으면 좋겠어요. 여름날 오후에 셰리주 한두 잔을 마시고 소파에 누워 나도 모르는 사이 잠이 들고, 그대로 두 번 다시 깨어나지 않았으면."
>
> —『1Q84』

하루키처럼 마셔보자

하루키가 즐기는 독특한 와인 음용법이 있다. 와인(주로 화이트 와인)에 청량감 있는 탄산수를 타서 칵테일로 마시는 것이다. 물론 이걸 하루키가 개발한 건 아니다. 화이트 와인에 탄산수를 섞는 이런 칵테일을 스프리처Spritzer라고 하는데, 오스트리아 잘츠부르크에서 탄생했다. 잘츠부르크 여름 축제에서도 절대 빠지지 않는 스프리처는 미국에서는 1980년대에 건강음료로 각광받았다.

화이트 와인에 탄산수를 탄 스프리처(혹은 그 변형 칵테일)는 『스푸트니크의 연인』을 비롯해 하루키 작품에 여러 차례 등장한다. 특히 단편 「패밀리 어페어」에선 맥주 한 잔도 제대로 못 마시는 이들도 도전해볼 만한 칵테일로 소개된다.

"저도 조금은 연습하고 있습니다."
"술 마시는 연습을?"
"네, 맞습니다." 와타나베 노보루가 말했다.
"이상한가요?"
"이상하지 않아. 먼저 백포도주로 시작하는 게 좋을 거야. 큰 글라스에 백포도주와 얼음을 넣고, 거기다 페리에를 섞고 레몬을 짜 넣으면 아주 좋지. 난 주스 대신으로 마시지만."
"도전해보겠습니다." 그가 말했다.

—「패밀리 어페어」, 『빵가게 재습격』

이 대목에서 '왜 맛있는 와인을 사다가 물(탄산수)을 타 먹느냐'라고 지적할 수도 있을 것이다. 하지만 와인에 물을 타 먹는 건 역사가 깊다. 멀리 거슬러올라가면 고대 그리스와 로마 시대에는 보편적인 일이었다. 당시엔 신에게 바치는 와인을 제외하고, 일반적으로 마시는 와인은 무조건 물을 섞어 마셨다. 또 겨울에는 눈을 넣어서 차갑게 마시기도 했다. 다음은 그리스 시인인 세노파네가 남긴 기록이다.(김복래 외, 『와인에 담긴 역사와 문화』)

> 그 어떤 것도 나의 와인 잔에 넣지 마라. 오직 포도주 자체만을…… 그러나 물은 섞어도 좋다. 이제 맘껏 취해보자.

어떤가? 그리 비싸지 않은 와인이 집에 남아 있다면 고대 사람들처럼 시원한 물을 타서 마셔보면 어떨까? 아니면 하루키가 즐기는 방식처럼 화이트 와인에 탄산수와 약간의 레몬즙을 넣어 스피리처 칵테일로 마셔보면 어떨까?

하루키와 음악—와인

『상실의 시대』에 흐르는 비틀스의 명곡

비틀스가 하루키 작품에 등장한 건 『1973년의 핀볼』에서부터다. 주인공이 일하는 번역사무실 여직원은 비틀스의 〈Penny Lane〉(《Magical Mystery Tour》, 1967)을 하루에 스무 번이나 흥얼거린다. 이 여직원은 사무실 부엌에서 위스키 온더록스를 만들 때도 이 노래를 부른다. 또 주인공 집에서 동거하는 정체불명의 쌍둥이 자매 역시 비틀스를 좋아한다. '208, 209'라고 불리는 쌍둥이 자매는 돈을 모아 비틀스 정규 6집 앨범 《Rubber Soul》(1965)을 사온다.

『양을 쫓는 모험』에는 주인공이 기차를 타고 가다가 비틀스 노래를 떠올리는 장면이 있다. 주인공은 맥주 두 캔을 마시고 낮잠까지 푹 자고 일어난 뒤 비틀스가 발표한 노래가 몇 곡이나 되는지 차례차례 센다. 73번째 노래까지 떠올린 주인공은 '폴 매카트니는 대체 몇 곡이나 기억하고 있을지' 궁금해한다.

수많은 하루키 작품에 비틀스가 나오지만, 『상실의 시대』만큼 압도적이진 않다. 베스트셀러가 된 이 소설은 제목부터 비틀스 노래 〈Norwegian Wood〉(《Rubber Soul》, 1965)에서 따왔다. 이 곡은 소설의 주제곡이면서 동시에 여주인공 나오코의 애청곡이다. 요양병원에서 화이트 와인을 꺼내놓고 술파티를 할 때, 나오코는 비틀스 노래를 연주해달라고 레이코에게 부탁한다. 〈Michelle〉

과 〈Nowhere Man〉, 〈Julia〉까지 연주한 레이코가 와인을 마시며 숨을 고르려 하자, 나오코는 〈Norwegian Wood〉를 "정성을 담아" 신청한다.

"〈노르웨이의 숲〉을 부탁해" 하고 나오코가 말했다.
레이코 씨가 부엌에서 고양이 모양의 저금통을 들고 오자, 나오코가 지갑에서 백 엔짜리 동전을 꺼내서 거기에 넣었다.
"뭐죠, 그건?" 하고 내가 물었다.
"내가 〈노르웨이의 숲〉을 신청할 땐 여기에 백 엔씩 넣게 되어 있어. 이 곡을 제일 좋아하니까, 특별히 그렇게 정했어. 정성을 담아 신청하는 거야."

—『상실의 시대』

이 상황은 훗날 나오코가 숨진 뒤, 레이코가 와타나베 집에 와서 '둘 만의 장례식'을 치르는 장면과 연결된다. 레이코는 이날도 와인을 마시면서 비틀스 곡을 차례로 연주한다. 〈Norwegian Wood〉, 〈Yesterday〉, 〈Michelle〉, 〈Something〉, 〈Here Comes the Sun〉, 〈The Fool on the Hill〉, 〈Penny Lane〉, 〈Blackbird〉, 〈Julia〉, 〈When I'm Sixty-Four〉, 〈Nowhere Man〉, 〈And I Love Her〉, 〈Hey Jude〉, 〈Eleanor Rigby〉를 기타로 치고, 〈Norwegian Wood〉는 마지막에 한 번 더 연주한다. 이렇게 비틀스의 음악을 배경으로 "쓸쓸하지 않은 장례식"을 치르는 동안 와타나베와 나오코는 계속 와인을 마신다. (나중에는 와인이 다 떨어져 위스키를 마신다.)

I sat on the rug, biding my time, drinking her wine.
We talked until two and then she said, "It's time for bed."
(나는 방석에 앉아 때를 기다리며 그녀의 와인을 마셨어.
우린 새벽 2시까지 얘길 나눴고, 그녀는 "이제 잠자리에 들 시간이야"라고
말했어.)

―〈Norwegian Wood〉

오늘밤, 비틀스의 〈Norwegian Wood〉를 틀어놓고 나오코와 와타나베의 가슴 아픈 사랑을 떠올리며 와인 한잔 마셔보시길 권한다.

뭐든지 지나친 건 나쁘다.
하지만 좋은 위스키를 과음하는 건 지나친 게 아니다.
Too much of anything is bad,
but too much good whiskey is barely enough.

―마크 트웨인

3장

하루키와 위스키

하루키 소설에 나오는 남자 주인공은 맥주만큼이나 위스키를 좋아한다. 장편 소설만 따져보자.『해변의 카프카』의 다무라 카프카(15세)만 빼고, 나머지 남자 주인공은 모두 위스키 애호가다. 그들은 사무실 소파에서 하늘을 바라보며 버번 위스키를 홀짝거리거나, 정처 없이 거리를 걷다가 바에 들어가 스카치 위스키를 주문한다. 집에 와서는 냉장고에서 얼음을 꺼내 위스키 온더록스를 만들어 마신다. 지금까지 하루키가 발표한 14개 중·장편 가운데 위스키가 나오지 않는 작품은 딱 하나, 자매가 주인공인『어둠의 저편』(2004)뿐이다. 이 작품에서 동생 마리는 아예 술을 한 모금도 못하고, 언니 에리는 두 달째 방에서 잠만 자고 있다. 위스키 향이 알싸하게 진동하는 하루키의 작품 세계에서 유일한 예외다.

위스키는 하루키 소설에서 맥주만큼 자주 등장하지만, 분위기와 느낌은 사뭇 다르다. 도수 낮은 맥주와 독한 위스키가 현실에서도 전혀 다른 술인 것과 마찬가지다. 매일매일 물처럼 들이켜는 맥주가 주인공의 '허무한 일상'을 상징한다면, 한 모금씩 마시는 독한 위스키는 그보다는 더 쓸쓸하고 심각한 상황을 떠올리게 한다.

하루키 위스키 키워드
―고독
◉

하루키 작품의 주인공은 대부분 형제자매가 없는 외톨이다. 『태엽 감는 새』의 오카다 도루, 『국경의 남쪽, 태양의 서쪽』의 하지메와 시마모토, 『1Q84』의 덴고와 아오마메도 모두 외동이다. 『기사단장 죽이기』 주인공 '나'에겐 세 살 어린 여동생이 있었지만, 열두 살 때 죽는다. 『해변의 카프카』에서 카프카는 가출 이후에 만난 사쿠라를 친누나일지 모른다고 생각하지만, 확실하지 않다. 누나가 둘 있는 것으로 밝혀진 다자키 쓰쿠루(『색채가 없는 다자키 쓰쿠루와 그가 순례를 떠난 해』)가 특이한 경우다. 상당수 다른 장편에서는 주인공의 형제관계에 대한 언급 자체가 없다. 주로 외동아이를 주인공으로 설정한 것은 작가 자신이 그랬기 때문일 것이다. 하루키는 2차대전 직후에 태어난 베이비부머 세대였지만, 형제 없이 홀로 자랐다.

하루키 소설의 주인공은 어른이 되어서도 외롭다. 마음을 나눌 수 있는 친구나 애인은 죄다 죽거나 사라진다. 『바람의 노래를 들어라』와 『1973년의 핀볼』에서는 여자친구가 자살하고, 『양을 쫓는 모험』에서는 친구인 '쥐'가 목을 매 숨진다. 『상실의 시대』에서도 주인공 와타나베는 '유일무이'한 친구 기즈키를 잃는다. 『국경의 남쪽, 태양의 서쪽』에서 주인공이 사랑하는 시마모토는 갑자기 나타났다가 갑자기 사라져버린다.

『스푸트니크의 연인』의 스미레 역시 그리스에서 종적을 감춰 주인공의 애를 태운다.

이들은 결혼생활도 원만하지 못하다. 『양을 쫓는 모험』, 『세계의 끝과 하드보일드 원더랜드』, 『댄스 댄스 댄스』의 주인공은 모두 이혼남이다. 『태엽 감는 새』에서 아내 구미코는 주인공인 남편을 놔두고 말도 없이 사라진다. 『기사단장 죽이기』에서도 주인공 '나'는 아내에게 일방적으로 버림을 받고 정처 없이 세상을 떠돈다. 훗날 다시 돌아오기는 하지만.

고독한 남성의 술―『양을 쫓는 모험』의 위스키

『양을 쫓는 모험』의 주인공 역시 '고독한 남성'이다. 이 소설의 도입부를 살펴보자. 광고회사를 운영하는 29세의 주인공 '나'는 대학 때 잠시 만난, '누구와도 자는 그녀'가 교통사고로 숨졌다는 걸 알게 된다. 주인공은 장례식에 다녀온 뒤 혼자서 밤새 위스키를 마신다. 그런데 집에 와보니, 한 달 전 이혼 통보를 하고 떠난 아내가 짐을 빼러 와 있다. 아내가 돌아간 뒤, '나'는 집에 남겨진 앨범을 보게 되는데, 아내와 함께 찍은 사진에 주인공 혼자 덩그러니 남아 있다. 아내가 가위로 자기 모습을 일일이 잘라냈기 때문이다.

세 권의 앨범에 꽂혀 있는 사진은 완벽하게 수정된 과거였다. 나는 늘 혼자였고, 그 사이사이에 산과 강, 사슴, 그리고 고양이 사진이 있었다. 마치 태어났을 때도 혼자였고, 계속 외톨이였으며, 앞으로도 외톨이일 것만 같은 기분이 들었다. 나는 앨범을 덮고, 담배를 두 개비 피웠다.

―『양을 쫓는 모험』

'타고난 외톨이'로 묘사된 이 작품의 주인공이 가장 즐겨 마시는 술은 위스키다. 집이나 바에서는 물론이고, 사무실에서도 서랍에 넣어둔 위스키를 꺼내 마시며 하늘을 쳐다본다.

나는 단념하고 위스키를 한 모금 더 마셨다. 뜨거운 감촉이 목구멍을 지나 식도의 벽을 따라 제대로 위의 밑바닥으로 내려갔다. 창 밖에는 새파란 여름 하늘과 흰 구름이 펼쳐져 있었다. 맑게 갠 하늘이었지만 왠지 오래 써서 낡은 중고품처럼 보였다. (…) 나는 그런 하늘을 위해, 옛날에는 신품이었던 여름 하늘을 위해, 또 한 모금의 위스키를 마셨다. 나쁘지 않은 스카치 위스키였다.

―『양을 쫓는 모험』

주인공은 두 잔째의 위스키를 가장 좋아한다. 왜냐하면 첫 잔째에는 "한숨 돌린 기분"이 든 반면, 두 잔째가 되면 "머리가 정상"이 되기 때문이다. 또 날이 추워질수록 위스키를 더 가까이한다. 스스로 자신의 술 취향을 "여름엔 맥주, 겨울엔 위스키"라고 말한다. 주인공에게 위스키는 고독하고 쓸쓸한 계절에 더 어울리는 술이다.

주인공이 '별 무늬가 박힌' 양을 쫓아 홋카이도 산골 별장을 찾아가는 장면. 계절은 이미 가을에서 겨울로 향하고 있다. 주인공은 귀 모델인 여자친구와 한 시간을 걸어 별장에 도착한 뒤, 잠깐 눈을 붙인다. 그런데 일어나보니 여자친구가 흔적도 없이 사라져버렸다. 인적도 없고 차도 오기 힘든 첩첩산중의 별장. 절대 고독의 공간에 홀로 남겨진 주인공에게 위로가 되는 건 위스키뿐이다.

> 나는 외톨이로, 태어난 이후로 이처럼 외로웠던 적은 없었던 것 같은 느낌이 들었다. 지난 이틀 동안 처음으로 몹시 담배가 피우고 싶어졌는데, 물론 담배는 없었다. 그 대신 나는 얼음 없이 위스키를 마셨다. 만약 이런 식으로 겨울 한 철을 난다면 나는 알코올 중독자가 되어 버릴지도 모를 일이다.
>
> —『양을 쫓는 모험』

하루키 소설의 주인공에게 '고독'은 숙명이나 마찬가지다. 고독이라는 무거운 짐을 지고 살아가는 그들 곁에는 늘 위스키가 있다. 호박 빛깔의 독하고 쓴 이 액체는 갑자기 사라져버린 애인과 친구를 대신해 주인공의 쓸쓸한 마음을 뜨겁게 위로한다. 주인공은 위스키를 마시며 외로움과 싸우기도 하고,

자아를 찾기 위한 모험을 계속할 용기도 얻는다. 하루키 소설에서 위스키는 거대한 군중 속에서 외톨이처럼 고립된 현대인의 이미지를 닮았다.

하루키 위스키 키워드
—진정과 치유

애초에 술은 축제의 음료다. 동서고금을 막론하고 그렇다. 집이나 마을에서 잔치를 열 때, 음식과 물만 내놓는 경우는 많지 않다. 취기를 불러일으키도록 술을 꺼내놓는 게 일반적이다. 다 같이 술을 마시면 기쁨과 흥분도 커지기 때문이다. 경사가 있을 때 축배가 빠지지 않는 이유다. 하지만 하루키 소설에 나오는 위스키는 이런 느낌과는 거리가 멀다. 잔치나 축제는 고사하고, 가볍고 즐거운 분위기와도 어울리지 않는다. 『1973년의 핀볼』에서 주인공이 회사 동료와 함께 디스코텍에서 스카치 위스키 J&B를 마시며 노는 장면 정도가 있을 뿐이다. 하루키 소설에서 위스키는 대부분 주인공이 지치고, 떨리고, 힘들고, 슬프고, 아플 때 등장한다. 또 이런 상황에서 위스키는 주인공의 불안한 마음을 달래주거나 상처 난 마음을 치유하는 '약'이나 다름없다.

하루키 위스키는 진정제(수면제)

하루키 소설의 주인공은 위스키를 진정제 혹은 수면제로 사용한다. 긴장과 불안을 누그러뜨리려고 위스키를 마시는 장면은 헤아릴 수 없을 만큼 많다.

먼저 『1Q84』의 남자 주인공 덴고는 수학강사이자 작가 지망생이다. 필력이 뛰어난 그는 문예지 편집자 고마쓰에게 희한한 제안을 받는다. 다름 아닌, 17세의 여고생 후카에리가 투고한 「공기 번데기」라는 신인상 응모작을 고쳐 써달라는 것이다. 상상력은 대단하지만 문장력이 시원치 않은 후카에리의 원고를 개작해서 상을 받게 만든 다음, 책으로 펴내 수익금을 나눠 갖자는 계획이었다. 덴고는 후카에리의 동의를 얻어 작품을 고쳐 썼고, 계획대로 척척 일이 진행된다. 신인상 수상자가 된 후카에리는 큰 화제를 불러일으켰고, 「공기 번데기」는 출간 즉시 불타나게 팔린다.

그러던 어느 날, 덴고는 고마쓰에게 전화를 받는다. 고마쓰는 "좋지 않은 일이 생겼다"면서 후카에리가 실종됐다고 알려준다. 그러면서 경찰이 실종 사건을 수사하고 매스컴이 달려들면 자신들이 저지른 일이 드러나지 않을까 걱정한다.

자, 당신이 덴고라면 어떨 것 같은가? 불안하고 초조하지 않겠는가? 전화를 끊고 난 뒤 덴고는 도무지 잠을 이루지 못한다. 사기극이 들통나지 않을까 두렵기도 하고, 후카에리가 유괴라도 당한 게 아닌지 걱정도 된다. 잠도 오지 않고 일도 손에 잡히지 않는 상황에서, 덴고는 최후의 수단으로 위스키를 꺼낸다.

> 고마쓰는 그렇게 말하고 전화를 끊었지만, 마치 저주에라도 걸린 것처럼 덴고는 그 뒤로 도통 잠이 오지 않았다. 몹시 졸리는데도 잠을 잘 수가 없었다. 뭐가 '푹 자라고'야, 덴고는 투덜거렸다. 주방 테이블에 앉아 일을 해보려고 했다. 하지만 아무것도 손에 잡히지 않았다. 선반에서 위스키 병을 꺼내 잔에 따라 스트레이트로 한 모금씩 마셨다.
>
> ―『1Q84』

이후에도 덴고는 불안한 마음을 달래려고 자주 위스키를 마신다. 몇 주가 흐른 뒤 다시 고마쓰가 전화를 걸어 경찰이 수사에 착수했다고 알려줬을 때도 덴고는 위스키부터 찾는다.

> 수화기를 내려놓은 뒤 덴고가 가장 먼저 한 일은 잔을 꺼내 버번 위스키를 2센티미터쯤 따른 것이었다. 고마쓰의 말대로 통화를 하고 나자 술이 필요했다.
>
> ―『1Q84』

고민과 갈등이 커질수록 덴고는 위스키에 의존한다. 부엌

선반에 놓고 마시는 위스키가 점점 줄어들자, 매주 찾아오는 유부녀 여자친구가 이유를 묻는다. 덴고는 딱 한 마디로 설명한다.

"요즘 들어 위스키가 꽤 줄어든 거 같던데?" 그녀는 말했다. (…) 한참 오래전부터 선반에 놓여 있던 와일드 터키 병을 말하는 것이다. 연하의 남자와 성적인 관계를 갖는 중년 여성의 대부분이 그렇듯 그녀는 갖가지 풍경의 미세한 변화에 눈길을 주었다.
"요즘 한밤중에 눈이 떠지는 일이 많아."

─『1Q84』

'잠 못 드는 밤'에 필요한 위스키

위스키를 진정제나 수면제로 쓰는 모습은 거의 모든 장편에서 나타난다. 장편 『댄스 댄스 댄스』의 첫 장면에서는 주인공이 꿈을 꾸다가 잠에서 깬다. 이때 베갯머리에는 위스키 5mm쯤이 유리잔 바닥에 남아 있다. 주인공이 버릇처럼 잠자기 전에 위스키를 마신다는 걸 알 수 있는 대목이다.

비가 내릴 때는 나는 그대로 침대 속에서 멍하니 누워 있다. 잔에 위스키가 남아 있으면, 그걸 마신다. 그리고 처마에서 떨어지는 빗방울을 바라보면서, 이루카 호텔의 일을 생각한다.

—『댄스 댄스 댄스』

『국경의 남쪽, 태양의 서쪽』에서는 상황이 더 심각하다. 주인공 하지메는 25년 만에 나타난 유년 시절 첫사랑 시마모토와 두 달 동안 거의 매주 만나며 꿈같은 시간을 보낸다. 하지만 시마모토가 갑자기 사라져버리자, 하지메는 "달의 표면처럼 텅 빈, 생명 없는 세계에 멈춰 선" 느낌을 받게 되고, 그녀와 함께한 선명한 기억 때문에 극심한 불면증에 시달린다. 하지메는 위스키의 힘을 빌려서라도 잠을 청하려고 한다.

한밤중 두세 시에 눈을 뜨곤 그대로 잠들지 못할 때도 종종 있었다. 그럴 때면 나는 침대에서 나와 부엌으로 가서 위스키를 잔에 따라 마셨다. 창밖으로 어두운 묘지와 그 아래로 난 도로를 달려가는 자동차의 헤드라이트가 보였다. 술잔을 손에 들고 나는 그런 광경을 하염없이 바라보았다.

—『국경의 남쪽, 태양의 서쪽』

잠 못 드는 밤에 위스키마저 없으면 어떻게 될까? 위스키 대신에 맥주를 마시면 어떨까? 이에 대한 하루키의 생각은 장편 『기사단장 죽이기』에 분명히 드러나 있다. 주인공은 "원래도 누우면 금세 잠드는 편이지만, 위스키를 마시면 그런 경향이 더 강해지는" 인물이다. 그는 잠을 자다가 깨면 부엌으로 가서 스카치 위스키를 꺼내 얼음을 넣고 마시는 버릇이 있다.

한번 깨버린 잠은 좀처럼 다시 오지 않는다. 하는 수 없이 침대를 나와 잠옷 위에 얇은 카디건을 걸쳤다. 부엌에서 스카치 위스키를 한 잔 따르고 제빙기 얼음을 몇 개 넣어 마셨다.

—『기사단장 죽이기』

한번은 주인공이 한밤중에 깨어나 눈으로 보고도 믿을 수 없는 장면을 목격한다. 치매가 심해 요양시설에서 자리보전하고 있는 화가 아마다 도모히코가 난데없이 별장 작업실에 나타난 것이다. 주인공은 자기가 보고 있는 아마다 도모히코가 살아 움직이는 유령, 즉 '생령生靈'이라는 것을 알아챈다. 충격과 흥분에 휩싸인 주인공은 식당으로 와서 위스키를 찾지만, 간밤에 다 마셔버려서 한 모금도 남아 있지 않다. 그렇다면 냉장고에 있는 맥주라도 마시면 어떨까?

위스키를 조금 마시고 싶었지만 병은 비었다. 지난밤 멘시키와 함께 다 마셔버린 것이다. 다른 술은 이 집에 없다. 냉장고에 맥주가 몇 병 있긴 하지만 그걸 마시고 싶은 기분은 아니었다.

—『기사단장 죽이기』

지금 주인공에게 필요한 건 맥주가 아니다. 단 한 모금의 위스키다. 맥주 정도로는 마음을 가라앉힐 수 없어서다. 다시 말해 맥주는 진정제가 아닌 것이다. 위스키를 마시지 못한 주인공은 결국 새벽 4시가 넘도록 잠을 이루지 못한다.

하루키 위스키는 진통제

하루키의 소설에서 위스키는 진통제 역할도 한다. 불안과 초조, 긴장을 달래는 정도를 넘어, 여기저기 할퀴고 베이고 찢긴 상처를 다스리고 어루만진다. 위스키 한 잔이 '치유의 한 잔'인 셈이다.

대표적인 작품이 『상실의 시대』다. 먼저 와타나베와 나오코가 깊은 관계를 맺은 이후의 상황이다. "흥분되고 혼란스러운" 밤을 보낸 나오코가 모든 연락을 끊고 잠적해버리자, 와타나베는 상실감에 빠진다. 이 여자, 저 여자와 의미 없는 하룻밤 사랑을 나누기도 하지만 공허함은 갈수록 커진다. 그런 식으로 자신을 소모해도 나오코에 대한 생각을 떨쳐낼 수 없기 때문이다. 주인공은 '난 도대체 뭘 하고 있는 것일까'라는 자기 환멸에 시달리며 혼자 위스키를 들이켠다.

> 어둠 속으로 희뿌옇게 떠올라 있던 나오코의 알몸이며, 그 한숨 소리며, 빗소리를 생각하고 있었다. 그리고 그런 것들을 생각하면 생각할수록, 내 몸은 더욱 더 허기가 지고 메말라갔다. 나는 혼자

옥상에 올라가 위스키를 마시며, 도대체 나는 어디로 가려는 것일까, 하고 생각했다.

—『상실의 시대』

석 달이 지난 뒤 와타나베는 나오코가 교토의 정신요양소에서 지낸다는 걸 알게 된다. 와타나베는 나오코와 편지로 다시 연락을 주고받는다. 여름방학과 겨울방학에는 요양소를 찾아가 짜릿한 성적 유희를 나누기도 한다. 해가 바뀌고 스물한 살이 된 와타나베는 기숙사를 나와 독립한다. 봄이 되면 새로 얻은 집에서 함께 살자며 나오코에게 편지를 보내지만, 답장은 받지 못한다. 그러는 사이 어느덧 봄이 찾아온다. 벚꽃이 흐드러지게 핀 4월, 나오코의 병세가 심각해졌다는 소식을 듣게 된 와타나베는 충격과 절망에 빠진다. 커튼을 모두 쳐버린 방에 틀어박혀 "봄을 격렬하게 미워하면서" 꼼짝도 하지 않고 "바다의 밑바닥을 걸어가는 듯한 기묘한 나날"을 보낸다. 꼬박 사흘 동안 와타나베는 생존을 위한 최소한만 허락하며, 위스키로 고통과 슬픔을 달랜다.

나는 벽에 기대어 멍하니 천장을 올려다보다가, 배가 고파지면 주위에 있는 것을 씹고, 물을 마시고, 슬퍼지면 위스키를 마시고 잠을 잤다. 목욕도 하지 않고 수염도 깎지 않았다. 그렇게 사흘이 지나갔다.

—『상실의 시대』

  나오코는 자살로 생을 마친다. 장례식이 끝난 뒤 와타나베는 짐을 꾸려 무작정 길을 떠난다. 지나가는 차를 얻어 타고 이 도시 저 도시를 다니며 공원이나 역, 파출소, 심지어 묘지 옆에서도 잠을 잔다. 돈이 떨어지면 사나흘 막노동으로 밥벌이를 한다. 한 달 넘게 이어진 방랑길의 동반자는 침낭 하나와 싸구려 위스키였다.

> 나는 걷다 지친 몸을 침낭 속에 묻고, 싸구려 위스키를 꿀꺽꿀꺽 마시고는 곧 잠들었다.
> —『상실의 시대』

  와타나베는 "어떤 진리로도 사랑하는 것을 잃은 슬픔을 치유할 수 없다"는 것을 깨닫게 된다. 또 "그 슬픔을 실컷 슬퍼한 끝에 거기서 무엇인가를 배우는 것"이라고 느끼며 바닷가를 걷고, 또 걷는다.

> 나는 혼자서 그 밤의 파도 소리를 듣고, 바람 소리에 귀를 기울였으며, 매일처럼 골똘히 그런 문제를 생각하고 있었다. 위스키를 몇 병씩이나 비우고, 빵을 씹고, 물통의 물을 마시고, 머리를 모래 투성이로 만든 채, 배낭을 메고 초가을 해안을 서쪽으로 서쪽으로

걸었다.

—『상실의 시대』

이 작품에서 위스키는 와타나베가 느끼는 극심한 상실의 고통을 달래주는 진통제로 활용된다.

위스키는 만병통치약(?)

마음이 다쳤을 때만이 아니다. 하루키 소설의 주인공은 심지어 몸에 상처가 났을 때도 위스키를 진통제로 처방한다. 『세계의 끝과 하드보일드 원더랜드』의 주인공 '나'가 바로 그런 인물이다. '나'는 집안 장식장에 위스키만 모두 16병을 넣어두고, 틈만 나면 꺼내 마신다. 특히 일을 마치고 집에 돌아오면 "감미로운 의식"을 치르듯 옷을 벗고 침대에 파고 들어가 위스키를 홀짝인다. 어찌나 위스키를 사랑하는지, 괴한 두 명이 침입해 "집안에서 절대로 부수면 안 되는 게 뭐냐"고 물었을 때도 "텔레비전, 비디오, 그리고 위스키"라고 답한다. 하지만 괴한은 주인공의 기대를 저버리고 "소중한 것이니 오히려 부수겠다"면서, 야구방망이를 휘둘러 위스키를 단 한 병도 남기지 않고 박살내버린다. 온 집안을 쑥대밭으로 만든 이들은 주인공의 배를 칼로 베어서 "7바늘을 꿰매야 될 정도"로 상처를 입힌다. 괴한이 돌아가자 주인공은 배를 움켜잡고 병원에 가서 봉합 수술을 받는다. 수술을 끝낸 의사는 "술을 마시면 안 된다"고 신신당부하지만, 주인공은 말을 듣지 않는다. 집에 돌아와 아수라장이 된 부엌을 뒤지더니, "운 좋게 아래로 절반쯤 깨지지 않은 채" 남아 있는 시바스 리갈 위스키 병을 기어코 찾아낸다.

> 위스키가 한 잔 정도 바닥에 고여 있었다. 나는 그것을 컵에 따라 전등불에 비춰 보았다. 다행히 유리 파편이 보이지 않았다. 나는 컵을 들고 침대로 돌아가 뜨뜻미지근한 위스키를 스트레이트로 마시며, 계속해서 책을 읽었다.
>
> ―『세계의 끝과 하드보일드 원더랜드』

칼에 찔려 수술까지 받은 사람이 40도가 넘는 위스키를 마신다? 의사가 알게 되면 펄쩍 뛰고 노발대발할 일이다. 하지만 주인공은 이후에도 이런 '어처구니없는' 행동을 계속한다. 주인공이 납치된 '노박사'를 찾으러 위험천만한 지하 암흑세계로 내려갔을 때를 보자. 주인공은 암흑세계에서 몇 번이나 죽을 고비를 넘긴다. 구멍이 뚫린 암반지대를 통과하다가 발을 헛디뎌 추락사할 뻔하고, 거대한 물줄기에 휩쓸려 익사할 위기에서 겨우 빠져나온다. 마치 인디애나 존스처럼 목숨을 건 모험을 하면서 주인공은 만신창이가 된다. 괴한에게 찔린 복부의 상처는 아직 낫지 않았고, 머리엔 커다란 혹이 났으며,

거머리에게 피를 빨린 자리엔 반점이 생겼다. 그런데 이런 상황에서도 주인공은 미리 챙겨온 위스키를 꺼내 마신다. 대체 왜 마시는 걸까?

> 그 동안에 나는 위스키를 꺼내어 두세 모금 마셨다. 위스키 덕분에 몸 여기저기의 통증이 얼마간 덜해졌다. 통증이 사라지는 것은 아니었지만, 알코올이 신경을 마비시켜주는 까닭에, 그 통증이 나 자신과는 관계가 없는 일종의 독립된 생명체처럼 느껴지는 것이다.
>
> ―『세계의 끝과 하드보일드 원더랜드』

하루키 소설에서 위스키는 한마디로 '만병통치약'에 가깝다. 긴장과 불안을 달래는 진정제이면서, 잠이 안 올 때 약효 뛰어난 수면제이기도 하다. 지친 몸과 마음에 활력을 불어넣는 원기 회복제이기도 하면서, 극심한 고통에 빠졌을 땐 강력한 진통제로 작용한다. 맥주가 일상적인 음료인 '물'과 비슷하다면, 위스키는 위기 상황에서 주인공이 스스로에게 처방하는 '약', 다시 말해 '자가 치료 약물'이나 마찬가지다.

증류주는 생명의 물

위스키로 대표되는 증류주는 맥주나 와인처럼 발효(양조)를 통해 만든 술보다 독하다. 증류라는 과정을 거치기 때문이다. 증류蒸溜, distillation는 한마디로 '도수 낮은 양조주를 끓여서 도수 높은 술을 얻어내는 기술'을 뜻한다. 양조주에 열을 가하면 물보다 비등점 낮은 알코올(78도)부터 기체로 변해 날아가는데, 이 기체를 모아서 냉각하면 증류주를 뽑아낼 수 있다. 그렇다면 증류기술은 언제 어디서 개발된 걸까? 여러 설이 있지만, 대다수 학자들은 중국에서 탄생한 증류기술이 아랍으로 넘어간 뒤, 11~12세기경에 유럽 각지로 퍼졌다고 보고 있다.

증류주를 처음 맛본 중세 유럽인은 깜짝 놀랐다. 흔히 마시던 와인이나 맥주와는 차원이 달라서였다. 유럽인들은 한 모금만 마셔도 몸이 후끈 달아오르는 증류주에는 놀라운 치유 능력이 있을 거라고 확신했다. 그들은 고농도 알코올이 함유된 이 액체를 '생명의 물'이라 부르기 시작했다. 증류주를 가리키는 라틴어 아쿠아 비테Aqua Vitae와 게일어 위스케바하Uisge Beatha가 모두 '생명의 물'이라는 의미다. 그중 위스케바하*라는 단어가 변해서 지금의 영단어 'whisk(e)y'가 됐다. 이런 걸 보면, 위스키는 서구 사회에서 애초부터 인간을 치료하는 '약'으로 받아들여졌던 셈이다.

---

* 학자들의 연구에 따르면, uisge beatha→uiskie(1618)→usky(1736)→whisky(1746)로 변했다는 것이다.

'불로장생'의 술, 위스키

'아니, 위스키가 약이라니!'

의사한테 "술 끊으라"는 얘기를 귀에 못이 박이도록 듣는 현대인으로선 황당한 얘기가 아닐 수 없다. 하지만 그땐 정말 그랬다. 페니실린이나 아스피린이 없던 시절, 유럽인은 위스키로 거의 모든 질병을 치료할 수 있다고 믿었다.

'생명의 물'인 위스키(증류주)의 약효를 유럽인이 얼마나 대단하게 여겼는지 보여주는 기록은 넘쳐난다. 스코틀랜드 시인 제임스 호그는 "위스키를 꾸준히 마신다면, 죽지 않고 영원히 살 수 있으리. 의사나 묘지도 덧없어지리라"● 라고 호기 있게 말했다. 스페인 출신 의사 아르날두스 데 비야 노바 Arnaldus de Villa Nova 역시 "증류주가 모든 질환과 병, 염증과 쇠약함을 치료하는 능력을 갖고 있으며, 노인을 청춘으로 돌려놓는다"●● 라고 주장했다. 1476년 독일에서 출간된 책에도 "증류주(아쿠아 비테)를 하루에 반 숟가락 마시면 관절염을 예방할 수 있고, 심지어 입 냄새도 사라진다"고 적혀 있다. 그런가 하면 잉글랜드인 로저 베이컨 등은 "증류된 술은 살이 썩는 것을 치료하

● 데이비드 위셔트, 『위스키 대백과』, 주영준 옮김, 금요일, 2014.
●● 케빈 R. 코사르, 『위스키의 지구사』, 조은경 옮김, 휴머니스트, 2016.

고, 생명을 연장시키는 효과가 있다"고 설파했다. 아일랜드 연금술사이자 작가인 리처드 스태니허스트 역시 위스키가 "수종을 치료하고, 신장결석을 예방하며, 통증을 일으키는 장내가스를 배출시키고, 메스꺼운 위장을 가라앉혀주며, 순환기의 흐름을 원활하게 하고, 뼈를 튼튼하게 만들어준다"고 그 효과를 열거했다.

적어도 16세기까지 위스키는 대부분 의료용이었다. 마시고 즐기는 '술'이 아닌, 환자에게 처방하는 엄연한 '의약품'이었다. 그래서 아무나 위스키를 만들 수도 없었다. 16세기 스코틀랜드에서는 제임스 4세의 명령에 따라, 위스키 제조 독점권을 에든버러의 '외과의사-이발사 길드'에 제공했다. 당시엔 칼을 만지는 이발사가 외과의사를 겸했기 때문에, 이 조치는 의료인만 '의약품'인 위스키를 다룰 수 있다는 의미를 담고 있었다.

위스키를 '약'으로 생각하는 경향은 유럽만이 아니었다. 『위스키의 지구사』에 따르면, 호밀이나 옥수수로 위스키를 만드는 미국도 비슷했다. 곡물이 넘쳐나는 미국에선 위스키가 언제 어디서나 구할 수 있는 값싸고 흔한 술이었다. 그러다보니 별의별 '위스키 치료법'이 다 개발됐다. 예를 들어 몸에 부종이 생겼을 땐 "위스키에 겨자씨, 사탕무, 고추냉이, 갈색 달걀 껍질을 섞어 밤낮으로 마시라"는 처방이 나왔다. 이런 분위기에 편승해, 일부 양심 없는 증류소에서는 위스키를 '만병통치

약'으로 거짓 홍보하기도 했다. 더피스 퓨어몰트Duffy's Pure Malt라는 위스키 제조업체는 1900년 워싱턴 DC의 〈이브닝 타임스〉에 "400만 건의 치유 기록, 절대 실패하지 않습니다"라는 광고를 내고, "이질 16만 4326건, 말라리아 33만 1521건을 고쳤고, 33만 1246명의 병약한 여성을 치료했다"는 허무맹랑한 주장까지 펼쳤다고 한다.

'위스키는 곧 의약품'이라는 인식 때문에 금주법 기간에도 황당한 일이 생긴다. 금주법은 미국에서 1920년부터 1933년까지 시행됐는데, 알코올성 음료를 만들거나, 팔거나, 구매할 수 없고, 심지어 운송만 해도 처벌하는 강력한 법이었다. 그런데 이 기간에 당당하게 술을 구해서 마실 수 있는 방법이 있었다. 다름 아닌, 병원에서 위스키를 의료용으로 처방받는 것이었다. 처방전만 있으면, 열흘 동안 매일 0.5리터 이내의 위스키를 '합법적'으로 마실 수 있었다. 기록에 따르면, 당시 미국 의사들은 감기나 독감, 근육통은 물론이고 변비, 설사, 치질 환자한테도 위스키를 처방했다고 한다.

모든 증류주는 의약품

위스키만이 아니다. 사실 다른 증류주도 한때는 다 의약품이었다. 진이나 브랜디, 보드카 모두 마찬가지다. 진gin부터 살펴보자. 진의 핵심 재료는 노간주나무(juniper) 열매다. 진을 마실 때 느끼는 특유의 향과 맛은 바로 이 열매에서 비롯된 것이다. 주니퍼 열매(juniper berry)는 고대 그리스 시대부터 수천 년 동안 약용으로 각광받았다. 일반적으로는 간과 신장에 좋다고 알려졌으며, 소화제 혹은 불면증 치료제로 쓰거나, 심지어 최음제나 정력제로도 먹었다. 주니퍼 열매로 만든 증류주는 오래전부터 있었지만, 최초로 레시피를 남겨놓은 건 16세기 네덜란드인이다. 특히 1649년경, 네덜란드 라이덴 대학 의대 교수인 실비우스Franciscus Sylvius가 주니퍼 열매를 알코올에 넣고 증류한 술을 상업적으로 판매함에 따라 대중화됐다고 전해진다. 일본 역사학자 미야자키 마사카쓰가 쓴 『술의 세계사』(방원기 외 옮김, 고려대출판부, 2014)에 따르면, 실비우스가 만든 이 술은 원래는 카리브 해역으로 이주한 네덜란드인을 위한 '약용주藥用酒'였다고 한다. 이 무렵 많은 네덜란드인이 사탕수수 재배를 위해 카리브해 연안에 머물고 있었는데, 고향과는 기후 조건이 전혀 다른 곳에서 지내는 이들의 위장 보호를 위해 강장주強壯酒가 필요했다는 설명이다. 주니에브르genievre로 불리던 이 술은 이후 제네베르jenever로 이름이 바뀌었고, 훗날 영어로 진gin이 된다.

위스키와 더불어 가장 오래된 증류주인 브랜디도 오랜 기간 종합 강장제(tonic)로 인식됐다. 브랜디brandy는 '불에 탄 와인(burnt wine)'이라는 뜻의 네덜란드어 '브란데베인brandewijn'에서 나왔다. 의사들은 브랜디가 와인을 끓여 만든 진액(essence)이어서, 와인보다 더 몸에 좋다고 생각했다. 그들은 브랜디를 두통이나 심장 질환, 통풍, 우울증, 건망증 등 각종 질병의 치료제로 처방했다. 심지어 외모 개선과 미용 효과가 있다면서, 브랜디를 마시면 가슴이 두툼해지고, 머리가 세는 것도 막아준다고 주장했다. 황당무계한 소리였지만, 당시 환자들은 이 말을 믿고 브랜디를 '약'으로 충실하게 복용했다. 특히 14세기 중반에 흑사병(페스트)이 유럽을 휩쓸면서, 약용 브랜디의 인기는 더 올라갔다. '마법의 물'인 브랜디를 마시면 흑사병에 걸리지 않는다는 근거 없는 속설이 퍼졌기 때문이다.

무색무취한 독주 보드카도 한때는 약으로 취급됐다. 일찌감치 1470년대 폴란드에서 약종상들이 보드카를 약으로 팔았다는 기록이 있다. 보드카wodka라는 단어 자체도 폴란드 약종상인 스테판 팔리미시Stefan Falimirz가 1534년에 펴낸 치료 안내서에 처음 등장했다.

하루키의 '위스키 성지여행'

하루키는 "내가 좋아하는 작가는 우연히도 대부분이 심각한 알코올 중독이었습니다. 스콧 피츠제럴드, 레이먼드 카버, 레이먼드 챈들러, 헤밍웨이, 윌리엄 포크너……"라고 말한 바 있다.•

그가 좋아하는 작가는 죄다 술꾼이었다. 하루키의 우상인 그들은 평생 위스키에 절어서 살았다. "맨 정신에 소설을 쓰는 건 시시하다"고 했던 스콧 피츠제럴드는 진만큼이나 위스키를 즐겼다. 대표작 『대성당』에서 "물을 마실 때 나는 물을 마신다. 위스키를 마실 때 나는 위스키를 마신다"라고 쓴 레이먼드 카버는 위스키 때문에 가정도 잃고 건강도 잃었다. 알코올 중독으로 사망한 레이먼드 챈들러는 늘 위스키에 취해 있는 주인공 필립 말로를 창조해냈다. 그런가 하면 '천하무적 주당' 헤밍웨이의 위스키 사랑도 대단했다. "예쁜 여성에게 키스하는 것과 위스키 병을 여는 건 미뤄서는 안 된다(Never delay kissing a pretty girl or opening a bottle of whiskey.)"라는 말을 남긴 헤밍웨이는 위스키를 찬양하는 문구를 자기 작품에

• 쓰게 데루히코, 『웰컴 투 더 하루키 월드』, 윤혜원 옮김, 윌컴퍼니, 2013.

100번 이상 적었다. 역시 노벨문학상 수상 작가인 윌리엄 포크너는 "글을 쓸 때마다 옆에 위스키를 놔뒀다"고 했을 만큼 위스키를 가까이했다.

하루키는 어쩌면 이들보다 위스키를 더 사랑하는지도 모른다. 이들 미국 작가 5명은 위스키를 소설에서만 자주 언급했을 뿐, 따로 책을 쓴 적은 없다. 하지만 하루키는 다르다. 위스키를 주제로 스코틀랜드와 아일랜드를 여행한 뒤 『무라카미 하루키의 위스키 성지여행』(이윤정 옮김, 문학사상사, 2001)이라는 책까지 펴냈다. 1999년 말에 출간된 이 책은 한국에서도 큰 인기를 끌었다. 위스키 관련 전문 번역서가 거의 없던 시절, 『위스키 성지여행』은 국내 애주가의 필독서였다.

만약 우리의 언어言語가 위스키라고 한다면, 이처럼 고생할 일은 없었을 것이다. 나는 잠자코 술잔을 내밀고 당신은 그걸 받아서 조용히 목 안으로 흘려 넣기만 하면 된다. 너무도 심플하고, 너무도 친밀하고, 너무도 정확하다. 그러나 유감스럽게도 우리의 언어는 그저 언어일 뿐이고, 우리는 언어 이상도 언어 이하도 아닌 세상에 살고 있다. 우리는 세상의 온갖 일들을 술에 취하지 않은 맨정신의 다른 무엇인가로 바꾸어 놓고 이야기하고, 그 한정된 틀 속에서 살아갈 수밖에 없다. 그러나 예외적으로, 아주 드물게 주어지는 행복한 순간에 우리의 언어는 진짜로 위스키가 되기도 한다. 그리고 우리는—적어도 나는—늘 그러한 순간을 꿈꾸며 살아간다. 만약 우리의 언어가 위스키라면, 하고.

─『위스키 성지여행』

그 책에서 대작가 하루키는 유려한 문체로 위스키에 대한 애정을 드러냈다. 너무도 멋진 표현이 많은데, 그중 내가 가장 좋아하는 대목은 위스키 성지인 아일라(아일레이)섬에서 생굴에 싱글 몰트 위스키를 끼얹어서 먹는 부분이다.

으-음. 정말이지 환상적인 맛이다. 갯내음이 물씬 풍기는 굴 맛과 아일레이 위스키의 그 개성 있는, 바다 안개처럼 아련하고 독특한 맛이 입 안에서 녹아날 듯 어우러진다. 두 가지 맛이 어느 쪽으로도 치우치지 않고, 본래의 제 맛을 지키면서도 절묘하게 화합한다. 나는 껍질 속에 남은 굴즙과 위스키가 섞인 국물을 쭈욱 마셨다. 그것을 의식처럼 여섯 번 되풀이한다. 더할 나위 없이 행복한 순간이었다. 인생이란 이토록 단순한 것이며, 이다지도 아름답게 빛나는 것이다.

─『위스키 성지여행』

하루키 작품 속 위스키

하루키 작품에는 세계 주요 산지 위스키가 다 나온다.• 단편을 포함해 소설만 따져보면, 그냥 '위스키'라고 표현된 것을 제외하고 모두 18개 특정 상표 위스키가 등장한다. 구체적으로 스코틀랜드산(블렌디드+싱글 몰트) 9종, 미국산(버번+테네시) 6종, 캐나다산 2종, 일본산 1종다. 이걸 볼 때 하루키의 위스키 선호도는 스코틀랜드, 미국, 캐나나, 일본 순이 아닐까 싶다.

하루키 소설 속의 위스키

스코틀랜드 위스키(블렌디드+싱글 몰트) 9종

제이앤비 J&B —『1973년의 핀볼』
커티삭 Cutty Sark —『양을 쫓는 모험』,『세계의 끝과 하드보일드 원더랜드』,『댄스 댄스 댄스』,『태엽 감는 새』,『1Q84』,『색채가 없는 다자키 쓰쿠루와 그가 순례를 떠난 해』
헤이그 Haig —『세계의 끝과 하드보일드 원더랜드』,「뉴욕 탄광의 비극」

- 『위스키 성지여행』에 아이리시 위스키가 나오는 점을 고려하면, 에세이를 포함한 하루키 전체 작품에는 세계 '5대 산지' 위스키가 모두 등장한다.

시바스 리갈Chivas Regal—『세계의 끝과 하드보일드 원더랜드』, 『상실의 시대』, 『기사단장 죽이기』, 「비 그치기를 기다리며」

조니워커Johnnie Walker —『해변의 카프카』

듀어스Dewar's White Label —『기사단장 죽이기』, 「기노」

화이트호스White Horse —「오후의 마지막 잔디」

라프로익Laphroaig* —『기사단장 죽이기』

주라Jura* —『기사단장 죽이기』

미국 위스키(버번+테네시) 6종

짐 빔Jim Beam —『바람의 노래를 들어라』

포 로지스Four Roses —『양을 쫓는 모험』, 『1Q84』

올드 크로Old Crow —『세계의 끝과 하드보일드 원더랜드』, 「사우스 베이 스트럿」

와일드 터키Wild Turkey —『세계의 끝과 하드보일드 원더랜드』, 『국경의 남쪽, 태양의 서쪽』, 『1Q84』

하퍼I. W. Harper —『세계의 끝과 하드보일드 원더랜드』, 「패밀리 어페어」

잭 대니얼**Jack Daniel's —『세계의 끝과 하드보일드 원더랜드』, 「비 그치기를 기다리며」

* 라프로익, 주라는 싱글 몰트 위스키.
** 잭 대니얼(잭 다니엘)은 테네시 위스키.

캐나다 위스키

캐나디언 클럽Canadian Club —『스푸트니크의 연인』

시그램Seagram —「구토 1979」

일본 위스키

산토리Suntory —「다리미가 있는 풍경」

『위스키 성지여행』에 나오는 위스키

스코틀랜드 아일라 위스키: 라프로익Laphroaig, 아드벡Ardbeg, 라가불린 Lagavulin, 쿨 일라Caol Ila, 보모어Bowmore, 브룩라딕Bruichladdich, 브나하벤 Bunnahabhain

아이리시 위스키: 제임슨Jameson, 털러모어 듀Tullamore Dew, 부시밀 스Bushmills, 패디Paddy, 파워스Powers

"위스키는 스카치"

◉

하루키도 인정하겠지만, 위스키 하면 스코틀랜드다. '아일랜드냐, 스코틀랜드냐'라는 원조 논쟁이 있긴 해도, 위스키 얘기가 나오면 스코틀랜드가 맨 먼저 떠오르는 게 사실이다. 그럼 스코틀랜드는 왜 '위스키의 나라'가 된 걸까?

무엇보다 풍토(기후와 땅) 때문이다. 스코틀랜드는 여름에는 시원한 서안 해양성 기후가 나타난다. 너무 덥지 않고 서늘하다. 이런 기후에서는 위스키 재료인 보리가 무척 잘 자란다. 또 스코틀랜드의 넓은 습지대에는 몰트(malt, 보리 맥아)*를 만들 때 연료로 쓰는 피트(peat, 토탄土炭 혹은 이탄泥炭)가 넘쳐난다. 땅에서 채굴한 피트를 태워서 몰트(맥아)를 건조시키면, 피트 향이 배어들어 스코틀랜드 위스키 특유의 풍미가 생긴다. 더구나 스코틀랜드는 1년 내내 기온 변화가 심하지 않아, 위스키를 장기 숙성시키는 데에도 유리하다. 위스키를 오크통에 넣고 보관할 때 자연적으로 증발해 사라지는 양을 '천사의 몫(angel's share)'이라 하는데, 스코틀랜드 '천사의 몫'은 연간 2% 정도밖에 안 된다. 그래서 혹자는 우스갯소리로 '스코틀랜드 천사가 세상에서 가장 게으르다'고 말한다. 스코틀랜드가 최고 위스키 산지가 된 데에는 이런 여러 가지 배경이 있다.

스코틀랜드에서 생산한 위스키를 흔히 '스카치'라고 부른다. 영국인은 스카치를 소중한 국가 자산으로 여겨, 아무나 이 이름을 쓰지 못하도록 관련 법규를 엄격히 정해놓았다. 규정에 따르면, 스카치는 물과 효모, 곡물만으로 만들어야 하며, 캐러멜 말고 그 어떤 것도 섞어선 안 된다. 또 700리터 이하

* 발효가 이뤄지도록 보리 싹을 틔운 뒤 열을 가해 건조시켜 만든다.

오크 통에 담아 스코틀랜드에서 3년 이상 숙성시키고, 병에 넣는 과정(병입)도 반드시 스코틀랜드에서 해야 한다. 증류할 땐 알코올 도수를 94.8도 이하로 하고, 병에 넣을 때는 40도 이상이어야 한다. 이런 규정을 제대로 지켜야 비로소 '스카치'라는 이름을 달 수 있게 된다.

대체 싱글 몰트가 뭔데?

주류학 교과서에선 스카치 위스키를 재료에 따라 크게 두 가지로 분류한다.

몰트 위스키malt whisky: 말 그대로 '몰트'(보리 맥아)만으로 만든 위스키를 뜻한다. 다른 곡물은 전혀 넣지 않고, 단식 증류기(pot still)로 두 번 증류한 뒤 숙성시킨다.

그레인 위스키grain whisky: '몰트' 말고도 옥수수나 밀 같은 다른 곡물을 재료로 함께 쓴다. 전통적인 단식 증류기가 아닌, 연속 증류기로 증류한다. '사일런트 스피릿'이라는 별명처럼 부드럽고 깔끔하지만, 향과 맛에 개성은 없다.

여기까지는 말 그대로 이론적인 분류다. 소비자 입장에선 실제 주류 매장에서 판매하는 대표적인 제품 유형을 알면 된다.

"인간이 만든 블렌디드"

"싱글 몰트는 땅이 키우고, 블렌디드는 인간이 만든다"고 한다. 또 "증류는 과학이지만, 블렌딩은 예술이다"라는 말도 있다. 모두 블렌디드 위스키를 만들어낸 인간의 창조적 능력에 대한 찬사의 표현이다.

블렌디드 위스키가 나온 건 19세기 중후반이다. 위스키를 섞어 최적의 맛을 찾는 블렌딩이라는 예술을 탄생시킨 선구자는 앤드루 어셔Andrew Usher. 스코틀랜드 에든버러에서 글렌리벳 위스키 대리점을 운영하던 어셔는 1840년대부터 여러 종류 위스키를 섞는 실험에 돌입한다. 처음엔 다양한 숙성 연도의 몰트 위스키를 섞다가, 1860년부터는 지금의 방식처럼 몰트 위스키에 그레인 위스키를 혼합했다.

새로운 방식의 블렌디드 위스키는 맛과 가격 면에서 소비자를 만족시켰다. 우선 기존의 100% 몰트 위스키보다 풍미가 부드럽고 가벼워졌다. 또 그레인 위스키를 섞으면서 가격도 크게 낮췄다.* 맛은 부드럽고 가격은 저렴한 어셔의 블렌디드 위스키가 큰 인기를 끌면서, 스코틀랜드의 다른 상인들도 잇따라 팔을 걷어붙였다. 알렉산더 워커(Alexander Walker, 조니 워커 창업자), 존 듀어

---

* 그레인 위스키는 연속식 증류기로 대량 생산하기 때문에 몰트 위스키에 비해 값이 상대적으로 싸다.

(John Dewar, 듀어스 위스키 창업자), 아서 벨(Arthur Bell, 벨스 위스키 창업자) 등이 이때부터 블렌디드 위스키 제조에 뛰어들었다.

블렌디드 위스키 업자들에겐 천운도 따랐다. 이 위스키가 주목을 받기 시작한 시점에, 프랑스 등 다른 유럽 국가에서는 전대미문의 재앙이 벌어진다. '포도나무의 페스트'로 불린 필록세라 phylloxera가 창궐하면서, 포도나무가 한꺼번에 말라죽은 것이다. 1863년 남프랑스 아를에서 발병한 필록세라가 점차 확산되면서, 유럽 전체 포도밭의 4/5가 황폐화됐다. 포도가 없으니 와인은 물론이고 브랜디도 생산할 수 없었다. 강력한 경쟁자가 사라지면서, 블렌디드 스카치는 유럽 전역과 미국 주류 시장을 잠식하게 된다.

블렌디드 스카치는 1960년대 이후 전성기를 맞는다. 부드럽고 깔끔한 맛으로 전세계 주당의 입맛을 사로잡는다. 블렌디드 위스키가 득세하면서, 기존 싱글 몰트 증류소는 블렌디드 위스키 회사에 재료를 납품하는 하청업체 신세가 되고 만다. 하지만 1990년대 들어, 위스키 업계에 복고 바람이 불면서 최근엔 다시 싱글 몰트 위스키 판매가 급증하고 있다.

그렇게 보면, 스카치 위스키는 배합(blending) 여부에 따라 '싱글 몰트single-malt 스카치'와 '블렌디드blended 스카치', 이렇게 두 가지로 나뉜다.●

싱글 몰트 스카치: 보리 맥아로만 만든 몰트 위스키 중에서도 '딱 한 곳(single)의 증류소에서 생산한 것'을 말한다.

예를 들어, A라는 단일 증류소에서 몰트로 위스키를 제조한 뒤, 다른 증류소의 몰트 위스키 혹은 그레인 위스키를 전혀 섞지 않고 숙성시켜 출시한다면 그것이 싱글 몰트다. 일반적으로 싱글 몰트는 증류소 이름 자체가 곧 위스키 이름이다. 즉, 글렌리벳The Glenlivet은 글렌리벳 증류소에서 만든 싱글 몰트 위스키이고, 탤리스커Talisker는 탤리스커 증류소에서 만든 싱글 몰트 위스키다. 말하자면, 싱글 몰트는 단일 증류소의 몰트 위스키다.

블렌디드 스카치: 한마디로 '여러 증류소 위스키를 섞은 것'을 말한다. 좀더 구체적으로 설명하자면, 여러 증류소의 몰트 위스키 수십 종류를 가져와서 섞고, 여기에 보리 이외의 다른 곡물을 첨가해 만든 그레인 위스키 두세 종류를 추가로 섞

● 이 밖에도 여러 증류소의 몰트 위스키를 섞은 블렌디드 몰트 위스키와, 단일 증류소의 그레인 위스키를 제품으로 판매하는 싱글 그레인 위스키도 있다.

는다. 조니 워커Johnnie Walker, 시바스 리갈Chivas Regal, 발렌타인 Ballantine's 등 시중에서 판매하는 스카치 위스키의 대부분(90% 이상)을 이런 방식으로 만든다. 즉, 블렌디드에는 몰트 위스키 수십 종과 그레인 위스키 2~3종이 있는 것이다.

하루키가 사랑한 스카치

◉

하루키는 블렌디드 스카치와 싱글 몰트 스카치 두 가지를 모두 즐긴다. 먼저 블렌디드 위스키부터 살펴보자. 앞에서도 알 수 있었듯이 하루키 작품에 가장 많이 나오는 블렌디드 위스키는 커티삭과 시바스 리갈이다. 이유는 짐작하는 그대로다. 하루키 본인이 이 두 가지를 평소에 즐겨 마시기 때문이다. 팬들과의 문답을 정리한 책 『무라카미 씨가 있는 곳』(2015)에서 하루키는 "좋아하는 블렌디드 위스키가 뭐냐"는 질문에 "커티삭과 시바스 리갈을 마실 때가 많다"라면서, "특별한 이유는 없지만 예전부터 마셔 와서 익숙하기 때문"이라고 답했다.

커티삭

하루키가 1983년에 펴낸 에세이집 『코끼리 공장의 해피엔드』에는 「커티삭 자신을 위한 광고」라는 제목의 특이한 글이 수록돼 있다. 에세이라기보단 차라리 시에 가까운 세 문장짜리 글이다.

그것은 이미 초록색 병에 든
영국산 위스키가 아니라
실체를 잃어버린
마치 꿈의 꼬리 같은 모양의,
커티삭이라는 원래
말의 울림에 지나지 않는다.
그저 그런 말의 울림 속에 얼음을 넣어 마시면
맛있다고요.

얼마나 커티삭이 좋으면 대놓고 '광고'라는 제목을 붙였을까? 이 글을 보면 하루키는 커티삭을 발음할 때 생기는 "말의 울림"도 좋아한 것 같다.

커티삭이 나오는 장편 소설은 모두 6편이다. 하루키의 장편이 모두 14편이니까, 거의 둘에 하나꼴이다. 『양을 쫓는 모험』, 『세계의 끝과 하드보일드 원더랜드』, 『댄스 댄스 댄스』까지는

커티삭은 하루키 소설에 가장 자주 등장하는 위스키이다.
맛은 순하고 부드럽다. 커티삭 위스키 라벨에는 돛을 편 범선이 그려져 있다.
커티삭은 원래 '바다의 여왕'으로 불린 홍차 운반선 이름이었다.

한두 장면에 슬쩍 비치는 정도였지만, 이후 작품부터는 다 읽고 나면 녹색 커티삭 병이 뇌리에 남을 만큼 비중이 커진다.

『태엽 감는 새』에서 커티삭은 '꿈의 세계'를 상징한다. 작품 1부에서 주인공은 꿈속에서 커티삭 온더록스를 주문한다.

> 나는 그 옆자리에 앉아서 스카치를 주문했다. 스카치는 뭐가 좋을까요 하고 바텐더가 물었고, 커티삭이라고 나는 대답했다. 상품 이름을 다른 것으로 하면 좋았을 텐데, 처음에 커티삭이라는 이름이 머리에 떠올랐다.
>
> ―『태엽 감는 새』

술이 나오기도 전에, 주인공은 '얼굴 없는 남자'에 이끌려 호텔 스위트룸 208호로 가게 되는데, 여기에도 커티삭 위스키가 있다. 비밀스런 이 공간에서 주인공은 가노 구레타라는 여인과 특이한 성적 교감을 나눈 뒤 꿈에서 깨어나 현실로 돌아온다. 그뒤로도 주인공은 꿈을 꿀 때마다 스위트룸 208호를 찾아가게 되는데, 그곳엔 언제나 커티삭 위스키가 있다.

> 그것은 요전의 꿈에서와 같은 방이다. 호텔 스위트 룸이다. 책상 위에는 커티삭과 유리 잔이 두 개 놓여 있었다. 듬뿍 얼음을 담은 스테인레스 스틸의 얼음 통도 있었다.
>
> ―『태엽 감는 새』

『1Q84』에서는 여주인공 아오마메가 이 위스키를 마신다. 아오마메는 청부 살인을 마친 뒤 아카사카에 있는 호텔 바에 들러 하룻밤 사랑을 나눌 중년 남성을 물색한다. 그런데 한 남자가 바텐더에게 커티삭 하이볼(위스키에 탄산수를 섞은 칵테일)을 주문하는 걸 보고 마음을 정한다.

> 그러더니 남자는 문득 생각난 듯 커티삭이 있느냐고 물었다. 있다고 바텐더는 말했다. 나쁘지 않아, 아오마메는 생각했다. 그가 선택한 게 시바스 리갈이나 까다로운 싱글 몰트가 아닌 점은 마음에 들었다. 바에서 필요 이상으로 술의 종류에 집착하는 인간은 대개의 경우 성적으로 덤덤하다는 게 아오마메의 개인적인 견해였다.
>
> ―『1Q84』

아오마메는 똑같은 커티삭 하이볼을 시킨 뒤, 남성에게 슬쩍 말을 붙이며 '작업'에 들어간다.

> "커티삭을 좋아해요?" 아오마메는 물었다.
> 남자는 깜짝 놀란 척 그녀를 보았다. 뭘 묻는 건지 도통 모르겠다는 표정으로. 그러고는 이내 표정을 누그러뜨렸다. "아 네, 커티삭." 그는 생각났다는 듯이 말했다. "옛날부터 라벨이 마음에 들어서 자주 마셨어요. 돛단배 그림이 그려져 있어서."
>
> ―『1Q84』

커티삭으로 마음이 통한 두 남녀가 그뒤 어떻게 했는지는 물어보나마나다.

『색채가 없는 다자키 쓰쿠루와 그가 순례를 떠난 해』에서도 커티삭은 중요한 소재다. 주인공 다자키 쓰쿠루는 밤마다 집에서 커티삭 위스키를 홀짝거린다. 다자키 쓰쿠루는 주량이 약해 도수 낮은 맥주도 반잔밖에 못 마시지만, 희한하게 40도짜리 커티삭은 즐겨 마신다.

대중적이고 부드러운 위스키

하루키는 소설에서 커티삭 위스키의 특징을 정확하게 표현했다. 실제로 커티삭은 아오마메의 생각처럼 시바스 리갈이나 싱글 몰트와 달리 매우 대중적이다. 또 다자키 쓰쿠루처럼 술이 약한 사람도 즐길 수 있을 만큼 맛과 향이 가볍고 부드럽다.

1923년에 출시된 커티삭은 어디까지나 미국 시장을 겨냥해 만든 스카치 위스키다. 당시 미국에선 금주법이 시행되고 있었지만, 스카치 위스키 밀수는 끊이지 않았다. 커티삭을 제조한 베리 가문의 프랜시스 베리Francis Berry는 미국인이 부드러운 위스키를 선호한다는 점을 고려해 기존 스카치 위스키와는 전혀 다른 제품을 개발한다. 스카치 특유의 피트 향은 거의 없애고, 순하고 가벼운 맛에 색깔도 연하게 만들었다. 홍차를 실어나르며 '바다의 여왕'이라는 별명을 얻은 쾌속선 커티삭(켈

트어로 '마녀의 속옷'이라는 뜻)에서 제품 이름을 따오고, 라벨에는 돛을 활짝 펼치고 항해하는 커다란 범선을 그려넣었다.

미국인의 입맛에 맞게 개발한 커티삭은 예상대로 금주법 기간에 날개 돋친 듯 팔려나갔다. 어찌나 인기가 있었는지, '리얼 매코이Real McCoy'라는 신조어까지 생겼다. 커티삭의 별칭이던 리얼 매코이(진짜 매코이)는 스코틀랜드에서 미국으로 커티삭을 실어나른 선장의 이름인 '윌리엄 매코이'에서 유래했다. 주류 밀매상들은 커티삭을 팔면서 진품이라는 점을 강조하기 위해 "이게 진짜 매코이 선장이 가져온 것(It's the Real McCoy.)"이라고 홍보했다. 이 표현이 굳어져 리얼 매코이는 '진짜' 혹은 '진품'을 뜻하게 됐다.

시바스 리갈

하루키의 소설에 두번째로 많이 나오는 위스키는 시바스 리갈이다. 이 위스키는 모두 4편에 나온다. 장편 『세계의 끝과 하드보일드 원더랜드』, 『상실의 시대』, 『기사단장 죽이기』와 더불어 단편 「비 그치기를 기다리며」에도 등장한다.

『상실의 시대』에서 시바스 리갈은 주인공 와타나베가 마시는 가장 비싼 술이다. 대학생인 와타나베의 형편으로는 꿈도 못 꿀 고급 위스키지만, 아르바이트를 하며 사귀게 된 친구 이토가 아버지 몰래 슬쩍해온 덕분에 맛을 보게 된다.

시바스 리갈은 하루키 소설
네 편에 등장한다.
'스카치의 왕자'로 불린 시바스 리갈은
과거엔 고급 위스키의 대명사였다.

우린 얼음도 넣지 않고 스트레이트로 시바스 리갈을 마시고, 고기 안주가 바닥나자 오이와 샐러리를 길게 썰어 된장에 찍어 먹었다. (…) 우리는 이노카시라 공원 숲 위로 떠 있는 초승달을 바라보며 시바스 리갈을 마지막 한 방울까지 다 마셨다. 맛 좋은 술이었다.

―『상실의 시대』

『기사단장 죽이기』에서도 시바스 리갈은 친구와 함께 마시는 술로 나온다. 주인공의 친구인 아마다 마사히코('기사단장 죽이기'를 그린 화가 아마다 도모히코의 아들)가 가장 좋아하는 위스키가 시바스 리갈이다.

그리고 가까운 주류판매점에 가서 위스키를 샀다. 어느 브랜드로 할지 잠시 고민하다가 결국 시바스 리갈을 샀다. 다른 위스키보다 조금 비쌌지만, 다음에 아마다 마사히코가 집에 놀러왔을 때 내놓으면 아마 좋아할 것이다.

—『기사단장 죽이기』

하루는 아마다가 시바스 리갈 한 병을 들고 찾아오자, 주인공은 도미 회를 떠서 안주를 마련하고 술을 따른다.

아마다는 종이가방에서 시바스 리갈을 꺼내 뚜껑을 땄다. 나는 잔을 두 개 챙기고 냉장고에서 얼음을 꺼냈다. 위스키를 잔에 따르니, 무척 듣기 좋은 소리가 났다. 가까운 사람이 마음을 여는 듯한 소리다.

—『기사단장 죽이기』

스카치의 왕자

시바스 리갈은 커티삭과는 너무도 판이한 이미지다. '스카치의 왕자'로 불린 시바스 리갈은 한때 '비싸고 고급스러운' 위스키의 대명사였다. 하루키 역시 「술에 대하여」라는 글에서 "비교적 비싼 위스키를 좋아해서 외국에 나갈 때마다 면세점에서 시바스 리갈을 산다"고 적기도 했다.

명품 위스키 시바스 리갈을 탄생시킨 이들은 제임스와 존 시바스 형제다. 1801년, 시바스 형제는 스코틀랜드 에버딘에 상류층 고객을 위한 최고급 식음료 상점을 연다. 커피와 향신료, 프랑스산 브랜디, 카리브산 럼을 취급하던 이 상점은 품질 관리 능력을 인정받아 1843년에 영국 왕실 납품 허가를 받는다. 시바스 형제는 1850년대부터는 본격적으로 블렌디드 위스키 제조를 시작한다. 또 1900년대 들어서는 미국 시장 공략에도 나선다. 이때 시바스 형제는 자신들이 갖고 있던 위스키 원액 가운데 숙성이 오래된 것만 따로 섞어서 '시바스 리갈'이라는 고급 브랜드를 만든다. 이렇게 출시된 시바스 리갈은 미국으로 수출돼 큰 성공을 거뒀고, 상류층과 팝스타가 즐기는 '명사의 위스키(celebrity whiskey)'로 자리잡게 된다.

시바스 리갈은 화사하면서도 부드럽다는 평가를 받는다. 향은 풍부하고, 섬세한 여운이 길게 남는다. 풍미의 비결은 독특한 블렌딩 방식에 있다. 위스키 원액을 한꺼번에 섞어버리지 않고 3단계로 나눠 시간을 두고 천천히 혼합하는 게 핵심이다. '트리플 블렌딩'이라 불리는 이 방식은 1단계로 몰트 위스키끼리 따로 섞고, 2단계로 그레인 위스키끼리 따로 섞는다. 그런 다음 마지막 3단계로 이미 섞어놓은 몰트와 그레인 위스키를 합쳐서 공정을 마무리한다.

시바스 리갈은 일본에서도 인기가 많다. 지난 2013년, 시바스 브라더스사는 일본 애호가를 위해 한정판으로 '시바스 리갈 미즈나라 스페셜 에디션'을 출시하기도 했다. 이 제품은 일본산 물참나무(미즈나라) 통으로 위스키를 추가 숙성시켜 풍미를 더했다.

라프로익

『기사단장 죽이기』 2권에는 주인공이 이웃에 사는 멘시키와 함께 싱글 몰트 위스키를 마시는 장면이 나온다. 위스키를 마시고 싶다는 멘시키의 부탁에 주인공은 친구에게 선물 받아서 반쯤 마시고 남긴 싱글 몰트 위스키를 꺼내온다. 멘시키는 리하르트 슈트라우스의 〈장미의 기사〉 레코드를 들으며 이 위스키를 마시다가 주인공에게 다음과 같은 말을 한다.

> "스코틀랜드에 사는 지인이 얼마 전 아일레이 섬의 꽤 귀한 싱글 몰트를 보내줬습니다. 프린스 오브 웨일스가 그 증류소를 방문했을 때 직접 망치를 들고 뚜껑의 못을 박았던 오크 통에서 나온 술이라고 해요. 혹 관심 있으시면 다음에 가져오겠습니다." 그렇게까지 마음 써줄 것은 없다고 나는 말했다.
>
> —『기사단장 죽이기』

이 대사에 등장하는 "꽤 귀한 싱글 몰트"는 대체 어떤 술일까? 명확히 이름이 나와 있지는 않지만, 웬만한 위스키 애호가라면 아일라섬을 대표하는 라프로익이라고 금방 알아챘을

라프로익은 찰스 왕세자가 사랑한 싱글 몰트 위스키로, 영국 왕실 납품 허가를 받았다.

것이다. 하루키가 "프린스 오브 웨일스가 증류소를 방문했다"라는 결정적인 힌트를 줬기 때문이다.

왜 이게 결정적인 힌트인지 궁금한 분도 있으리라. 차근차근 설명해드리겠다. 우선 프린스 오브 웨일스는 '영국의 왕세자'를 일컫는 말이다. 여기서는 엘리자베스 2세의 장남으로 영국 왕위 계승권자인 찰스 윈저 왕세자를 가리킨다. 그런데 찰스 왕세자는 유명한 라프로익 위스키 마니아다. 1994년 6월 29일, 찰스는 아일라섬에 있는 라프로익 증류소를 직접 찾아가 영국 왕실 납품 허가증인 '로열 워런트'를 수여했다.

영국 왕실이 품질을 보증하는 로열 워런트를 받은 곳은 아일라섬 싱글 몰트 증류소 가운데 라프로익이 유일하다. 라프로익을 향한 찰스 왕세자의 애정은 세월이 흘러도 변함이 없었다. 왕세자는 2008년 6월 4일에도 재혼한 커밀라 파커 볼스(콘월 공작부인)와 함께 또다시 라프로익 증류소를 방문했다.

하루키가 라프로익의 역사를 꿰뚫고 있는 건 당연하다. 『위스키 성지여행』 취재를 위해 아일라섬에 갔을 때 증류소를 방문한 뒤 라프로익 맛에 반해 꾸준히 즐겨 마셨기 때문이다. 하루키는 『위스키 성지여행』에서 현지에서 맛본 라프로익을 이렇게 평가했다.

분명 라프로익에는 라프로익만의 맛이 있었다. 10년 된 위스키에는 그것만이 가지는 완고한 맛이 있고, 15년 된 위스키는 15년 동안 숙성된 완고한 맛이 있었다. 모두 다 나름대로 개성이 있고, 사람들의 입맛에 맞추려는 경박한 알랑거림 따윈 느껴지지 않는다.

―『위스키 성지여행』

하루키는 '스코틀랜드 냄새 물씬 나는' 위스키를 추천해달라는 팬의 요청에 대해서도 "제가 좋아하는 위스키는 아일라섬의 라프로익입니다"라고 분명하게 답변했다. 하루키는 "공항 면세점에서 라프로익 캐스크 스트렝스 Cask Strength®를 사오기는 하지만, 10년 숙성 제품이 가장 라프로익스럽다고 생각

하루키는 라프로익 10년을
가장 라프로익스럽다고 평가했다.

한다"(『무라카미 씨가 있는 곳』)고 덧붙였다.

사랑하거나 증오하거나

하루키가 표현한 것처럼 라프로익은 "사람들의 입맛에 맞추려는 경박한 알랑거림"이 전혀 없다. 전세계 위스키 업계가 "부드럽게, 더 부드럽게"를 외칠 때도 라프로익은 그에 아랑곳하지 않고 개성을 지켜왔다. 이런 고집스러움이야말로 라프로익을 아일라섬 최고의 싱글 몰트로 입지를 굳히게 한 비결이

- 일반 위스키는 숙성시킨 원액에 물을 타서 알코올 도수를 떨어뜨린다. 하지만 원액을 희석하지 않고 그대로 병에 넣어서 높은 도수로 출시한 제품도 있다. 이걸 '캐스크 스트렝스'라고 한다.

었다.

라프로익을 처음 마신 위스키 초보자들의 반응은 대부분 비슷하다. '이게 뭐야'라는 비명과 함께 인상을 찌푸리거나 고개를 설레설레 내젓는다. 그럴 정도로 향과 맛이 강하고 진하다. 병원 소독약을 연상시킬 만큼 요오드와 페놀 향이 강해서 마시는 건 고사하고 냄새조차 맡기 싫다는 이들도 많다. 하지만 중독성도 강해서 한번 맛을 들이고 나면 계속 찾게 된다. 음식으로 비유하자면 삭힌 홍어와 같다고 할까. 그래서 라프로익을 가리켜 "아주 좋아하거나 아주 싫어하는 사람만 있을 뿐, 그 중간은 없다"라고 말하기도 한다.

한번 맛보면 절대 잊을 수 없는 라프로익의 향과 맛은 어떻게 해서 생긴 걸까? 무엇보다 물의 영향이 크다. 라프로익 증류소에서는 드넓은 습지대를 통과해서 모인 킬브라이드^{Kilbride} 호수에서 물을 길어 쓰는데, 물 자체에 피트 함량이 매우 높다. 갈색을 띠는 이 물로 보리를 발아시키면, 자연스럽게 피트 향이 배어들게 된다. 발아된 보리(몰트)를 건조할 때도 증류소 근처에서 채취한, 페놀과 크레졸 함량이 높은 피트를 사용해 향을 배가시킨다. 그리고 위스키 원액이 완성된 뒤에는 대서양에서 불어오는 신선한 바람에 실린 짭조름한 소금기가 오크 통에 스며들면서 라프로익 특유의 향과 맛을 완성한다.

하루키는 10년 숙성 라프로익을 최고로 꼽았지만, 나는 라프로익 쿼터 캐스크$^{Quarter\ Cask}$ 제품을 강력히 추천한다. 작은 통에 숙성시켜 오크 향이 더 강한 쿼터 캐스크는 기존 제품보다 부드러워서 위스키 초보자도 비교적 쉽게 마실 수 있다.

주라

2014년 여름, 하루키는 스코틀랜드 남서쪽에 있는 주라섬을 방문했다. 라프로익이 생산되는 아일라에서 배로 10분 정도 떨어져 있는 아주 작은 섬이다. 싱글 몰트 위스키 전문서인 『싱글 몰트 위스키 바이블』(유성운, 위즈덤스타일, 2013)에 따르면, 이 섬은 영화나 소설의 배경으로 나올 만한 곳이다. 주민은 170명에 불과하지만, 사슴은 8천 마리가 산다. 오직 한길로 이어진 도로는 1차선이고, 우체국과 호텔, 슈퍼마켓도 각각 하나뿐이다. 이런 외딴섬이 유명해진 건 조지 오웰 때문이다. 조지 오웰은 아내를 잃고 상실감에 빠져 방황하다가 친구의 소개로 주라섬에 와서 불후의 명작 『1984』를 썼다.

그런데 조지 오웰 말고도 주라섬을 유명하게 만든 또다른 명물이 있으니, 바로 주라 위스키다. 위스키 마니아인 하루키 역시 이 섬에 머무는 동안 주라 위스키 맛에 매혹되고 만다.

작년 여름 스코틀랜드 주라 섬에 잠시 머물렀습니다. 조지 오웰이 『1984』를 쓴 곳이죠. 아무것도 없는 작은 섬이었지만, 멋진 위스키 증류소가 있습니다. 주라 위스키에 주라 섬의 물을 섞어서 마

『기사단장 죽이기』에 등장하는
주라 위스키. 하루키는 2014년
주라섬을 방문해 이 위스키를 즐겼다.

셨더니 정말 최고였어요. 눈이 번쩍 뜨일 정도로! 위스키는 정말 물이 중요한 것 같습니다.

—『무라카미 씨가 있는 곳』

입에 침이 마르도록 주라 위스키를 극찬한 하루키는 이 이야기를 『기사단장 죽이기』에도 담았다.

"인구도 적고, 거의 아무것도 없는 섬입니다. 사람보다 사슴이 훨씬 많은 곳이지요. 토끼나 꿩, 바다표범도 많습니다. 그리고 오래된 증류소가 하나 있습니다. 근처에 아주 맑은 샘이 있는데 그 물이 위스키를 만드는 데 적합하다더군요. 주라의 싱글 몰트를 그 샘에서 막 길어온 차가운 물에 섞어 마시면 매우 훌륭한 맛이 납니다. 그야말로 그 섬에서밖에 맛볼 수 없는 맛이죠." 듣기만 해도 맛있을 것 같다고 나는 말했다.

—『기사단장 죽이기』

주라섬의 위스키 증류소는 1810년에 설립됐다. 하지만 주인이 계속 바뀌면서 1901년에 문을 닫았다가 1963년부터 재가동되고 있다. 『기사단장 죽이기』에 언급된 "위스키 만드는 데 적합한" 물은 이 증류소 인근에 있는 바일 마르가이드 샘에서 퍼온 것으로, 이 물 역시 피트 향이 매우 강하다고 한다. 주라 위스키 제품은 대부분 피트 느낌이 세지 않지만, 만약 이 샘물을 섞어서 마신다면 하루키의 말처럼 "매우 훌륭한 맛"을 느낄 수 있을 것이다. 물론 이 맛을 보려면 스코틀랜드로 날아간 뒤 배를 몇 번 갈아타고 주라섬까지 찾아가야 하는 수고를 감내해야만 한다.

하루키처럼 위스키 마시는 법
◉

스트레이트

아무것도 타지 않고 마시는 가장 일반적인 위스키 음용법이다. 위스키 본연의 향과 맛을 그대로 느낄 수 있기 때문에,

개성 강한 싱글 몰트 위스키나 고급 블렌디드 위스키를 마실 때 선호하는 방식이다.

하루키는 스트레이트로 위스키를 마시는 장면에서 습관처럼 분량을 강조한다. 예를 들면 이런 식이다.

나는 부엌으로 가서 위스키 병과 잔을 가져다가 5센티미터 정도를 마셨다. 위스키를 마시는 것 이외에는 아무것도 생각나지 않았다.

—『양을 쫓는 모험』

나는 글라스에 3센티미터 가량의 위스키를 부어 두 모금에 다 마시고 잠자리에 들었다.

—『상실의 시대』

나는 컵에 손가락 두 마디 분 정도의 위스키를 따르고, 눈을 감고 두 모금에 다 마셨다.

—『세계의 끝과 하드보일드 원더랜드』

위스키를 "3~5센티" 혹은 "손가락 두 마디(투 핑거)" 정도만 따라서 마시는 건 매우 권장할 만하다. 스트레이트로 마실 때 잔에 위스키를 너무 많이 따르면 그만큼 잔 속에 남은 공간이 줄어들어 향이 충분히 퍼지지 않기 때문이다.

아울러 위스키를 스트레이트로 마실 때 향을 제대로 느낄 수 있는 방법 몇 가지를 더 소개한다. 우선 두께가 얇고 튤립 모양으로 된 위스키 전용 잔을 쓰는 게 좋다. 또 위스키를 따른 뒤엔 바로 마시지 말고, 잔을 잡고 빙글빙글 몇 차례 돌려야(swirling) 한다. 마지막으로 위스키에 미지근한 물을 한두 방울만 떨어뜨리는 것도 향을 훨씬 풍부하게 하는 방법이다.

온더록스

「철학으로서의 온더록스」라는 글에서 하루키는 "맛있는 온더록스에는 확실한 철학이 있다"고 주장했다. 그러면서 온더록스에 넣는 얼음 크기를 강조했다.

> 큰 얼음이냐 조그만 얼음이냐에 따라 녹는 속도가 다르다. 큰 얼음만 사용하면 투박해서 멋이 없고, 그렇다고 작은 얼음이 너무 많으면 금방 녹아 물이 되어버린다. 그러니까 대 중 소의 얼음을 조화롭게 섞고, 그 위에다 위스키를 따른다. 그러면 위스키가 잔 안에서 호박색의 작은 소용돌이를 일으킨다. 단, 그런 경지에 이르기까지는 상당한 세월이 소요된다.
> ─『코끼리 공장의 해피엔드』

이렇게 '온더록스의 철학'이 확실한 하루키는 소설에서도 여러 번 온더록스 예찬론을 펼쳤다. 스트레이트로는 흉내낼 수 없는 온더록스만의 장점이 많다는 것이다. 먼저『세계의 끝과 하드보일드 원더랜드』에선 시각적 매력을 강조한다.

내가 알게 된 것은 술 가운데서도 위스키 온더록스가 시각적으로 가장 아름답다는 사실이었다. 바닥이 넓은 큼직한 잔에 얼음을 서너 개 집어넣고, 호박색의 걸쭉한 위스키를 따른다. 그러면 얼음이 녹아 투명해진 빛깔의 물이 호박색 위스키에 섞이기 전에 한순간 헤엄을 친다.

―『세계의 끝과 하드보일드 원더랜드』

온더록스의 청각적 매력도 빼놓을 수 없다. 바닥이 두툼한 잔(온더록스 글라스)에 얼음이 부딪치는 소리는 스트레이트로 마실 땐 느낄 수 없다. 다음은『댄스 댄스 댄스』에서 주인공의 동창생인 고탄다가 위스키 온더록스를 만드는 장면이다.

그가 빈 잔에 얼음을 집어넣자, 딸그락하는 아주 기분 좋은 소리가 났다. 마치 영화의 한 장면 같다고 나는 생각했다.

―『댄스 댄스 댄스』

『태엽 감는 새』에도 이와 비슷한 표현이 등장한다.

그녀가 잔을 약간 흔들면 얼음이 달그락거리는 기분 좋은 소리가 들려온다.

—『태엽 감는 새』

　시각적·청각적 요소를 빼고 맛과 향으로만 볼 때, 온더록스는 장단점이 분명하다. 위스키에 얼음을 넣어 차갑고 묽게 만들면 마실 때 부드럽고 편한 건 사실이다. 하지만 위스키 고유의 향과 맛은 떨어질 수밖에 없다. 그래서 개성 강한 싱글 몰트나 값비싼 고급 블렌디드 위스키를 마실 땐 이 방식을 권하지 않는다. 또 하루키가 조언한 것처럼, 온더록스를 만들 때 작은 얼음을 쓰면 금방 묽어지기 때문에, 서서히 녹게끔 큼지막한 얼음을 넣는 게 좋다.

트와이스 업

　트와이스 업은 '두 배로 늘린다'는 의미다. 위스키와 차갑지 않은 물을 1:1로 타서 마시는 방식이다. 여기서 중요한 점은 '너무 차갑지 않은' 물을 타야 한다는 것이다. 얼음이나 너무 차가운 물을 넣으면 향이 날아가버리기 때문이다. 알코올 도수를 떨어뜨리면서도 향은 비교적 잘 보존하기 때문에, 싱글몰트 위스키를 마실 때 스트레이트와 더불어 권할 만하다.
　하루키는 『위스키 성지여행』에서 아일랜드와 스코틀랜드에서도 위스키와 물을 반반씩 섞어 마신다고 소개하고, 이를 응용한 '하루키식 위스키 음용법'을 공개했다. 이 방법은 위스키 한 잔을 마실 때 처음 절반은 그냥 스트레이트로 음미한 뒤, 나머지 절반에 물을 1:1로 섞어 '트와이스 업'으로 마시는 방식이다.

미즈와리(애디드 워터)

미즈와리는 위스키를 '차갑고 묽게' 만들어, 편하고 부담 없이 즐기는 방식이다. 독한 술을 싫어하는 사람에게 알맞다. 일본 위스키 회사인 산토리가 위스키의 대중화를 위해 개발한 방식으로, 일본에선 흔한 음주법이다. 잔에 얼음과 위스키를 넣고, 찬물을 위스키의 2~3배 정도 부은 뒤 잘 저어서 마시면 된다. 위스키를 물에 타서 마시는 미즈와리는 단편「기노」를 비롯해 하루키 소설에 자주 등장한다.

하이볼

증류주(위스키)에 탄산수(클럽소다, 진저엘, 토닉 워터 등)를 섞은 것을 하이볼이라 한다. 하이볼은 술이 약한 사람도 얼마든지 즐길 수 있다. 톡톡 튀는 탄산의 청량감과 더불어 알코올 기운도 적당히 느낄 수 있다. 하이볼은 언제 마셔도 맛있지만, 특히 여름에 진가를 발휘한다. 뜨거운 태양 아래에서 땀을 뻘

뺄 흘린 뒤 마시는 하이볼 한 잔은 그 어떤 음료에도 뒤지지 않는다.

하루키의 작품에도 위스키 하이볼이 종종 등장한다. 『1Q84』 에선 아오마메가 호텔 바에서 만난 중년 남성이 커티삭 위스키 하이볼을 주문하는 모습이 나온다. 또 『색채가 없는 다자키 쓰쿠루와 그가 순례를 떠난 해』에서도 주인공 쓰쿠루가 약하게 탄 위스키 하이볼을 마시면서 머릿속으로 야릇한 상상을 한다.

하루키는 위스키 하이볼을 야구장과 집에서 즐겨 마시는 듯하다. 하루키는 『무라카미 씨가 있는 곳』을 통해 "도쿄 진구구장(야쿠르트 스왈로스 홈구장)에 갈 때마다 거기서 파는 위스키 하이볼인 진구 하이볼을 자주 마신다"고 밝혔다. 또 집에서 하이볼을 만들어 마실 때는 커티삭 위스키와 고급 탄산수인 산펠레그리노를 쓴다고 구체적으로 알려줬다.

여기서 한마디!

자, 여기까지 읽었다면 더 망설이거나 참을 필요가 없다. 일단 책을 덮고, 집안 어딘가에 위스키가 있는지 뒤져보시라. 만약 없다면 가까운 마트에 가서 얼른 한 병 집어오시길. 어떤 위스키를 골라야 하냐고? 뭐든 상관없다. 그냥 한 병 가져와서 스트레이트든 온더록스든 하이볼이든 각자 취향대로 즐기

일본 현지에서 맛본 하이볼. 일본은 어딜 가나 하이볼이 넘쳐난다.

면 된다. 세상에 나쁜 위스키란 없는 법이니까.

세상에 나쁜 위스키란 없다. 그저 덜 좋은 위스키가 좀 있을 뿐이다. (There is no bad whiskey. There are only some whiskeys that aren't as good as others.)

—레이먼드 챈들러

하루키가 추천하는 '위스키 마시며 들을 만한' 재즈 앨범

◉

마일스 데이비스^{Miles Davis}—《Four & More》

하루키는 음악 에세이 『포트레이트 인 재즈』(김난주 옮김, 문학사상사, 2013)에서 마일스 데이비스의 라이브 앨범《Four & More》에 얽힌 사연을 소개했다. 어느 날 하루키는 정처 없이 거리를 걷다가, 해도 저물고 술 생각도 나서 눈에 보이는 술집에 무작정 들어갔다. 재즈가 흐르고 손님은 아무도 없는 술집에서, 하루키는 버번 위스키 더블을 주문한다. 그때 젊은 바텐더가 다가오더니 듣고 싶은 노래가 있냐고 물었다. 하루키는 잠시 생각한 끝에《Four & More》를 틀어달라고 부탁했다.

특별한 이유는 없었고, 단지 음울한 재킷이 떠올랐기 때문이었다고 한다.

하루키는 주문한 버번 위스키를 마시며 이 앨범 A면을 모두 들었는데, 특별히 주목한 곡은 〈Walkin'〉이었다. 하루키는 이 곡을 들으면서 어떤 아픔도 느껴지지 않는 "무감각한 시간"을 보냈고, 결국 "위스키 한 잔을 더 주문했다"고 회고했다.

하루키가 추천한 《Four & More》는 마일스 데이비스의 1964년 뉴욕 링컨 센터 필하모닉 홀 공연을 녹음해 2년 뒤 발매한 앨범이다. 필하모닉 홀 공연 실황은 라이브 앨범 두 장으로 나뉘어 수록됐는데, 박자가 빠른 곡만 이 앨범에 담겼고 느린 곡은 《My Funny Valentine》이라는 앨범으로 따로 발매됐다.

하루키가 권한 대로 《Four & More》도 좋지만, 나는 오히려 《My Funny Valentine》이 위스키 마실 때는 더 어울린다고 생각한다(물론 이건 순전히 개인 취향이다).

제리 멀리건 Gerry Mulligan — 《What is there to say?》

하루키가 위스키와 어울린다고 추천한 또하나의 앨범이다. 하루키는 『포트레이트 인 재즈』에서 "유독 지치고 힘든 날, 싱글 몰트 위스키와 함께 이 앨범을 듣고 싶다"라고 적었다. 나는 이 글을 읽고 하루키가 왜 제리 멀리건과 싱글 몰트 위스키를 연결시켰을까 생각해봤다.

확실하게 알 수는 없지만, 앨범에 담긴 곡들을 듣다보면 얼핏 짐작이 간다. 우선 싱글 몰트가 어떤 술인지 생각해보자. 싱글 몰트는 저마다 색깔이 있고, 개성이 강한 위스키다. 블렌디드에 비하면 한마디로 '성깔 있는 술'이다. 반면 제리 멀리건은 어떤가? 하루키의 표현을 빌리자면 포용력이 넘친다. 그 어떤 성질도 다 받아줄 것 같은 부드러움과 편안함이 있다(물론 그러면서도 가끔은 흥이 넘치고 신나고, 마음을 들뜨게 만든다). 성깔 있는 술과 포용력 있는 음악. 이 정도면 환상의 조합 아니겠는가?

기왕 제리 멀리건 얘기가 나왔으니, 이분의 가장 유명한 앨범 《Night Lights》(1963)도 위스키를 마시면서 들어보길 권한다. 참 잘 어울린다. 바리톤 색소폰 자체를 싫어하거나, '피아노가 있는 제리 멀리건은 제리 멀리건이 아니다'라고 생각하지만 않는다면 말이다.

하루키와 음악—위스키

『댄스 댄스 댄스』에 흐르는 1960년대 명반

『댄스 댄스 댄스』에서 주인공은 동창생인 영화배우 고탄다와 자주 술을 마신다. 스테이크 집에서 식사를 하며 위스키를 마시거나 바에서 칵테일을 즐기기도 한다. 또 주인공이 고탄다의 고급 저택에 갔을 때는 재즈를 틀어놓고 보드카 토닉을 마신다.

고탄다가 주인공의 좁고 허름한 아파트에 놀러 와서 술을 마시는 장면도 인상적이다. 주인공은 마세라티를 몰고 찾아온 고탄다에게 흑맥주와 시금치 안주부터 내놓는다. 맥주를 마시는 동안 이들이 듣는 음악은 슈베르트의 삼중주다. 이후 주인공은 솜씨를 발휘해 파·매실 무침과 이탤리언 소시지를 넣은 감자볶음 등을 안주로 내놓는데, 이때부터 주종과 배경 음악이 바뀐다. 맥주 대신에 커티삭 위스키를 마시면서 슬라이&더 패밀리 스톤과 더 도어스, 롤링 스톤스, 핑크 플로이드의 1960년대 앨범을 듣는다(비치 보이스, 러빙 스푼풀, 쓰리 독 나이트도 언급된다).

> 60년대적인 밤이었다. (…) 만일 진지한 우주인이 마침 그 자리에 있었다면 시간 왜곡 현상이 일어난 줄 알았으리라 여겨진다.
> —『댄스 댄스 댄스』

두 사람이 위스키를 마시면서 듣는 '1960년대 명반' 가운데 두 장을 살펴보자.

슬라이&더 패밀리 스톤―《Stand!》(1969)

1966년에 결성된 펑크 그룹 슬라이&더 패밀리 스톤. 이들이 1960년대에 발표한 정규 앨범은 모두 4장이다. 1집 《A Whole New Thing》(1967)과 2집 《Dance to the Music》(1968), 3집 《Life》(1968)에 이어, 마지막으로 불후의 명반인 4집 《Stand!》를 내놨다. 아마도 『댄스 댄스 댄스』에서 주인공이 커티삭을 마시면서 듣는 앨범은 최고 히트 앨범인 4집일 것이다(이 앨범에 수록된 〈Everyday People〉이 『바람의 노래를 들어라』에도 나오기 때문이다).

이 앨범은 첫 곡부터 마지막 곡까지 하나도 버릴 게 없다. 빌보드 싱글 차트 정상을 찍은 〈Everyday People〉을 비롯해 〈Don't Call Me Nigger, Whitey〉, 〈Stand!〉, 〈I Want to Take You Higher〉 같은 명곡이 흘러넘친다. 길이가 13분 45초에 달하는 〈Sex Machine〉 같은 대곡도 담겨 있다. 이 곡 저 곡 골라 들을 필요 없이, 앨범을 통째로 틀어놓고 술잔을 기울이면 딱 좋다. 나 역시 아주 우울한 날, 방에서 '혼술'을 할 때 이 앨범을 자주 듣는다.

슬라이&더 패밀리 스톤은 혁신적인 밴드였다. 흑인과 백인, 남성과 여성이 섞인 멤버 구성부터가 그렇고, 사이키델릭에 펑크와 소울을 섞은 음악 역시 시대를 앞서간 것이었다. '어스, 윈드&파이어'와 '자미로콰이'는 물론 '마룬 파이브'도 그 밴드에게 영향을 받았다. 2006년 그래미상 시상식에서는 슬라이&더 패밀리 스톤 헌정 공연이 열렸는데, 이때 출연한 뮤지션의 면면만 봐도 그 위상을 짐작할 수 있다. 존 레전드, 애덤 리바인, 시애라, 에어로 스미스 등이 무대에 올라 슬라이&더 패밀리 스톤의 명곡을 열창했다.

참고로 무라카미 하루키는 슬라이&더 패밀리 스톤의 또다른 명반 《There's a Riot Goin' On》(1971)에 실린 히트곡 〈Family

Affair〉에서 단편 제목「패밀리 어페어」를 따왔다.

더 도어스—《The Doors》(1967)

하루키가 처음 접한 도어스 음악은 데뷔 앨범 《The Doors》에 실린 〈Light My Fire〉였다. 『잡문집』에 실린 「짐 모리슨의 소울 키친」에 따르면, 하루키는 열여덟 살 때인 1967년에 이 노래를 듣게 된다. 당시에는 "대학에도 재수 학원에도 가지 않고 온종일 라디오로 로큰롤만 들으며" 지냈는데, 〈Light My Fire〉는 "매우 강렬한 인상을 남겼다"고 했다. 하루키는 또 짐 모리슨의 음악이 지금도 자신의 "마음을 흔들어놓는다"면서 "《The Doors》만큼 전율을 일으키는 음반은 없다"라고 힘주어 말했다.

하루키의 '인생곡'인 〈Light My Fire〉뿐 아니라, 앨범 첫 곡인 〈Break On Through (To the Other Side)〉와 마지막 곡 〈The End〉도 훌륭하다. 특히 위스키 마실 때 최고인 〈Alabama Song (Whisky Bar)〉도 이 앨범에 들어 있다. 〈Alabama Song〉은 앞서 언급한 곡과 달리, 도어스가 만든 노래가 아니다. 독일 여성 작가 엘리자베트 하우프트만이 써서 극작가 베르톨트 브레히트에게 넘긴 시에 작곡가 쿠르트 바일이 멜로디를 붙였다. 이 노래는 오페라 〈마하고니의 흥망성쇠〉 1막에 삽입됐는데, 위스키와 남자(boy), 그리고 돈(dollar)을 좇아 고향을 떠나는 여인들이 부른다.

하루키는 짐 모리슨과 도어스를 작품에 여러 번 등장시켰다. 『상실의 시대』에서 미도리가 도어스의 〈People Are Strange〉 가사인 "People are strange when you're a stranger"를 언급하는 게 대표적이다. 하루키는 1971년에 요절한 짐 모리슨을 가리켜 "짐 모리슨이 죽었을 때, 우리 안의 짐 모리슨도 함께 죽었다"라고 했다.

마티니 한 잔이면 딱 좋고,
두 잔이면 너무 많지만, 석 잔은 부족하다.
One martini is all right. Two are too many,
and three are not enough.

―제임스 서버(미국 작가)

4장

하루키와 칵테일

무라카미 하루키는 일찍 결혼했다. 스물두 살 때인 1971년, 와세다 대학 동급생인 다카하시 요코와 백년가약을 맺었다. 아직 학생이던 하루키는 결혼 이후 눈코 뜰 새 없이 바쁘게 살았다. 낮엔 음반 가게, 밤엔 술집에서 일했다. 아르바이트로 모은 돈에 은행 빚까지 보태, 1974년 도쿄 고쿠분지에 자기네 고양이 '피터'에서 이름을 딴 '피터 캣'이라는 재즈 바를 열었다. 지하에 있는 19평짜리 허름한 가게였지만, 장사가 잘된 덕분에 3년 뒤엔 센다가야역 근처 2층의 햇빛 잘 드는 곳으로 확장 이전했다. '피터 캣'을 운영하면서 사장 하루키는 업장 관리뿐 아니라 칵테일 제조도 맡았다. 그러니까 당시 하루키의 직업은 사장 겸 바텐더, 주류업계 용어로 '오너 바텐더'였던 셈이다. 하루키가 '피터 캣'을 운영한 기간은 꼬박 7년. 1979년 『바람의 노래를 들어라』로 등단한 뒤에도 하루키는

하루키가 운영한 재즈 바 '피터 캣'이 2층에 있었던 건물. 하루키는 1977년 도쿄 고쿠분지에서 이곳 센다가야로 가게를 옮긴다.

'피터 캣'에서 셰이커를 흔들며 칵테일을 만들었다. 하루키가 창작에 전념하려고 가게를 넘긴 건 작가로 데뷔하고 2년이 지난 1981년 11월이었다.

재즈 바를 운영하며 칵테일을 만든 경험은 7번째 장편『국경의 남쪽, 태양의 서쪽』에 생생히 녹아 있다. 이 작품의 주인공 하지메는 결혼 이후 직장을 그만두고 재즈 바 '로빈스 네스트'를 연다(작가 하루키처럼 하지메 역시 처음 한동안은 직접 칵테일을 만든다).

분위기가 고급스럽고 칵테일 맛도 좋아서 가게는 갈수록 번창한다. 그러던 어느 날, 하지메의 초등학교 시절 첫사랑 시마모토가 바에 찾아온다. 연락이 끊긴 지 25년 만의 재회였다. 꿈에서도 잊지 못한 시마모토에게 하지메는 어떤 칵테일을 추천했을까? 그가 권한 건 자신이 개발한 가게의 대표 칵테일* '로빈스 네스트'였다. 럼과 보드카를 베이스로 한 이 칵테일을 맛본 시마모토가 "깔끔하면서 깊이 있는 맛"이라고 감탄하자, 의기양양해진 하지메는 이렇게 답한다.

"난 선반 하나 만들 줄 모르지. 자동차의 오일 필터도 바꿀 줄 모르고, 우표 하나 똑바로 붙이질 못해. 전화번호도 시도 때도 없이 잘못 누르곤 해. 하지만 나만의 독창적인 칵테일을 몇 가지 만들었지. 반응도 좋다고."

―『국경의 남쪽, 태양의 서쪽』

느닷없이 나타나 주인공의 마음을 뒤흔든 시마모토. 그녀는 석 달 뒤 가게에 다시 찾아와 전에 마신 '로빈스 네스트' 칵테일을 주문한다. 그러면서 "왜 이 가게 칵테일이 다른 집보다 더 맛있는지"를 묻는다. 하지메는 칵테일을 기가 막히게 만드

* 이런 칵테일을 주류업계에서는 '시그니처 칵테일'이라고 한다.

는 젊은 바텐더를 가리키며 한 가지 비밀을 말해준다.

"나는 저 사람에게 아주 많은 급료를 주고 있거든. 다들 깜짝 놀랄 정도의 보수지. 그 사실은 다른 종업원들에게는 비밀이지만 말이야. 왜 저 사람에게만 그렇게 많은 월급을 주느냐 하면 말이지. 그에게는 맛있는 칵테일을 만드는 재능이 있기 때문이지. 세상 사람들은 잘 이해하지 못하는 것 같지만 재능 없이는 맛있는 칵테일을 만들지 못하거든."

―『국경의 남쪽, 태양의 서쪽』

여기서 하지메가 강조하고 있는 건 칵테일을 만드는 '선천적 재능'이다. 칵테일은 예술과 비슷해서, 어느 수준까지는 연습과 훈련으로 도달할 수 있지만, 그 선을 뛰어넘으려면 반드시 타고난 재능이 필요하다고 하지메는 주장한다.

"나도 제법 맛있는 칵테일을 만들 줄 알지. 꽤 연구도 했고 연습도 했어. 하지만 아무리 애를 써 봐도 저 친구를 당해낼 재간이 없거든. 같은 술을 넣고 저 남자와 똑같은 방식으로, 똑같은 시간 동안 셰이커를 흔들어도 완성된 칵테일의 맛은 다르단 말이야. 왜 그런지는 모르겠어. 그건 재능이라고밖에 할 수 없는 거지."

―『국경의 남쪽, 태양의 서쪽』

칵테일을 제대로 배워본 사람이라면 하지메의 말이 사실이라는 걸 안다. 예를 들어 두 사람이 같은 레시피로 칵테일을 만든다고 치자. 똑같은 술을 똑같은 양만큼 넣고, 심지어 얼음까지 똑같이 넣은 뒤, 똑같은 시간만큼 셰이커를 흔들면 맛도 똑같지 않을까? 얼핏 생각하기에 그럴 것 같지만, 희한하게도 칵테일 맛은 다르다. 요리하는 사람들이 말하는 '손맛'이란 게 칵테일에도 존재하기 때문이다. 재즈 바를 7년이나 운영하며, 수없이 많은 칵테일을 손수 만들어본 하루키는 경험을 통해 이런 사실을 깨달았을 것이다.

하루키는 1999년 영문지 〈간사이 타임아웃〉과의 인터뷰에서도 비슷한 언급을 했다.

"재즈 바를 하면서 저에게 있던 숨겨진 재능을 발견할 수 있는 기회이기도 했던 것 같아요. 적어도 10명 중에 1명의 바텐더는 정말 좋은 칵테일을 만드는 타고난 재주를 가지고 있더라고요. 전 그런 재능을 믿는 편이에요. 그런데 그와 동시에 그 타고난 재능이 전부가 아니라는 것도 깨달았어요."

이 인터뷰에 따르면, 하루키는 칵테일 실력이 제각각인 여러 바텐더를 보면서 선천적 재능이 얼마나 중요한지 절감한다. 동시에 자신에게는 어떤 선천적 재능이 있는지 고민하게 됐고, 결국 글쓰기라는 걸 알게 된다. 이렇게 자신의 '숨겨진 재능'을 찾아낸 하루키는 연습과 훈련에도 힘을 쏟았다. 스스로 "다른 사람 두 배의 인생"이라고 말할 정도로 치열하게 살았다. 일을 하다가도 짬이 날 때마다 펜을 들었고, 가게문을 닫은 뒤엔 피곤에 찌든 몸으로 부엌 식탁에 앉아 원고지를 메워나갔다.

선천적 재능과 후천적 노력, 성공을 하려면 이 두 가지가 모두 필요하다는 것을 하루키는 칵테일을 통해 배운 셈이다.

보드카 칵테일

칵테일을 위한 스피릿, 보드카

'7년 경력 바텐더' 하루키의 칵테일 실력은 어땠을까? 하루키는 「맛있는 칵테일을 만드는 법」이라는 글에서 "(칵테일은) 잘하는 사람이 만들면 비교적 적당히 만들어도 맛있고, 그렇지 않은 사람이 만들면 정성껏 진지하게 만들어도 별로 맛이 없다"면서 자신은 "그럭저럭하는 부류였다"고 적었다. "그럭저럭"이라고 표현한 걸 보면, 전문 바텐더 수준은 아니어도 칵테일 실력이 보통 이상은 됐던 것 같다.

하루키는 이 글에서 자신의 칵테일 취향도 공개했다. 평소엔 맥주나 와인 혹은 위스키 온더록스를 마시지만 바에 갔을 때만큼은 칵테일을 주문한다면서, 특히 보드카 베이스를 선호한다고 밝혔다. 하루키는 보드카 칵테일을 즐기는 이유로 "칵테일 솜씨가 좋은지 아닌지 알기 쉽다"는 점과 "미묘한 차이에 따라 맛이 신기하게 달라진다"는 점을 들었다.

보드카 칵테일에 대한 하루키의 설명은 아주 정확하다. 사실 보드카만큼 칵테일에 적합한 증류주(spirit)도 없다. 처음부터 칵테일 제조를 위해 만든 증류주가 아닐까 싶을 정도다. 증류주 입문서인 『스피릿』에서는 주스나 탄산음료에 보드카를 섞으면 "1층에서 엘리베이터를 타고 스피릿(증류주)의 초고층으로 올라가는 것이나 마찬가지"라고 표현했다.

그렇다면 보드카는 왜 칵테일 제조에 최적화된 술이 된 걸까? 좋게 말하면 극도로 순수한(ultra-pure) 증류주이기 때문이고, 나쁘게 말하면 개성이 별로 없어서다. 우선 색깔부터 그렇다. 보드카는 얼핏 봐선 생수와 구별이 안 된다. 그냥 맑고 투명하다. '보드카'라는 말 자체가 원래 'voda(물)+ka(작은)', 즉 '작은 물'이라는 뜻이다. 향도 마찬가지다. 병뚜껑을 열어 냄새를 맡아도 알싸한 알코올 기운 말고는 특별히 다른 향이 없다(일부러 향을 넣은 가향 보드카는 예외다). 아가베 향이 진동하는 테킬라나 주니퍼 열매 풍미가 코를 찌르는 진과는 다르다.

보드카가 무색무취한 건 단순한 제조 공정 때문이다. 무엇보다 보드카는 재료를 따지지 않는다. 발효가 가능한 어떤 재료로도 다 만들 수 있다. 전통적으로는 감자나 호밀 같은 곡물을 썼지만, 포도 같은 과일로도 만든다. 심지어 치즈나 양파로 만든 보드카가 출시된 적도 있다.

    재료가 무엇이든 발효를 시킨 뒤, 연속식 증류기로 증류하고 활성탄으로 여과하면 보드카를 만들 수 있다. 여러 번 증류를 반복하며 불순물을 계속 제거하기 때문에 잡것이 섞이지 않은 순수한 상태의 증류주를 뽑아낼 수 있다. 특히 증류와 여과를 마친 뒤엔 따로 숙성도 시키지 않고 맑고 투명한 상태로 그냥 병에 담아 판다. 일정 기간 오크 통에 담아놓고 향과 맛을 더하는 위스키나 브랜디 등과 구별되는 특징이다. 이렇게 만들기 때문에 보드카는 술 자체가 지닌 개성과 풍미가 약할 수밖에 없다. 대신에 그 어떤 술이나 음료와 섞어도 제법 잘 어울린다. 개성과 풍미가 강하면 다른 음료와 섞일 때 균형이 깨지기 쉬운데, 보드카는 그런 일이 없다. 칵테일 만들 때 보드카가 딱 좋은 이유가 여기에 있다.

    날이 추운 동유럽 지역 토속주나 마찬가지였던 보드카는 1917년 러시아 혁명 이후 세계로 전파된다. 보드카 증류업자 블라디미르 스미르노프Vladimir Smirnov가 혁명의 소용돌이를 피해 목숨을 걸고 망명하면서 제조법이 서유럽과 미국으로 퍼졌다. 보드카에 매료된 천재 화가 피카소는 "지난 반세기 동안에 등장한 가장 놀라운 세 가지는 블루스 음악과 큐비즘(입체주의), 그리고 폴란드 보드카다"라는 말까지 남겼다.

하루키의 작품에 등장하는 보드카 칵테일

블러디 메리
BLOODY MARY

등장하는 작품: 소설 『바람의 노래를 들어라』, 『댄스 댄스 댄스』, 『어둠의 저편』, 에세이 「맛있는 칵테일을 만드는 법」, 「하늘 위의 블러디 메리」

만드는 법   국제 바텐더 협회(IBA) 레시피

- **재료/용량** 보드카 45ml, 토마토주스 90ml, 레몬주스 15ml, 우스터 소스 2~3대시dash, 타바스코 소스, 소금, 후추 취향대로 약간 (대시는 한 번 툭 하고 뿌리는 양이다.)
- **장식** 레몬, 당근, 셀러리, 올리브
- **제조** 1) 하이볼 잔에 얼음을 채운 뒤, 재료를 넣고 잘 젓는다.
  2) 장식을 올린다.

비행기에선 블러디 메리

에세이 「하늘 위의 블러디 메리」에서 하루키는 이 칵테일을 국제선 비행기를 탔을 때 주문한다고 밝혔다. 왜 그러냐면, 맥주나 위스키처럼 평범한 술을 주문하는 건 "멋이 없기 때문"이란다. 또 비행기에서 맛있는 블러디 메리가 나왔을 때는 "언제 추락해도 좋을 만큼" 행복해지지만, 반대로 너무 독하거나 밍밍하면 "기분이 엉망이 된다"고 적었다. 블러디 메리가 하루키

에겐 항공사 서비스 수준을 평가하는 중요한 척도인 셈이다.

블러디 메리는 하루키의 소설에도 여러 번 나온다. 『바람의 노래를 들어라』에서는 새끼손가락이 없는 '그녀'가 이 칵테일을 마신다. '그녀'는 만취해 쓰러진 자신에게 주인공이 못된 짓을 했다고 의심하지만, 얼마 뒤 오해가 풀린다. 그렇게 해서 친해진 두 사람은 정식으로 레스토랑에서 데이트를 하게 되는데, 주인공은 버번 위스키를 주문하고 '그녀'는 블러디 메리를 마신다.

소설 『댄스 댄스 댄스』에서는 블러디 메리의 비중이 매우 커진다. 이 소설에서 34세 이혼남인 주인공 '나'는 4년 전에 갑자기 사라진 여자친구 키키의 행방을 찾으려고 삿포로로 향한다.

예전에 키키와 함께 묵었던 이루카* 호텔부터 찾아가지만, 그곳엔 26층 현대식 건물로 바뀐 돌핀 호텔이 있을 뿐이다. 주인공은 돌핀 호텔로 들어가 "예전에 있던 이루카 호텔이 어떻게 됐는지" 묻게 되는데, 이때 그를 상대한 호텔 카운터 여직원이 23세의 유미요시다. 두 사람은 이후 호텔 밖에서 따로 만나게 되는데, 약속 장소에 먼저 도착한 주인공이 양주(위스키)를 주문한 반면, 일을 마치고 온 유미요시는 저녁도 먹지 않은 상태에서 블러디 메리를 시킨다. 유미요시는 블러디 메

* 일본어로 '돌고래'라는 뜻이다.

리를 마시면서 아무에게도 말하지 못한 돌핀 호텔의 비밀을 털어놓는다. 시간이 흘러 도쿄로 돌아온 주인공은 유미요시를 떠올리며 언젠가 블러디 메리를 만들어줘야겠다고 생각한다. 주인공에게 '유미요시는 블러디 메리를 좋아하는 여성'으로 각인된 셈이다.

> 우리는 또 입을 다물고, 잠시 제각기 사랑에 대해 생각하고 있었다. 사랑에 대해 생각해야 할 일들은 얼마든지 있다. 유미요시를 집에 초대할 때는 보드카와 토마토주스와 리 앤 페린 소스(우스터 소스)와 레몬을 준비해둬야겠다고 나는 생각했다.
> —『댄스 댄스 댄스』

이 대목에서 잠깐. 유미요시는 주인공을 만난 자리에서 왜 하필 블러디 메리 칵테일을 골랐을까? 하루키의 의도는 정확히 알 수 없지만, 나는 유미요시가 "저녁을 먹지 못한 상태"였다는 점에 주목한다. 즉, 하루키는 빈속에도 부담 없이 마실 만한 칵테일을 고민하다가 블러디 메리를 떠올린 게 아닌가 싶다. 실제로 블러디 메리는 내용물 대부분이 토마토주스이고, 알코올 기운은 매우 약하다. 그냥 주스를 마시기엔 심심하고, 그렇다고 본격적으로 독한 술을 마시기엔 부담스러울 때 블러디 메리만 한 게 없다. 일이 늦게 끝나 저녁도 거르고 주인공을 만난 유미요시로서는 칵테일을 제대로 고른 셈이다.

서양 해장술, 블러디 메리

하루키는 비행기를 탔을 때 주로 마시지만, 원래 블러디 메리는 해장용 술이다. 서양에선 해장술을 'Hair of dog', 즉 개털이라고 부르는데, 개한테 물렸을 때 그 개의 털을 한 움큼 뽑아서 상처에 문지르면 낫는다는 미신 때문이다. 개에게 물린 상처를 개털로 치료하듯, 술로 생긴 숙취는 술로 풀어야 한다는 의미다. '개털'로 통칭되는 서양 해장술 가운데 가장 유명한 게 바로 블러디 메리다. 보드카에 토마토주스를 섞고 여기에 소금과 후추, 우스터 소스, 타바스코 소스 같은 각종 양념을 팍팍 치는 꽤 특이한 칵테일이다.

또한 블러디 메리는 변화무쌍한 칵테일이다. 유서 깊은 전통 칵테일traditional cocktail 중에 이만큼 변종이 많은 것도 없다. 앞서 언급한 블러디 메리 재료는 그저 참고사항에 불과하다. 첨가하는 양념과 핵심 재료도 취향에 따라 맘껏 바꾼다. 예를 들어 보드카 대신에 테킬라로 만들면 블러디 마리아Bloody Maria가 되고, 일반 토마토주스 말고 조개 육수가 들어간 클래마토clamato를 쓰면 블러디 시저Bloody Caesar가 된다. 칵테일 장식인 가니시garnish도 천차만별이다. 셀러리 줄기를 넣는 게 가장 흔하지만, 각종 과일이나 야채는 물론 새우나 게 같은 해산물을 넣기도 한다. 심지어 1리터짜리 대용량 피처에 블러디 메리를 담고, 그 위에 큼지막한 햄버거나 통닭 한 마리를 올려놓기도 한다. 재료와 기법, 가니시에 따라 변종이 수백 가지나 되다보니, 미국에는 블러디 메리 레시피만을 정리한 두툼한 책이 여러 종 나와 있을 정도다.

모양도 특이하고 맛도 특이한 블러디 메리 칵테일은 누가 처음 만든 걸까? 여기엔 두 가지 설이 있다. 하나는 미국 배우이자 가수인 조지 제슬 George Jessel이 만들었다는 주장이다.

조지 제슬은 자서전에서 "1927년 플로리다 팜비치에 갔을 때 'La Maze'라는 레스토랑에서 최초로 블러디 메리를 만들었다"고 적었다. 이 기록에 따르면, 제슬은 이날 소프트볼 경기를 마친 뒤 엘리엇 스퍼버라는 남자와 함께 술을 마셨다. 샴페인을 들이켜며 밤을 꼴딱 새운 제슬은 바텐더에게 정신이 번쩍 들게끔 독한 술을 가져다달라고 청했다. 그러자 바텐더는 먼지가 수북이 쌓인 보드카 한 병을 내밀었는데, 얼마나 오래 방치됐는지 뚜껑을 열자 상한 감자 냄새가 났다. 제슬은 "이대로는 도저히 그냥 마실 수 없겠다"며 토마토주스와 우스터 소스, 레몬을 가져오게 한 뒤, 보드카에 몽땅 섞어서 들이켰다. 그런데 이때 '백화점의 왕'인 존 워너 메이커의 손녀 메리 브라운 워버튼이 하얀 드레스를 입고 레스토랑에 나타났다. 제슬은 메리에게 "내가 만든 칵테일 맛이 어떤지 말해달라"며 잔을 건넸고, 메리는 토마토주스가 들어간 칵테일을 받아 마시다가 한 모금을 흘리고 만다. 드레스가 빨갛게 물들자 메리는 크게 웃으며 "이제 이 칵테일을 피 흘리는 메리 Bloody Mary라고 부르면 되겠군요"(출처: *Those Fantastic Classic*

Cocktails: Histories & Recipes)라고 말했단다.

어떤가? 꽤 그럴싸하지 않은가? 하지만 이건 제슬의 일방적인 주장일 뿐이다. 블러디 메리의 기원에 대한 더 유력한 설이 있다. 바로 프랑스 파리에 있는 해리스 뉴욕 바^{Harry's New York Bar}*의 바텐더 페르낭 프티오^{Fernand Petiot}가 만들었다는 주장이다. 프티오의 설명은 이렇다. 1921년 무렵 해리스 뉴욕 바에서 즉흥적으로 토마토주스와 보드카를 반반씩 섞어 손님에게 내놨는데, 이것이 최초의 블러디 메리였다는 것이다. 프티오는 1964년 〈뉴요커〉와의 인터뷰에서 "우스터 소스와 소금, 후추가 들어가는 지금의 블러디 메리 역시 내가 1934년 뉴욕 세인트 레지스 호텔에서 일할 때 완성한 것"이라고 주장했다.

이처럼 블러디 메리 창시자를 놓고는 두 가지 설이 팽팽히 맞서고 있지만, 미국의 칵테일 연구자 대부분은 주변 사람들의 증언이 구체적인 점을 들어 프티오의 손을 들어주고 있다.

하루키가 사랑하는 '바 라디오'의 블러디 메리

하루키는 「맛있는 칵테일을 만드는 법」이라는 글에서 "가게 홍보는 아니지만, 아오야마 '바 라디오'의 블러디 메리는 역시 마셔볼 가치가 있다"라고 적었다. 아니, 이건 또 뭐란 말인가?

• 원래 이름은 '더 뉴욕 바'다. 헤밍웨이를 비롯해 스콧 피츠제럴드, 조지 거슈윈, 콜 포터 등 1920~30년대 파리에 머물던 미국인 예술가의 아지트였다.

"가게 홍보는 아니"라고 하면서, 가게 이름과 지역, 심지어 거기서 맛본 칵테일까지 적어놓다니. 이렇게 대놓고 '홍보'를 했으니, '하루키가 사랑한 술'을 연구하는 나로선 안 가볼 도리가 없었다. (그나마 가까운 일본 도쿄의 바를 언급했으니 다행이다. 머나먼 아프리카의 술집을 거론했다면 정말 곤혹스러울 뻔했다.)

비행기 타고 도쿄로 날아가, 문 여는 시간에 맞춰 첫 손님으로 '바 라디오'에 들어섰다. 구석 쪽 자리에 앉자마자 블러디 메리부터 시켰다. 주문을 받은 바텐더는 몇 가지 재료를 꺼내어 뚝딱뚝딱 만들더니 무심한 표정으로 칵테일을 카운터에 내놨다.

그런데 어라, 이거 좀 이상하다. 평소에 봐온 블러디 메리와는 영 딴판이다. 블러디 메리라고 하면 가니시(장식)는 기본이라고 배웠는데, 이 집 블러디 메리엔 아무것도 없었다. 가니시가 하나도 없으니 얼핏 보면 그냥 토마토주스였다. 뭐, 고전적인 가게 분위기를 생각하면 거창하고 화려한 장식은 없을 거라고 짐작했다. 하지만 그래도 명색이 블러디 메리인데, 기본 장식인 셀러리 한 줄기마저 없으니 뭔가 허전했다.

'조금 의외다' 싶은 마음으로 맛을 봤다. 음, 이런 맛이군. 한 모금을 넘긴 뒤엔 저절로 "허허" 하고 웃음이 나왔다. 왜 하루키가 "마셔볼 가치가 있다"라고 표현했는지, 또 왜 이 집에선 가니시를 올리지 않는지 알 수 있었다.

그냥 맛이 참 좋았다. 마치 '이런 칵테일에 뭐하러 장식을 해?'라고 할 만한 맛이었다. 다시 말해 '가니시에 한눈팔지 말

하루키의 단골집 '바 라디오'.
도쿄 아오야마의 고급 주택가에 있다.

'바 라디오' 내부.
전체적으로 어둡고 차분하며 조용한 분위기다.

고 칵테일이나 맛있게 드시라'고 말하는 것 같았다. 이렇게 얘기하면 '대체 어떤 맛인지 구체적으로 설명해보라'라고 다그칠 수도 있을 텐데, 그건 쉽지가 않다. 하루키의 표현대로 "역시 마셔볼 가치가 있다"라고 답할 수밖에 없다.

다만 내 짐작에 맛의 비결은 재료에 있는 것 같다. 무엇보다 이 가게에선 블러디 메리를 만들 때 마트에서 파는 일반적인 토마토주스를 쓰지 않는다. 신선한 토마토를 갈아서 만든 주스를 쓴다. 이렇게 생토마토주스를 쓰기 때문에, 섞는 방법도 다르다. 블러디 메리를 만들 때 보통은 바 스푼으로 저어서(stir) 재료를 혼합하지만, 이곳에선 반드시 셰이킹을 한다. '바 라디오'에서 바텐더로 20년을 일한 사이토 씨는 "일반적인 토마토주스를 쓴다면 저어서도 만들 수 있겠지만, 생토마토주스이기 때문에 셰이커로 충분히 잘 섞어야 한다"라고 말했다.

다음은 하루키가 강력히 추천한 '바 라디오'의 블러디 메리 레시피이다.

도쿄 '바 라디오' 레시피

재료/용량 보드카 30~45ml, 토마토주스 60ml, 레몬주스 10ml, 소금, 우스터 소스, 타바스코, 후추 취향대로 약간

제조 1) 셰이커에 얼음과 재료를 넣고 흔든다.
2) 스트레이너로 잘 걸러서 하이볼 잔에 따른다.

하루키가 극찬한 '바 라디오'의 블러디 메리 칵테일.
일반적인 블러디 메리와 달리 장식(가니시)이 없다.

'바 라디오'에서는 보드카 베이스로 스미노프 블랙Smirnoff Black을 쓴다. 원래는 1855년 러시아 황제 알렉산드르 2세의 등극을 기념하여 만든 제품으로, 구리 증류 방식을 활용함으로써 천연 재료의 특성을 잘 살려 깔끔하면서도 부드러운 맛을 낸다.

보드카 토닉
VODKA TONIC

등장하는 작품: 소설 『세계의 끝과 하드보일드 원더랜드』, 『상실의 시대』, 『댄스 댄스 댄스』, 「오후의 마지막 잔디」, 「식인 고양이」, 에세이 「올림픽과는 그다지 관계 없는 올림픽 일기」

만드는 법

재료/용량 보드카 30~45ml, 토닉 워터, 레몬(라임) 1/4개

제조
1) 얼음을 충분히 넣은 하이볼 잔에 보드카를 붓는다.
2) 레몬즙을 짜서 넣는다.
3) 토닉 워터로 잔을 채운 뒤 잘 젓는다.

미도리가 마신 보드카 토닉

하루키의 작품을 다각도로 분석한 책 『하루키를 좋아하세요?』에 따르면, 그의 소설에 등장하는 여성은 크게 두 부류다. 한 부류는 "품위 있고 지적이며 깊은 고요함이 느껴지는"

여성이고, 또 한 부류는 "조금은 경박하고 제멋대로인, 좋게 말하면 자유분방하게 행동하려고 하는" 여성이다. 『상실의 시대』에 나오는 인물로 비교해보자면, "품위 있고 지적인" 쪽은 나오코이고, "자유분방하게 행동하려고 하는" 쪽은 미도리다.

그 소설에서 미도리는 늘 생기가 넘친다. 어머니는 작고하고 아버지마저 병석에 누워 있지만, 얼굴엔 구김살이 없다. 밝고 웃음이 많은 그녀는 언행도 거침이 없다. 관심 있는 남자에겐 먼저 다가서고, 야한 성적 농담을 거리낌없이 내뱉을 만큼 솔직하고 당차다.

미도리는 시원시원한 성격만큼이나 술도 화통하게 마신다. 가끔은 대낮부터 음주를 즐긴다. 와타나베를 단골 바에 데려간 것도 낮술을 먹기 위해서였다. 미도리는 도서실 앞에서 만난 와타나베를 꼬드겨 종교학 수업을 빼먹게 한다. 둘은 오후 2시에 학교를 빠져나와 신주쿠에 있는 'DUG'이라는 재즈 바에 가서 술을 마신다. 미도리가 이 가게를 좋아하는 건 다름 아닌 "낮에 술을 마셔도 전혀 꺼림칙한 느낌이 들지 않아서"이다.

"이렇게 대낮부터 술을 마신다구?"
"이따금" 하고 잠시 말을 끊고, 그녀는 글라스에 남은 얼음 조각들이 달그락거리도록 흔들었다.

『상실의 시대』에서 미도리가 마신 보드카 토닉 칵테일.
미도리는 이 칵테일을 다섯 잔이나 마신다.

"가끔 삶이 고달파지면 여기 와서 보드카 토닉을 마시곤 해."

―『상실의 시대』

삶이 고달플 때마다 찾는 보드카 토닉. 이날 미도리와 와타나베는 보드카 토닉을 각각 5잔씩 마신다. 낮술로 알딸딸해진 미도리는 지하에 있는 가게에서 밖으로 나오다가 계단에서 발을 헛디뎌 굴러떨어질 뻔하기도 한다.

미도리를 닮은 칵테일

『상실의 시대』 독자 가운데는 'DUG'에서의 첫 데이트 장면을 인상 깊게 읽었다는 이들이 많다. 필자 역시 그렇다. 보드카 토닉을 마실 때마다 항상 미도리가 떠오른다. 아마 죽을 때까지 '보드카 토닉 하면 미도리가 마시는 칵테일'일 것 같다. 언젠가 한번은 미도리는 왜 하필 그때 보드카 토닉을 마셨을까도 생각해본 적이 있다. "가끔 삶이 고달파지면 보드카 토닉을 마시곤 해"라는 대사에서 힌트를 찾을 수 있었다. 먼저 보드카 토닉이 어떤 칵테일인지 떠올려보자.

베이스인 보드카 자체는 독하고 아무 맛도 없는 중성 증류주에 가깝다. 그런데 여기에 토닉 워터를 타고 레몬이나 라임 즙까지 짜서 보드카 토닉으로 만들면 완전히 달라진다. 마치 신데렐라가 유리 구두를 신고 변신하듯, 시원하고 상큼하면서도 맛있는 술이 된다. 그렇다면 이번엔 미도리가 처한 상황도 살펴보자. 긴 병에 효자 없다고, 아버지 병수발로 점점 지쳐가는데, 말이 안 통하는 남자친구와는 계속 삐걱대기만 한다. 현실의 삶은 힘들고, 미래도 불확실하다. 이렇게 지치고 고달픈 상황인데도 미도리는 겉으론 내색을 하지 않는다. 여느 20대 대학생처럼 씩씩하고 발랄하다.

그렇다면 이런 미도리에게 어울리는 칵테일은 뭘까? 쓰고 독한 술이 들어 있지만, 마실 땐 가볍고 시원한 보드카 토닉이 제격이 아닐까? 씁쓸한 현실을 잠시라도 잊게 만든 보드카 토닉이야말로 미도리를 닮은 술이라고 할 수 있을 것이다.

보드카 토닉이 비중 있게 등장하는 두번째 작품은 단편 「오후의 마지막 잔디」이다. 이 작품에서 10대 후반인 주인공은 1년 가까이 잔디 깎는 아르바이트를 해왔다. 일을 그만두기로 한 주인공은 "생애 마지막 잔디를 깎기 위해" 언덕 중턱에 있는 집을 찾아간다. 약 60평 크기의 뜰이 있는 이 저택에는 쉰살 남짓의 여성이 혼자 살고 있다. 거구의 이 여성은 술도 어지간히 잘 마신다. 주인공이 땀을 뻘뻘 흘리며 잔디를 깎는 내내, 혼자서 위스키를 홀짝홀짝 마신다. 그녀는 주인공이 일을 다 마치자마자 기다렸다는 듯 "맥주라도 마시고 가라"며 붙잡는다.

"맥주 좀 마시고 가." 그녀는 말했다.
"고맙습니다." 내가 말했다. 맥주 정도는 마셔도 괜찮으리라.

우리는 정원 끝에 나란히 서서 잔디를 바라보았다. 나는 맥주를 마시고 그녀는 길쭉한 유리잔으로 레몬을 뺀 보드카 토닉을 마셨다.

—「오후의 마지막 잔디」, 『중국행 슬로보트』

중년 여성은 이후에도 "더 마시지 않겠어요?"라며 계속 술을 권한다. 거듭 사양해도 말이 통하지 않자, 주인공은 중년 여성이 마시던 보드카 토닉을 가리키며 좀 약하게 만들어달라고 말한다.

그녀는 오 분 뒤 보드카 토닉 두 잔과 재떨이를 들고 돌아왔다. 나는 내 몫의 보드카 토닉을 한 모금 마셨다. 전혀 연하지 않았다. 나는 얼음이 녹기를 기다리며 담배를 피웠다. 그녀는 침대에 앉아 아마도 내 것보다 훨씬 진할 보드카 토닉을 홀짝거렸다. 이따금 오도독오도독 얼음을 깨물어먹었다.

—「오후의 마지막 잔디」, 『중국행 슬로보트』

남편을 잃고 대저택에서 홀로 사는 중년 여성은 보드카 토닉에 레몬은 넣지 않고 대신에 보드카를 많이 넣었다. 상큼한 레몬 향이 빠진 독한 보드카 토닉은 사연 많고 한 많은 이 여성의 깊은 고독감을 상징한다.

『상실의 시대』에 등장하는
'DUG'의 보드카 토닉

  일본에는 하루키 소설에 등장하는 지역이나 건물을 찾아다니는 '하루키 성지순례자'가 많다. 이들에게 도쿄 신주쿠에 있는 재즈 바 'DUG'은 필수 방문지 가운데 하나다. 하루키의 최고 베스트셀러인 『상실의 시대』에 이 가게가 '실명'으로 등장하기 때문이다. 그런데 성지순례를 위해 이곳을 방문한 하루키 팬들이 꼭 시키는 칵테일이 있다. 바로 보드카 토닉이다. 하루키 팬들은 다른 건 몰라도 이 칵테일만큼은 반드시 마시고 돌아간다. 학교 수업을 빼먹고 대낮부터 이곳에서 보드카 토닉을 마신 와타나베와 미도리의 이야기를 추억하기 위해서다.

  나 역시 그곳에 들어서자마자 보드카 토닉부터 시켰다. 『상실의 시대』의 미도리가 마신 칵테일을 제대로 맛보는구나 싶어서 마음이 설레었다. 얼마 뒤 종업원이 드디어 보드카 토닉을 테이블로 가져왔다. 마침 목이 좀 탔던 터라, 받자마자 한 모금 길게 들이켰다. 톡 터지는 탄산에 라임 향이 어우러지고, 묵직한 알코올 기운도 밀려왔다. 한마디로 맛있으면서도 강렬했다. 아마 다른 가게보다 보드카를 조금 더 많이 넣는 것 같았다. 이런 정도라면 미도리처럼 다섯 잔을 연거푸 마시게 되면 계단에서 휘청거릴 것 같다는 생각이 들었다.

  술맛이라는 관점으로만 본다면 'DUG'의 보드카 토닉은 일부러 찾아가서 맛볼 만큼 대단하지는 않다. 도수가 좀 높은 걸 빼면 맛은 평범한 쪽에 가깝다. 또 'DUG'이 칵테일 전문 바가 아니라서 요즘 유행하는 프리미엄 보드카를 쓰지도 않는다. 가장 흔하고 대중적인 스미노프 레드Smirnoff Red를 베이스로 쓰고 있다. 그런데 그게 뭐 어떻단 말인가? 하루키 소설에 나오는 바로 그 술집에서 주인공이 마신 바로 그 칵테일을 맛보는 것만으로도 충분하지 않은가? 당신이 『상실의 시대』를 재미있게 읽었다면 말이다.

누구나 쉽게 만드는 칵테일

보드카 토닉은 보드카와 토닉 워터만 있으면 누구나 쉽게 만든다. 그래서 하루키 작품에서는 등장인물이 집에서 직접 만들어 마시는 모습이 자주 나온다. 장편 『세계의 끝과 하드보일드 원더랜드』에서는 도서관 사서로 일하는 '그녀'가 보드카 토닉을 만든다. 위확장증 때문에 아무리 먹어도 살이 찌지 않는 '그녀'는 어느 날 주인공 집에 초대돼 저녁을 먹는다. 그녀는 타고난 대식가답게 "중기관총으로 헛간을 마구 쓰러뜨리는 듯한, 엄청난 기세의 식욕"으로 음식을 마구 먹어치운다. 맥주와 위스키에 곁들여 디저트까지 깔끔히 정리한 그녀는 벌거벗은 몸으로 토닉 워터를 꺼내 보드카 토닉을 만든 뒤 '나'와 함께 마신다.

『댄스 댄스 댄스』에서는 주인공의 중학교 동창이자 성공한 영화배우인 고탄다가 집에서 이 칵테일을 만들어준다. 도쿄 타워가 보이고, B&O 플레이어와 JBL P88 스피커가 갖춰진 최고급 맨션에서 고탄다는 레몬 즙을 듬뿍 넣은 제대로 된 보드카 토닉을 주인공에게 대접한다.

> 그는 부엌으로 가서, 보드카와 토닉 워터의 병 몇 개와 아이스 페일에다가 그득한 얼음과 절반으로 자른 레몬을 세 쪽, 쟁반에 담아 가지고 왔다. 그리고 우리는 시원하고 청결한 웨스트 코스트 재즈를 들으면서 레몬 맛이 한껏 풍기는 보드카 토닉을 마셨다.

—『댄스 댄스 댄스』

주요 작품에 보드카 토닉을 등장시킨 하루키는 실제로도 이 칵테일을 꽤 즐겨 마셨던 것 같다. LA 올림픽 기간*이던 1984년 8월 1일자 일기에 따르면, 하루키는 친지가 개업한 바에 처음 들렀을 때도 보드카 토닉 두 잔을 주문해 마신다.

보드카 토닉과 함께 듣는 음악

보드카 토닉을 마실 때 들을 만한 노래를 고르라면, 단연코 엘튼 존의 〈Goodbye Yellow Brick Road〉를 꼽겠다. 엘튼 존과 함께 수많은 히트곡을 만든 천재 작사가 버니 토핀이 쓴 가사엔 이런 대목이 있다.

> What do you think you'll do then
> I bet that'll shoot down your plane
> It'll take you a couple of vodka and tonics
> To set you on your feet again.
> 당신은 어떻게 생각할까.

* 하루키는 이 시기에 『세계의 끝과 하드보일드 원더랜드』 집필에 매진하고 있었다.

『상실의 시대』에서 미도리가 칵테일을 마실 때 흘러나온
델로니어스 몽크의 〈Honeysuckle Rose〉가 담긴 음반.

(내가 떠난다면) 당신은 난리가 날걸.
다시 정신을 차리려면 보드카 토닉 몇 잔은 마셔야 할 거야.

하루키 소설의 주인공이 보드카 토닉을 마실 때도 인상적인 음악이 많이 나온다. 『상실의 시대』에서 미도리와 와타나베가 보드카 토닉을 마실 때는 비밥bebop을 대표하는 피아니스트 델로니어스 몽크의 〈Honeysuckle Rose〉가 흐른다. 또 『댄스 댄스 댄스』에서 주인공이 고탄다와 함께 보드카 토닉을 마실 때는 웨스트코스트 재즈 뮤지션인 밥 쿠퍼의 색소폰 연주가 JBL 스피커에서 울려퍼진다. 『세계의 끝과 하드보일드 원더랜드』에서는 '그녀'가 알몸으로 보드카 토닉을 만드는 동안, 주인공이 스탠더드 넘버인 〈Teach Me Tonight〉을 틀어놓고 따라 부른다. 소설에는 조니 마티스의 앨범에 수록된 〈Teach Me Tonight〉이라고 돼 있는데, 정작 조니 마티스는 이 곡을 녹음한 적이 없다. 하루키가 착각을 했거나, 아니면 재미를 위해 일부러 틀리게 적어놓은 것 같다.

발랄라이카
BALALAIKA

등장하는 작품: 소설 『기사단장 죽이기』, 에세이 「맛있는 칵테일을 만드는 법」

만드는 법

재료/용량 보드카 30ml, 쿠앵트로 30ml, 레몬주스 30ml

(쿠앵트로는 오렌지 리큐어인 트리플 섹 등으로 대체 가능하다.)

제조 1) 셰이커에 얼음과 재료를 넣고 흔든다.
2) 스트레이너로 걸러서 차갑게 식힌 칵테일 잔에 따른다.

『기사단장 죽이기』와 발랄라이카

『기사단장 죽이기』는 『색채가 없는 다자키 쓰쿠루와 그가 순례를 떠난 해』 이후 4년 만에 나온 장편이다. 일본 현지에서는 초판 130만 부를 찍었고, 국내에서도 정식 출간 전 예약 판매 기간에 30만 부를 인쇄하며 열풍을 이어갔다. 칠순을 앞둔 대작가 하루키가 건재를 과시한 『기사단장 죽이기』는 국내 칵테일 바에서도 화제가 됐다. 보드카 칵테일인 발랄라이카가 작품에 인상적으로 등장하기 때문이다.

『기사단장 죽이기』의 주인공인 '나'는 초상화를 그리는 화가다. '나'는 갑작스럽게 아내에게 이혼 통보를 받고 집을 나와 떠돌다가, 친구 아버지인 일본화가 아마다 도모히코의 작업실 겸 별장에 머물게 된다. 그러던 어느 날 주인공은 에이전트를 통해 초상화 제작 의뢰를 받는데, 깜짝 놀랄 만한 거액을 제시한 사람은 멘시키라는 54세 남성이다. 주인공이 머무는 별장 근처 대저택에 사는 멘시키는 한때 IT 회사를 운영하며 큰돈을 번 뒤 은퇴한 인물이다. 멘시키는 자신의 초상화가 완성되자 식사 대접을 하겠다며 주인공을 저택으로 초대한다.

주인공은 멘시키가 보내준 리무진을 얻어타고 저택에 도착한다. 예상대로 멘시키의 저택은 호사스럽기 그지없다. 테니스장 크기의 거실에는 대리석과 페르시아 카펫이 깔려 있고, 벽에는 입체주의 화가 페르낭 레제의 그림이 걸려 있다. 하지만 전체적으로 다른 장식은 절제해 크게 부담스럽지는 않다. 집안 분위기에 넋이 나간 주인공이 소파에 앉자마자, 놀랄 만큼 잘생긴 청년이 나타나 칵테일을 권한다.

"칵테일 한잔 드시겠습니까?" 그가 내게 물었다.

"뭐든 좋아하는 것으로 시키십시오." 멘시키가 말했다.

"발랄라이카로 주세요." 나는 몇 초 생각한 후 말했다. 특별히 발랄라이카를 마시고 싶었던 건 아니지만, 정말로 뭐든지 만들 수 있는지 시험해보고 싶었다.

—『기사단장 죽이기』

"뭐든지 만들 수 있는지 시험하기 위해" 고른 칵테일이 왜 발랄라이카였을까? 발랄라이카 레시피가 복잡해서일까? 아니면 그리 대중적이지 않은 칵테일이라고 생각해서였을까? 물론 둘 다 아니다. 발랄라이카가 어떤 칵테일이고, 주인공이 왜 이걸 주문했는지는 다음 단락에서 드러난다.

발랄라이카는 보드카와 쿠앵트로와 레몬주스를 3분의 1씩 섞어서 만드는 칵테일이다. 과정은 심플하지만 북극지방처럼 쨍하게 차갑지 않으면 맛이 제대로 나지 않는다. 어설픈 솜씨로는 미지근하고 밍밍해지기 일쑤다. 그러나 그 발랄라이카는 놀라울 정도로 맛있었다. 거의 완벽에 가깝게 예리한 맛이 났다.

—『기사단장 죽이기』

그렇다. 발랄라이카 레시피는 아주 간단하다. 보드카와 쿠앵트로(화이트 퀴라소), 레몬주스를 똑같은 비율로 셰이커에 넣고 흔들기만 하면 된다. 다만 레시피가 쉽다고 방심하면 안 된다. 하루키가 말한 대로 어설프게 만들면 재료의 균형이 무너져 맛이 떨어진다. 얼음 선택은 물론이고 셰이킹 강도와 횟수도 잘 살펴야 하는 민감한 칵테일이다.

변형 칵테일, 발랄라이카

발랄라이카는 원래 러시아 민속 현악기 이름이다. 영화〈닥터 지바고〉의 사운드 트랙〈라라의 테마〉를 통해 널리 알려졌다. 이 악기는 모양도 특이해서, 몸통이 삼각형이고 현은 세 줄이다. 악기 이름인 발랄라이카를 왜 칵테일에 가져다 썼는지는 확실히 알 수 없다. 아마도 '러시아의 술'인 보드카가 베

『기사단장 죽이기』에 등장하는
발랄라이카 칵테일.

이스이고, 넣는 재료가 세 가지라는 점에 착안해 작명하지 않았나 싶다. 발랄라이카는 전통 칵테일인 사이드카Sidecar의 변형 칵테일이다. 사이드카에서 브랜디 대신에 보드카를 넣으면 발랄라이카가 된다. 그래서 발랄라이카를 '보드카 사이드카'라고 부르기도 한다.

발랄라이카의 변형 칵테일도 있다. 2차대전 당시 일본의 자살 특공대 이름이 붙은 가미카제다. 이 칵테일은 발랄라이카 레시피에서 레몬주스를 라임주스로만 바꾼 것이다. 정리하면 다음과 같다.

> 사이드카 = 브랜디 + 쿠앵트로(화이트 퀴라소 혹은 트리플 섹) + 레몬주스
> 발랄라이카 = 보드카 + 쿠앵트로(화이트 퀴라소 혹은 트리플 섹) + 레몬주스
> 가미카제 = 보드카 + 쿠앵트로 (화이트 퀴라소 혹은 트리플 섹) + 라임주스

칵테일 연구자들은 사이드카가 1차대전 이후 탄생한 것으로 보고 있다. 헤밍웨이의 단골집이었던 파리의 리츠 호텔 바(현재 이름은 '헤밍웨이 바') 혹은 런던에 있는 벅스 클럽이 사이드카의 원조로 추정된다. 사이드카는 1950년대에 보드카가 유행하던 미국으로 건너가 발랄라이카로 바뀌었다. 이후

1970년대에는 라임주스를 넣는 가미카제로 변형된 것으로 보인다. 발전 순서로 치면 사이드카→ 발랄라이카→ 가미카제인 셈이다.

하루키 단골집에서 마신 '발랄라이카'

나는 하루키 단골집인 '바 라디오'에서 발랄라이카도 주문해 마셔봤다. 굳이 발랄라이카를 시킨 건 하루키가 언급한 대로 "어설픈 솜씨로는 미지근하고 밍밍해지기 일쑤"인 칵테일이기 때문이다. 더 솔직히 털어놓자면 "정말 뭐든지 잘 만드는지 시험해보고 싶은" 마음도 있었다. 물론 '바 라디오'의 발랄라이카는 "거의 완벽에 가깝게 예리한 맛"이었다. 어쩌면 하루키가 이곳에서 발랄라이카를 마시면서 바텐더와 나눈 얘기를 소설에 대사로 인용한 게 아닌가 싶은 생각도 들었다.

『기사단장 죽이기』 출간 이후, 일본은 물론이고 한국의 칵테일 바에서도 발랄라이카 주문이 크게 늘었다고 한다. 하루키쯤 되는 대작가이니 가능한 일이다. 그런데 자신의 소설 한 대목이 이웃나라 칵테일 바 매출에도 영향을 줄 수 있다는 사실을 하루키는 짐작이나 했을까?

솔티 독
SALTY DOG

등장하는 작품: 소설 『양을 쫓는 모험』

만드는 법

재료/용량	보드카 45ml, 자몽주스 90ml, 소금 약간
장식	자몽 슬라이스
제조	1) 하이볼 잔 가장자리(rim)에 소금을 묻힌다.
	2) 하이볼 잔에 얼음을 채운다.
	3) 보드카를 잔에 먼저 붓고, 자몽주스를 넣은 뒤 잘 젓는다.
	4) 장식을 올린다.

(자몽이나 레몬 슬라이스 한 조각으로 잔 가장자리를 닦은 뒤 잔을 거꾸로 뒤집어서 소금을 찍어내면 된다.)

'쥐'의 여자친구가 마신 칵테일

『바람의 노래를 들어라』, 『1973년의 핀볼』, 『양을 쫓는 모험』을 가리켜 흔히 '쥐 삼부작'이라고 부른다. 세 작품에 모두 '쥐'라는 동일 인물이 등장하기 때문이다. 『바람의 노래를 들어라』에서 '쥐'는 주인공인 '나'의 또다른 모습이다. 고독과 허무, 상실감으로 가득한 청춘의 터널을 통과하는 동반자이며, "25미터짜리 풀장을 가득 채울 정도의 맥주"를 나눠 마시는 술친구이다.

『1973년의 핀볼』에서는 스물다섯 살이 된 '쥐'가 주인공에게 아무런 말도 남기지 않고 갑자기 자취를 감춘다. 단골 술집인 제이스 바가 있는 고향 마을을 떠나 어디로 간 걸까?

쥐의 행방은 삼부작의 마지막 작품 『양을 쫓는 모험』에서 드러난다. 쥐는 1977년 12월, 주인공에게 편지로 안부를 전한다. 그리고 이듬해 5월에는 두번째 편지를 띄운다. 10만 엔짜리 은행수표와 양이 찍힌 흑백 사진이 동봉된 편지에서 쥐는 주인공에게 특별한 부탁을 한다. 5년 전 자신이 고향을 떠나올 때 작별인사를 전하지 못한 옛 여자친구('그녀')를 만나서 안부를 전해달라는 것이다. 주인공은 쥐의 부탁을 들어주기 위해 신칸센을 타고 내려가 호텔 커피숍에서 '그녀'를 만난다. 주인공은 오렌지주스를 다 마신 '그녀'에게 술을 권하는데, 이때 등장하는 칵테일이 솔티 독이다.

나는 "술이라도 마시겠어요?"라고 물어 보았다.
"보드카에 그레이프 프루트를 탄 것을 뭐라고 하더라……"
"솔티 독."
(…)
마실 것이 나왔다. 그녀는 솔티 독을 한 모금 마시고 나서 입술에 묻은 식염을 종이 냅킨으로 닦았다. 종이 냅킨에는 립스틱이 약간 묻어났다.

―『양을 쫓는 모험』

칵테일을 마시다가 냅킨으로 소금(식염)을 닦아내는 이 장면에서는 감각적 묘사가 돋보인다. 아마도 하루키는 빨간 립스틱이 하얀 냅킨에 묻어나는 색채 대비까지 염두에 두고 일부러 소금을 잔뜩 묻힌 솔티 독 칵테일을 등장시킨 게 아닐까 싶다. 더구나 솔티 독은 하얀 소금과 자몽 빛깔이 어우러져 그 자체로도 아름답다. 세련된 느낌의 젊은 여성이 마시는 칵테일로 솔티 독을 설정한 건 탁월한 선택으로 보인다.

'짠 녀석' 솔티 독

칵테일 잔 가장자리에 소금(혹은 설탕)을 묻혀서 내놓는 것을 '스노snow 스타일'이라고 한다. 솔티 독•은 마르가리타(테킬라+쿠앵트로+라임주스)와 함께 대표적인 스노 스타일 칵테일이다. 원래는 진으로 만들다가 보드카로 바뀌었다는 말도 있고, 애초부터 보드카 베이스였다는 주장도 있다. 『세계의 명주와 칵테일 백과사전』에 따르면, 이 칵테일은 미국에서 인기를 끌다가, 베트남 전쟁 무렵 오키나와 미군기지 일대에서 유행하면서 일본 전역으로 퍼졌다고 한다.

솔티 독처럼 보드카와 자몽주스를 섞은 또다른 칵테일이 그레이하운드다. 둘의 차이는 잔 가장자리에 소금을 묻히느냐 여부다. 보드카와 자몽주스를 섞은 뒤 스노 스타일로 만들면

• 솔티 독은 '짠 녀석'이란 뜻으로, 배의 갑판원을 말한다.

『양을 쫓는 모험』에 등장하는 솔티 독 칵테일.

솔티 독이 되고, 그냥 '논 스노 스타일'로 내놓으면 그레이하운드가 된다.

위키백과에 따르면, 증류주에 자몽주스를 섞은 칵테일은 1930년대 이전에도 있었다. 1920~30년대에 활동한 전설적인 바텐더 해리 크래덕Harry Craddock이 집필한 『사보이 칵테일 북』에도 진과 자몽주스를 섞은 칵테일이 나온다. 또 1945년 미국의 〈하퍼스 매거진〉에는 보드카와 설탕, 캔에 든 자몽주스를 섞어 만든 그레이하운드 칵테일이 문헌 기록상 최초로 등장한다. 이런 점에서 볼 때, 그레이하운드 칵테일이 먼저 탄생한 뒤, 스노 스타일로 바뀐 솔티 독이 나온 게 아닌가 싶다.

진 칵테일

칵테일의 총아가 된 진

주류학 전문서에서는 진을 '주니퍼 열매와 그 밖의 다양한 식물로 풍미를 더한 증류주'라고 정의한다. 설명을 덧붙이자면, 진을 만들 때 첨가하는 식물은 주니퍼 열매 말고도 많다. 고수 씨와 안젤리카 뿌리, 감초, 레몬 껍질, 붓꽃 뿌리 등 다양한 재료를 넣어 향과 맛을 이끌어낸다. 다만 어떤 경우에도 주니퍼 열매는 빠지지 않는다. 주니퍼 열매는 씁쓸한 진의 풍미를 결정하는 '진의 심장' 혹은 '진의 영혼'이기 때문이다.

진의 고향은 네덜란드다. 시중에서 파는 대다수 진에 붙어 있는 '런던 드라이'라는 말 때문에 영국에서 탄생했다고 생각하기 쉽지만, 그렇지 않다. 진의 역사를 정리한 책(*The Book of Gin*)에 따르면, 네덜란드에서는 주니퍼 열매로 향을 낸 증류주가 16세기 말에 이미 대중화돼 있었다. 당시엔 이 술을 게네베르Genever 혹은 예네베르Jenever 등으로 불렀는데, 이후 영국으로 넘어가 진Gin으로 이름이 바뀐다.

진이 영국에 퍼진 첫번째 계기는 '80년 전쟁'으로 불리는 네덜란드 독립전쟁(1568~1648)이다. 당시 네덜란드 군인들은 전투에 나서기 전에 용기를 내려고 주니퍼 열매 증류주를 마셨다. 이 모습이 인상적이었던 영국 군인들은 네덜란드 군인들이 마시는 술을 '네덜란드인의 용기(Dutch Courage, 술김에 내는 용기)'라고 부르며 따라 마셨다. 진의 애칭이 '네덜란드인의 용기(Dutch Courage)'가 된 사연이다.

진이 영국에서 유행한 두번째 계기는 명예혁명(1688)이다. 명예혁명은 가톨릭을 옹호하던 제임스 2세를 의회가 똘똘 뭉쳐서 피 흘리지 않고 쫓아낸 사건이다. 당시 잉글랜드 의회는 거사를 성공시키기 위해 네덜란드 총독이자 제임스 2세의 사위인 윌리엄에게 거부하지 못할 제안을 했다. 군대를 끌고 와서 장인(제임스 2세)을 몰아내고 잉글랜드 왕이 되라는 것이었다. '이게 웬 떡이냐' 싶었던 윌리엄은 곧바로 1만 5천 군사를 이끌고 잉글랜드로 넘어왔고, 제임스 2세는 이 소식을 듣자마자 프랑스로 달아났다. 명예혁명이 성공한 뒤 윌리엄은 부인(제임스 2세의 딸)인 메리 2세와 함께 왕위에 올랐다.

외가 쪽으로 영국 피가 섞였지만, 엄연히 네덜란드 사람인 윌리엄이 왕이 되면서 네덜란드 술인 진이 영국 사회에 급속도로 보급됐다. 더구나 윌리엄은 관세를 대폭 인상해 프랑스산 브랜디 수입을 통제하고, 남는 곡물로 진을 손쉽게 생산할 수 있도록 법까지 개정했다. 윌리엄이 펼친 진 장려책의 효과와 부작용은 금방 나타났다. 얼마 지나지 않아 값싼 진이 런던 거리마다 넘쳐나게 됐다. 왕과 귀족에서부터 노동자와 거지까지, 신분과 계층에 상관없이 영국인은 누구나 진을 마시게 됐다. "가난뱅이도 진을 마시면 왕이 된 것 같다"는 뜻의 'Royal Poverty(왕이 부럽지 않은 가난)'라는 말도 이런 분위기에서 생겨났다.

18세기 초반, 영국은 진에 취해 비틀댔다. 증류주 입문서 『스피릿』에 따르면, 이 무렵 영국의 진 소비량은 연간 약 4천만 리터에 달했다. 도시 거주 성인 1명이 1년에 90병 이상 마시는 꼴이었다. 알코올 중독, 정확히는 진 중독에 빠진 영국인은 곳곳에서 범죄를 저질렀다. 진에 취한 남편은 가족에게 주먹을 휘둘렀고, 엄마는 아이를 내팽개쳤다. 배가 고파 칭얼대는 아이에게 우유 대신 진을 먹여 재우는 일이 벌어지면서, 진은 '엄마의 타락(Mother's Ruin)'이라는 끔찍한 별명을 얻게 됐다.

가장 충격적인 사건은 1734년에 발생했다. 주디스 디포라는 극빈층 여성이 진을 사기 위해 자신의 아이를 죽인 뒤 아이의 새 옷을 내다팔았던 것이다. 이런 비극적인 일이 터지고 나서야 영국 정부는 제정신을 차린다. 1736년부터 1751년까지 여덟 차례나 법령(Gin Act)을 공포해 진 생산과 판매를 규제했다. 서양사에서는 18세기 영국을 휩쓴 이런 현상을 '진 광풍(Gin Craze)'이라 기록하고 있다.

진 광풍이 휘몰아친 18세기 영국에서 크게 유행한 진이 올드 톰 진Old Tom Gin이다. 요즘의 자판기 커피처럼 길거리 상점에서 쉽게 살 수 있었던 올드 톰 진은 품질이 형편없었다. 수요를 맞추기 위해 값싼 재료로 대충대충 만드는 바람에 불순물이 많고 역겨운 냄새가 났다. 이걸 감추려고 업자들은 증류한 진에 설탕을 듬뿍 탔다. 하지만 1831년 연속식 증류기가 상용화되면서 상황이 달라진다. 증류주 단가가 낮아지면서 자연스럽게 품질도 개선됐다. 또 이때부터는 달지 않은 드라이dry한 풍미의 진이 각광받기 시작했는데, 이것이 지금까지 이어지고 있는 '런던 드라이 진'이다.

런던 드라이 진은 미국으로 넘어가면서부터 본격적으로 칵테일 베이스(기주基酒, 밑술)로 사랑받게 됐다. 너무 달달해 칵테일용으로 적합하지 않던 올드 톰 진과 달리, 새로 등장한 런던 드라이 진은 다른 음료와 섞어도 잘 어울렸다. 제리 토머스Jerry Thomas 등 미국의 전설적인 바텐더들은 진에 비터스bitters● 와 시럽, 버무스vermouth●● 등을 섞어 다양한 칵테일을 탄생시켰다. 진을 기반으로 19세기 미국 사회에 칵테일 문화가 뿌리를 내리게 된 것이다.

정리하면 이렇다. 진은 네덜란드에서 태어나 영국에서 크게 유행하고, 미국으로 건너가 칵테일로 발전했다. 그래서 주류학자들은 "진은 네덜란드인이 만들고, 영국인이 세련되게 했으며, 미국인이 영광을 줬다"라고 말한다.

● 약초 뿌리 등을 배합해 쓴맛을 내는 술로, 칵테일을 제조할 때 주로 쓰인다.
●● 와인에 각종 향료와 약초를 넣어 우려낸 리큐어(혼성주)를 말한다.

하루키 작품에 등장하는 진 칵테일

김렛
GIMLET

등장하는 작품: 『바람의 노래를 들어라』, 『상실의 시대』, 『댄스 댄스 댄스』, 『국경의 남쪽, 태양의 서쪽』

오리지널 김렛 레시피

재료/용량 진 60ml, 로즈 사(社) 라임 코디얼 30ml

제조 1) 셰이커에 얼음과 재료를 넣고 흔든다.
2) 스트레이너로 걸러서 차가운 칵테일 잔에 따른다.
(챈들러 소설에서는 진과 로즈 사 라임 코디얼 비율이 1:1로 나오지만, 실제로는 2:1 비율로 만들어야 더 낫다. 요즘 출시되는 진이 과거에 비해 도수가 낮아졌기 때문이다.)

생라임 김렛 레시피

재료/용량 드라이 진 45ml, 생라임 즙 20ml, 설탕 시럽 10ml
(생라임 즙은 라임을 반으로 잘라서 짜낸다.)

제조 1) 셰이커에 얼음과 재료를 넣고 흔든다.
2) 스트레이너로 걸러서 차가운 칵테일 잔에 따른다.

챈들러가 사랑한 김렛

미국 작가 레이먼드 챈들러는 하루키의 문학적 스승이다. 감정을 배제한 하드보일드 문체로 유명한 챈들러를 가리켜 하루키는 "1960년대 나의 영웅"이라고 표현했다. 하루키는 챈들러의 대표작 『기나긴 이별』을 너무도 좋아해 도합 12번을 읽었고, 그냥 읽는 걸로는 모자라서 자신이 직접 일본어로 번역해 출간하기도 했다.

어릴 때부터 챈들러의 작품을 즐겨 읽어서일까? 하루키 소설을 읽다보면 챈들러가 연상되는 묘사와 표현이 종종 눈에 띈다. 하루키 비평서 『웰컴 투 더 하루키 월드』라는 책을 쓴 쓰게 데루히코는 "하루키는 챈들러 작품의 비유와 농담을 그대로 사용하지는 않지만, 발상은 상당히 비슷하다"고 비평했다. 천편일률적이지 않은 비유법과 인물의 행동을 다소 과장스럽게 표현하는 방식 등 여러 면에서 닮았다는 것이다.

또다른 예를 들어보자. 하루키의 『양을 쫓는 모험』에는 갑자기 자취를 감춘 '쥐'가 술친구였던 주인공에게 보낸 편지가 나온다. 수표를 동봉한 이 편지는 "부디 내 몫의 맥주 마시는 일을 잊지 말게나"라는 말로 끝을 맺는다. 전후 문맥을 살펴봤을 때 '쥐'가 당부한 내용은 이렇다. 두 사람이 함께 다니던 단골 술집 제이스 바에 들러서 자기 몫까지 맥주를 마셔달라는 부탁이다.

그런데 이와 비슷한 표현이 챈들러의 『기나긴 이별』에도 나온다. 역시 술친구인 테리 레녹스가 주인공 필립 말로에게 보낸 편지의 한 대목이다.

"빅터의 바에 가서 나를 위해 김렛을 마셔주게."

—『기나긴 이별』

설명을 보태자면, 빅터의 바는 필립 말로와 테리 레녹스가 자주 가던 단골 술집이다. 또 김렛은 두 사람이 즐겨 마시던 진 베이스 칵테일이다. 『양을 쫓는 모험』에서 제이스 바의 맥주가 '나'와 '쥐'를 이어주는 매개체였다면, 『기나긴 이별』에서는 빅터의 바의 김렛 칵테일이 그런 역할을 한 것이다.

김렛은 『기나긴 이별』에서 매우 중요한 소재다. 작품 전체에 김렛이라는 단어만 총 20차례 등장한다. 테리 레녹스는 이 칵테일을 너무나 좋아해, 습관처럼 오후 5시만 되면 주인공을 데리고 나가 김렛을 함께 마신다. 소설 후반부에서 그는 성형수술로 얼굴 모습을 완전히 바꾼 상태로 주인공 앞에 나타나 다음과 같은 명대사를 남긴다.

"김렛을 마시기엔 아직 일러." (I suppose it's a bit too early for a gimlet.)

이렇게 김렛을 사랑하다보니, 테리는 이 칵테일에 대해서만큼은 확고한 주관도 갖고 있다.

"라임이나 레몬주스와 진을 섞고 설탕이나 비터를 탄 걸 김렛이라고 부르던데요. 진짜 김렛은 진 절반에 로즈 사의 라임주스 절반을 섞고 다른 건 아무것도 넣지 말아야 해요. 마티니 같은 것보다 훨씬 낫죠." (A real gimlet is half gin and half Rose's Lime Juice and nothing else. It beats martinis hollow.)

김렛은 기본적으로 진에 라임주스를 섞은 칵테일이다. 그런데 테리 레녹스는 왜 하필 로즈 사의 라임주스를 써야만 '진짜 김렛'이라고 주장하는 걸까?

괴혈병 예방약

여기서 김렛이라는 칵테일이 어떻게 탄생했는지부터 살펴보자. 앞서의 진에 관한 책에 따르면, 18세기 영국 해군에 가장 두려운 존재는 괴혈병이었다. 단적인 예로, 조지 앤슨 제독이 이끈 탐험대는 1740년부터 4년 동안 항해를 하면서, 수병 2천 명 가운데 1300명을 괴혈병으로 잃었다. 병이 창궐한 건 수병들의 식단 때문이었다. 소금에 절인 고기처럼 상하지 않는 음식만 싣고 떠난 탓에 과일과 야채를 전혀 먹을 수 없어 비타민C 결핍으로 괴혈병이 집단 발병한 것이다.

이 사건 이후, 영국 해군 병원 원장 제임스 린드는 비타민

김렛은 기본적으로 진에 라임주스를 섞은 칵테일이다.

C가 풍부한 라임주스를 마시면 괴혈병에 걸리지 않는다는 연구 결과를 발표했다. 하지만 긴 항해 기간에 선원들에게 지속적으로 라임주스를 공급하는 건 쉬운 일이 아니었다. 신선한 라임을 잔뜩 싣고 떠난다 해도 얼마 지나지 않아 상해버렸기 때문이다. 보존 기간을 길게 하려고 라임 즙을 졸여 농축액을 만들기도 하고, 럼Rum에 타서 과실주로 만들어보기도 했지만 썩 만족스럽지 못했다. 그러던 차에 1867년 로즈라는 스코틀

랜드 상인이 거의 완벽한 해결책을 내놨다. 로즈는 라임 즙에 이산화황을 넣어 장기 보존이 가능한 주스를 개발했다. 로즈는 자신의 이름을 내건 회사를 차려 대량 생산을 시작했다. 영국 해군에서는 괴혈병 발병을 막기 위해 배급하는 진Gin에 로즈 사의 라임주스를 타서 먹으라고 수병들에게 지시했고, 이것이 지금의 김렛 칵테일로 발전한 것이다.

왜 김렛Gimlet이라는 이름이 붙었는지를 두고서는 갑론을박이 계속된다. 유력한 주장은 라임주스에 진을 섞어서 마시라고 지시한 영국 해군 의무 장군의 이름이 토머스 김렛Thomas Gimlette이어서 그렇다는 것이다. 하지만 일각에서는 라임주스병을 딸 때 쓰던 뾰족한 금속 도구를 김렛Gimlet이라고 부르던 데에서 유래했다는 주장을 펼치고 있다.

챈들러를 우상으로 여긴 하루키 역시 김렛을 종종 소설에 등장시켰다. 가장 대표적인 작품이 데뷔작인 『바람의 노래를 들어라』다. 주인공이 '쥐'를 기다리는 동안, "그레이프 프루트와 같은 가슴을 달고 화려한 원피스를 입은 서른 살 정도의 여자"가 제이스 바에 들어와 이 칵테일을 마신다. 이혼한 지 한 달 된 이 여성은 주인공에게 맥주까지 사주며 '작업'을 시도하지만, 주인공은 여자가 공중전화를 걸러 간 사이에 밖으로 나와버린다.

진으로 만든 일반적인 김렛은 하루키의 대표작 『상실의 시대』에도 등장한다. 또 『댄스 댄스 댄스』와 『국경의 남쪽, 태양의 서쪽』에는 베이스를 보드카로 바꾼 '보드카 김렛'이 나온다.

일본인은 '김렛'을 사랑한다

꼭 하루키 작품이 아니더라도, 일본 소설에는 유난히 김렛 칵테일이 자주 나온다. 무라카미 하루키와 함께 일본 대중문학을 이끌며 'Two 무라카미'로 불리는 무라카미 류 역시 김렛 칵테일을 작품에 인상적으로 등장시켰다. 그의 단편 「My Funny Valentine」이 대표적이다. 이 소설에서 주인공은 유명 사진작가의 소개로 "일본에서 최고로 김렛 칵테일을 잘 만드는" 가게를 알게 된다. 김렛은 반드시 "식전에 한두 잔만 가볍게" 마셔야 한다고 생각하는 주인공은 저녁 약속을 밤 10시에 잡은 뒤, 일찌감치 바에 들러서 "최고로 맛있는" 김렛을 마신다.

나는 그동안 도쿄의 여러 곳에서 김렛을 마셔봤다. 그때마다 느끼는 건 '역시 일본 사람들은 김렛을 좋아한다'는 사실이다. 한번은 이런 일도 있었다. 바에 들어가 주변을 둘러보니, 손님 가운데 대략 절반이 김렛을 마시고 있었다. 여기저기서 "기무렛", "기무렛" 하고 있었다. 이런 정도이니, 김렛은 이제 영국이나 미국 칵테일이 아니라 일본을 대표하는 칵테일이라고 해도 될 것 같다. 아닌 게 아니라, 최근 서양 바텐더들은 아이돌 그룹의 '칼 군무'처럼 절도 있는 동작으로 셰이커를 흔들어서 만드는 '기무렛'을 "Japanese Gimlet"이라고 부르기도 한다.

톰 콜린스
TOM COLLINS

등장하는 작품: 『상실의 시대』, 『1Q84』

만드는 법　　　　　　　　　　　　　　　　　　　IBA 레시피

재료/용량　드라이 진 45ml, 레몬주스(생레몬 즙) 30ml, 설탕 시럽 15ml, 탄산수(소다수) 60ml

장식　레몬 슬라이스, 체리 1개

제조　1) 진과 레몬주스, 설탕 시럽을 얼음과 함께 셰이커에 넣고 흔든다.

2) 스트레이너로 걸러서 얼음을 넣은 하이볼 잔에 따른다.

3) 탄산수를 가득 채운다.

4) 장식을 올린다.

(IBA에서는 드라이 진 대신에 올드 톰 진을 쓰면 'John Collins'라는 별도 칵테일로 분류한다.)

미도리와 아오마메의 톰 콜린스

『상실의 시대』에서 와타나베와 미도리는 재즈 바 'DUG'에서 두 번 만난다. 첫번째 음주 데이트 때는 두 사람이 똑같이 보드카 토닉을 5잔씩 마시지만, 두번째에는 서로 다른 칵테일을 시킨다. 미도리는 진으로 만드는 톰 콜린스, 와타나베는 위스키 소다를 주문한다.

『상실의 시대』에서 미도리가
마신 톰 콜린스 칵테일.

DUG에 도착해 보니, 미도리는 이미 카운터 맨 끝자리에 앉아 술을 마시고 있었다. 그녀는 남성용의 구겨진 흰 스탠드 칼라 코트 아래 얇은 노란색 스웨터를 입고, 블루진을 입고 있었다. 그리고 손목에는 팔찌 두 개를 끼고 있었다.
"뭘 마시고 있어?"
"톰 콜린스" 하고 미도리가 말했다.
나는 위스키 소다를 주문하고 나서야, 그녀의 발밑에 큰 가방이 놓여 있는 것을 깨달았다.

—『상실의 시대』

톰 콜린스를 마시면서 미도리는 감정에 솔직해진다. 아버지 장례식을 치르며 겪은 일, 남자친구와 여행을 갔다가 대판 싸운 일, 혼자 아오모리에 다녀온 얘기까지 털어놓더니, 갑자기 와타나베에게 "좋아한다"며 깜짝 고백을 해버린다.

『1Q84』에서도 톰 콜린스는 등장인물끼리 가까워지는 계기가 된다. 1권 11장에서 아오마메는 하룻밤 사랑을 나눌 상대를 찾으려고 롯폰기에 있는 바를 찾는다. 헤밍웨이를 테마로 내세운 이 바는 청춘남녀의 '즉석 만남'으로 유명한 곳이다. 아니나 다를까, 아오마메가 카운터에 앉아 톰 콜린스를 한 모금 마시자 누군가 다가와 말을 건넨다.

"이봐요, 뭘 마시고 있어요? 아오마메의 귓가에 누군가 말했다.

—『1Q84』

전형적인 '작업 멘트'를 날린 이 사람은 놀랍게도 "몹시 애교 있는 얼굴"을 지닌 젊은 여성이었다. 여자가 말을 걸어올 거라고는 예상하지 못한 아오마메는 당황한 나머지 시큰둥하게 답을 한다.

"톰 콜린스." 아오마메는 말했다.
"맛있어?"
"별로, 하지만 그리 독하지 않아서 홀짝홀짝 마실 만해."
"왜 톰 콜린스라고 하는 걸까?"
"글쎄, 모르겠네." 아오마메는 말했다. "처음 만든 사람의 이름이 아닐까? 별로 기발한 발명 같진 않지만."

―『1Q84』

아오마메에게 말을 건넨 여성은 스물여섯 살인 경찰, 나카노 아유미였다. 아유미는 아오마메 옆자리에 앉더니 똑같이 톰 콜린스를 주문해 마시고 감탄사를 터트린다.

"이거 꽤 맛있는데?" 그녀는 말했다. "베이스는 진이겠지?"
"진하고 레몬주스하고 소다."
"정말, 기발한 발명이라고는 할 수 없지만 맛은 나쁘지 않아."
"다행이네."

―『1Q84』

톰 콜린스를 마시며 친해진 두 여성은 한 팀이 되어, 중년 남성 두 명을 유혹해 짜릿한 밤을 보내는 데 성공한다.
『1Q84』의 대사만 읽어봐도 톰 콜린스가 어떤 칵테일인지 대충 알 수 있다. "독하지 않아서 홀짝홀짝 마실 만하다"는 감상평과 더불어, 베이스가 진이고 레몬주스와 소다가 들어간다는 재료 설명까지 친절하게 해줬기 때문이다. 더구나 톰 콜린스가 "처음 만든 사람의 이름이 아닐까"라는 아오마메의 짐작도 '거의' 정확하다.

짐 콜린스와 톰 콜린스

칵테일 전문서(*Those Fantastic Classic Cocktails*)와 위키백과 등을 종합해보면, 톰 콜린스는 처음 만든 사람의 이름에서 따온 게 맞다. 영국 런던의 리머스 올드 하우스Limmer's Old House에서 수석 바텐더로 일한 짐 콜린스●가 원조라는 게 정설이다. 1860년대 짐(존) 콜린스는 진에 설탕과 레몬주스, 소다수를 섞은 새로운 칵테일을 개발한 뒤 자신의 이름을 따서 '짐(존) 콜린스'라고 명명했고, 이후 이 칵테일이 미국으로 건너가면서 레시피도 바뀌고 이름도 '톰 콜린스'로 변했다는 게 칵테일 연구자들이 내린 결론이다. '짐(존)'이 왜 '톰'이 됐는지는 분명하지 않지만, 당시 이 칵테일을 만들 때 네덜란드 진(제네버)이 아닌, 설탕이 들어간 영국산 올드 '톰' 진을 썼기 때문이라는 설이 있다.

톰 콜린스의 최초 레시피는 '미국 칵테일의 대부'로 통하는 제리 토머스Jerry Thomas가 1876년에 펴낸 책(*Jerry Thomas' Bar-Tender's Guide*)에 기록돼 있다. 당시 레시피는 다음과 같다.

~~~~~~

톰 콜린스 오리지널 레시피

재료/용량 설탕(gum) 시럽 5~6대시, 레몬주스(작은 레몬 1개), 진(큰 와인 잔으로 하나), 얼음 2~3개

● 이 사람은 이름이 '존 콜린스'라는 주장도 있다.

(1800년대 와인 잔의 평균 용량은 152ml로, 지금의 1/3에 불과했다.)

제조 잘 흔들어 큰 잔에 걸러서 넣은 뒤 소다수로 채운다.

(설탕과 물을 1:1로 섞은 플레인 시럽을 오래 두면 바닥에 덩어리가 생기는데, 이걸 막기 위해 아라비아의 검 분말을 넣은 시럽을 검 시럽이라 하며, 주로 칵테일용으로 쓴다.)

DUG의 톰 콜린스

내가 『상실의 시대』에 등장하는 재즈 바 'DUG'에 가서 취재해보니, 이곳 역시 톰 콜린스를 만들 때는 런던 드라이 진 대신에 단맛이 강한 '올드 톰 진'을 쓰고 있었다. 그래서인지 이곳의 톰 콜린스는 한국의 칵테일 바에서 마시던 것과는 맛이 아주 달랐다. 좀더 달고 어쩌면 더 촌스러운 맛이랄까. 아무튼 런던 드라이 진으로 만든 것만 마셔본 술꾼이라면 올드 톰 진을 넣은 옛날 스타일의 톰 콜린스도 꼭 한번 맛보시길.

마티니
MARTINI

등장하는 작품: 소설 『댄스 댄스 댄스』, 『1Q84』, 에세이 「하늘 위의 블러디 메리」(드라이 마티니), 「맛있는 칵테일을 만드는 법」(보드카 마티니)

만드는 법 IBA 레시피

재료/용량 드라이 진 60ml, 드라이 버무스 10ml

장식	올리브
제조	1) 칵테일 제조용 믹싱 글라스에 얼음을 충분히 넣는다.
	2) 진과 버무스를 믹싱 글라스에 넣고 바 스푼으로 젓는다.
	3) 스트레이너로 걸러서 차갑게 식힌 칵테일 잔에 담는다.
	4) 올리브를 칵테일에 넣어 마무리한다.

칵테일의 왕, 마티니

칵테일은 '마티니로 시작해 마티니로 끝난다'는 말이 있다. 최신 유행 칵테일에 밀려 요즘은 퇴물 취급을 받는 것 같지만, 그래도 마티니는 마티니다. 아마존 사이트에 들어가 검색해보라. 오로지 마티니만을 다룬 두툼한 책이 100종도 넘는다. 그중엔 이런 제목도 있다.

The Martini Book: The First, the Last, the Only True Cocktail (『마티니 북: 처음이자 마지막, 유일한 진짜 칵테일』)

'칵테일의 왕' 마티니의 레시피는 단순해 보인다. 드라이 마티니의 경우 진과 버무스 딱 두 가지를 섞으면 끝이다. 하지만 앞에서도 언급했듯이, 레시피가 단순하다고 만들기 쉬운 건 아니다. 레시피만 보고 대충 막 섞었다간 균형이 무너지기 십상이다. 주변에 경력 10년이 넘는 베테랑 바텐더가 있다면 한

칵테일의 왕, 마티니.

번 물어보시라. 손님이 어떤 칵테일을 주문할 때 제일 긴장되는지. 백이면 백, 마티니라고 답할 것이다.

세상에서 가장 유명한 칵테일이지만, 기원과 유래는 분명치 않다. 진 관련 책을 저술한 리처드 바넷Richard Barnett은 마티니의 탄생을 둘러싼 일화를 낱낱이 조사했는데, 그가 가장 설득력 있는 것으로 제시한 건 다음 두 가지다.

우선 가장 널리 퍼져 있는 설은 '칵테일의 아버지'로 추앙받는 전설적인 바텐더 제리 토머스가 만들었다는 주장이다. 이 야기는 이렇다. 1862년 제리 토머스가 일하던 샌프란시스코 옥시덴탈 호텔에 여행객이 들렀다. 이 남자는 샌프란시스코에서 북쪽으로 26마일 떨어진 마르티네스 마을로 가던 길이었다. 그곳으로 가는 손님에게 뭘 내줄까 고민하던 제리 토머스는 진과 버무스, 비터스를 섞어 칵테일을 만들었다. 여행을 무사히 마치기를 바라는 마음을 담아 칵테일 이름도 마르티네스로 정했다. 그뒤로 세월이 흘러 제리 토머스가 만든 마르티네스가 변해 지금의 '마티니'가 됐다는 설명이다.

두번째 설은 1849년으로 거슬러올라간다. 당시 마르티네스 마을에 훌리오 리첼리에우Julio Richelieu라는 바텐더가 있었다. 어느 날 한 손님이 그가 일하는 바에 들어와 금광에서 막 캔 금덩이를 내밀었다. 그러면서 '이 금덩이가 아깝지 않을 만큼 맛있는 칵테일'을 달라고 주문했는데, 이때 훌리오가 즉석에서 만든 게 바로 마르티네스 칵테일이었다는 주장이다.

이 밖에도 설이 하도 분분해서 대체 뭐가 맞는지 알 수가 없다. 이탈리아 주류회사 마르티니&로시Martini & Rossi가 자사 제품 홍보를 위해 마티니 레시피를 만들어 퍼뜨렸다는 설, 그리고 뉴욕 니커보커 호텔에서 일하던 마티니라는 이름의 바텐더가 대부호 록펠러를 위해 만들었다는 설도 있다.

마티니의 원형인 마르티네스와 초창기 마티니는 드라이한 칵테일이 아니었다. 바이런O. H. Byron이 기록한『현대 바텐더 가이드Modern Bartender's Guide』(1884)에 나오는 마르티네스 레시피를 보면 설탕 시럽이 들어가 있다. 또 해리 존슨이 쓴『(증보신판) 바텐더 메뉴얼New & Improved Bartender's Manual』(1888)에 등장하는 최초의 마티니 레시피에도 달달한 올드 톰 진과 함께 설탕 시럽을 넣으라고 돼 있다.

최초의 마티니 레시피(1888)

설탕 시럽 2~3대시, 비터 2~3대시, 퀴라소 1대시, 올드 톰 진 와인 잔으로 절반, 버무스 와인 잔으로 절반

드라이하게, 더 드라이하게

세월이 흐르면서 마티니는 점점 '드라이'하게 변했다. 설탕 시럽이나 스위트 버무스처럼 단맛이 나는 건 레시피에서 빠지고, 베이스인 진도 런던 드라이 진만 쓰게 됐다. 이런 경향이 이어지면서, 한때는 마티니를 조금이라도 달게 마시면 '하수下手'로 여겨졌다. 마티니를 얼마나 드라이하게 마시느냐가 술꾼의 서열을 정하는 기준처럼 인식되면서, 기발하고 희한한 '초 드라이extra dry' 레시피가 쏟아져나왔다.

예를 들어, 헤밍웨이는 진과 버무스의 비율이 15:1에 달하는 몽고메리 마티니를 즐겼다. 아군과 적군의 비율이 15:1이 되지 않으면, 즉 아군 병력이 적군의 15배에 달하지 않으면

전투에 나서지 않았다는 몽고메리 장군의 일화에서 이 이름이 유래했다. 또 미국 제36대 대통령 린든 존슨은 칵테일 잔에 버무스를 따랐다가 버린 뒤, 그 잔에 진을 채워서 마셨다고 한다.

가장 기상천외한 아이디어는 미국 소설가 도로시 파커와 영국 수상 윈스턴 처칠의 머리에서 나왔다. 먼저 도로시 파커는 잔에 진만 가득 따른 다음, 마시기 전에 "버무스"라고 말하고는 마티니라고 생각하고 마셨다고 한다. 윈스턴 처칠 역시 버무스 한 방울 안 들어간 진을 마시면서, 버무스 병을 흘깃 쳐다만 봤다고 한다.

남성적인 칵테일

하루키의 소설에서 마티니는 '남성적인' 칵테일로 묘사된다. 여성이 이 칵테일을 마시는 장면은 나오지 않는다. 『1Q84』에서는 아오마메가 아유미와 함께 바에 갔을 때 등장한다. 키가 크고 젊어 보이는 중년 남자가 혼자 마티니를 마시는 모습을 보고, 아유미는 "아오마메 씨 취향 아니야?"라고 넌지시 귀띔한다. 하지만 아오마메는 "내 취향일 수도 있겠지만 오늘은 남자 없는 날"이라며 '작업'에 나서지 않는다.

『댄스 댄스 댄스』에서는 남자 주인공이 호텔 바에서 이 칵테일을 마신다. 주인공인 '나'는 호텔 16층에 있는 '특별한 공간'을 찾아가기에 앞서, 시간을 때우려고 바에 들른다. 전망 좋은 26층 호텔 바에서 그는 "눈이 내리는 창밖의 막막한 어둠을 보면서" 한껏 폼을 잡고 마티니를 마신다.

그런가 하면 하와이 호놀룰루에서 유골 6구를 목격하고 깊은 무력감에 빠졌을 때도 주인공은 또다시 마티니를 들이켠다.

"하지만 아저씨의 기분을 잘 알 수 있어요."
"난 잘 알 수 없어."
"무력감" 하고 그녀는 말했다. "뭔가 거대한 것에 의해 휘둘려지고 있기 때문에, 자신이 무슨 일을 하든 어쩔 도리가 없는 경우와 같은 기분."
"그럴지도 몰라."
"그러한 때에는 어른은 술을 마셔요."
"옳은 말이야" 하고 나는 말했다.

—『댄스 댄스 댄스』

힘겨운 상황을 견디려면 역시 독한 술이 제격이다. 주인공은 마티니를 석 잔이나 마시고, 다시 일본으로 돌아가기로 마음을 굳힌다.

하루키식 마티니는?

도쿄의 바에서 마티니를 마시면서 엉뚱한 상상을 했다. 만

마릴린 먼로의 '설탕 마티니'

마릴린 먼로가 주연한 영화 〈7년 만의 외출〉(1955)에는 특이한 마티니가 나온다. 먼저 영화 줄거리부터 살펴보자. 고지식한 38세 유부남 리처드 셔먼(톰 이웰 분)은 아내와 아들이 여름휴가를 떠나자 마음이 들뜬다. 아내가 없는 틈을 타, 2층에 세 들어 사는 아가씨(마릴린 먼로 분)를 유혹해 사랑을 나누는 꿈에 부풀어 있다. 마침내 마릴린 먼로를 집으로 불러들인 유부남. 술 한잔으로 분위기를 띄워보려 하는 남자에게 마릴린은 "평소 진을 어떻게 마시는지" 천진스럽게 묻는다. 유부남이 "진과 버무스를 섞어 마티니"로 마신다고 말하자, 마릴린은 자신도 마티니를 마시겠다면서 "기왕이면 큰 잔에 많이 달라"고 한다. 그러자 남자는 마티니를 칵테일 잔이 아닌, 진토닉 같은 롱 드링크를 마실 때 쓰는 하이볼 잔에 담아준다.

마티니의 파격적 변신은 다음 장면에서도 이어진다. 마릴린이 하이볼 잔에 담긴 마티니를 한 모금 맛보더니, "설탕을 더 넣어야 한다"고 지적한 것이다. 당황한 유부남은 "마티니엔 절대 설탕을 넣지 않는 법"이라고 항변하지만, 마릴린도 "우습네요. 내 고향 덴버에선 마티니에 설탕을 많이 타 먹는데 말이죠"라며 결코 물러서지 않는다. 마티니를 하이볼 잔에 담는 것도 모자라, 설탕까지 넣는다는 발상은 관객들의 폭소를 자아내기에 충분하다.

약 하루키를 직접 만나서 인터뷰할 기회가 생긴다면 어떨까 하는. 물론 그럴 일은 없겠지만, 만에 하나 정말 그런 기적이 벌어진다면 내가 꼭 묻고 싶은 게 하나 있다. 그건 바로 "당신은 마티니를 좋아하십니까? 혹시 그렇다면 어느 정도 드라이한 마티니를 드십니까?"이다. 아무리 자료를 뒤져봐도 하루키가 즐기는 마티니에 대한 얘기를 찾을 수 없어서다. 혹시 하루키의 마티니 스타일을 아는 사람이 있다면 꼭 나에게 연락해주시길.

진토닉
GIN TONIC

등장하는 작품: 소설 『댄스 댄스 댄스』, 『1Q84』, 「풀 사이드」, 에세이 「ON BEING FAMOUS—유명하다는 것에 대하여」

만드는 법   IBA 레시피

재료/용량   드라이 진 60ml, 토닉 워터 120ml(취향에 따라 용량 조절)

장식   레몬 슬라이스

제조   1) 하이볼 잔에 얼음을 충분히 넣는다.

            2) 진을 먼저 넣은 뒤 토닉 워터로 채운다.

            3) 레몬을 얇게 잘라서 넣는다.

진토닉은 어떻게 탄생했는가?

증류주에 탄산수를 섞는 하이볼 칵테일 가운데 가장 유명한 건 진토닉이다. 말 그대로 증류주인 진에 탄산음료인 토닉 워터를 섞은 칵테일이다. 진이 어떤 술인지는 이미 알고 있을 테지만, 토닉 워터를 제대로 아는 사람은 의외로 드물다.

쌉쌀한 맛이 특징인 토닉 워터는 영국이 인도를 식민지로 지배하는 과정에서 탄생했다. 구체적으로 설명하면, 토닉 워터가 개발된 건 영국이 인도를 직접 통치하기 시작한 1858년이다. 그전까지는 동인도회사를 내세워 인도 대륙을 지배하다가, 이때부터 영국 황실에서 총독을 파견해 직접 다스렸다. 본격적으로 식민 지배를 하려다보니 당연히 군인을 많이 보내야 했는데, 가장 큰 걱정은 열대 모기에 물려 전염되는 말라리아였다.

말라리아 특효약은 친초나 나무껍질에서 추출한 키니네 성분이다. 하지만 너무 써서 그냥 먹기가 힘들었다. 결국 인도에 거주하던 영국인들은 키니네에 소다수를 타고 설탕까지 넣어 마시기 편하게 만들었다. 이것이 바로 토닉 워터다. 새로운 탄산음료가 개발된 뒤 인도에 주둔한 영국 군인은 배급품으로 받는 진에 의료용 토닉 워터를 타서 마시기 시작했다. 지구상에서 가장 대중적인 하이볼인 진토닉의 역사는 이렇게 시작됐다.

하루키 역시 진토닉을 즐겨 마셨다. 1989년에 펴낸 에세이집 『쿨하고 와일드한 백일몽』에 실린 「ON BEING FAMOUS—

하이볼 칵테일 중 가장 유명한 진토닉.

유명하다는 것에 대하여」라는 글을 보면, 하루키가 밤 10시쯤 부인과 함께 동네 바에 가서 진토닉을 마셨다는 대목이 눈에 띈다. 또 이 글이 발표되기 1년 전에 나온 『댄스 댄스 댄스』에는 진토닉을 마시는 장면이 세 번이나 등장한다. 주인공은 삿포로에서 도쿄로 돌아오는 국내선 비행기에서 진토닉을 주문하더니, 하와이에서 일본으로 귀국할 때도 공항 퍼스트 클래스 대합실에서 이 칵테일을 마신다.

럼
칵테일

◎

바다의 술, 럼

럼이 탄생한 건 17세기 초다. 정확히 몇 년도인지는 모른다. 어디가 원조인지도 아리송하다. 따져봐야 머리만 아프다. 주요 생산지마다 다 자기네가 원조란다. 언제 누가 만들었는지를 놓고 주장과 설이 난무한다. 한 가지는 확실하다. 럼의 고향은 카리브해라는 것이다. 남미 대륙 북쪽 해안과 중남미 동해안에 접한 이 바다의 7천 개 섬 어딘가에서 처음 만들어졌다. 애초에 바다를 끼고 태어났으니, 이 술은 당연히 바다의 술이다. 거친 바닷바람을 맞으며 항해하는 뱃사람의 술이다.

1492년 콜럼버스가 대서양을 횡단하며 대항해시대가 본격적으로 열렸다. 그뒤로 술은 뱃사람의 필수품이 됐다. 다른 건 몰라도, 술 없이 망망대해를 건너는 건 불가능했다. 물은 잔뜩 싣고 가도 소용이 없었다. 몇 주만 지나면 부패했기 때문이다. 냉장 시설은 꿈도 못 꾸던 시절이다. 물을 담은 나무통은 푹푹 찌는 더위 속에서는 잡균이 번식하기 좋은 것이었다. 물이 썩고 나면, 중간 경유지 혹은 목적지에 정박할 때까지 마실 게 술밖에 없었다. 유럽에서 신대륙(아메리카)까지 가는 데 두 달, 아프리카를 돌아 아시아까지 가려면 꼬박 여섯 달이 걸렸다.

이 길고 긴 시간을 선원들은 술로 버텼다. 뱃사람에게 술은 물보다 소중했다.

대항해시대 초기엔 와인이 생명수였다. 로드 필립스가 쓴 『알코올의 역사』에 따르면, 1500년 인도로 떠난 포르투갈인들은 배에 와인 25만 리터를 실었다고 한다. 선원 한 사람당 하루 1.2리터씩 마실 수 있는 양이었다. 하지만 몇 달씩 걸리는 항해에서 와인은 썩 만족스럽지 못했다. 알코올 도수가 낮아 금방 식초가 됐기 때문이다. 장기 보존이 가능하려면 알코올 도수를 높여야 했다. 일반 와인에 브랜디를 첨가한 포트와 셰리 같은 '주정 강화 와인'이 인기를 끌게 됐고, 나중엔 아예 도수 높은 브랜디를 싣고 떠났다.

이런 상황에서 럼이 등장했다. 럼은 사탕수수로 설탕을 만들 때 나오는 부산물(당밀)로 제조하기 때문에 원가가 높지 않았다. 값도 싸고 도수도 높은 새로운 술이 탄생하자, 유럽인들은 환호성을 질렀다. 특히 브랜디와 와인을 프랑스에서 비싸게 수입하던 영국인들에겐 럼이 구세주나 마찬가지였다. 1655년 카리브해 자메이카를 점령하면서 사탕수수의 대량 재배가 가능해지자, 영국은 해군 병사들에게 배급하는 술을 럼으로 바꿨다. 점심식사 전에 럼 0.5파인트(284ml)를 일일 보급품으로 나눠줬는데, 이걸 '토트tot'라고 불렀다. 수병들에게 토트를 주는 관행은 무려 300년 넘게 이어졌다.* 럼과 바다 사나이들의 인연은 이토록 질기고 끈끈하다.

영국 해군이 지급한 토트(럼) 때문에 생긴 단어가 있다. 권투 중계를 볼 때 흔히 듣는 '그로기groggy'다. 이 말의 어원은 1700년대로 거슬러올라간다. 당시 에드워드 버넌이라는 영국 해군 제독이 있었는데, 그는 수병들이 취해서 비틀거리지 않게 하려고 럼에 물을 타 마시라고 지시했다. 그러니까 럼과 물을 1:4로 섞고 괴혈병 예방을 위해 라임이나 레몬도 짜서 넣으라고 한 것이다. 이렇게 물과 과즙을 타서 밍밍해진 럼을 수병들은 그로그grog라고 불렀다. 버넌이 입고 다니던 코트가 그로그램(grogram, 양모와 실크 혼방) 재질이었기 때문이다. 술(럼)에 취한 듯 비틀비틀하는 모습을 의미하는 '그로기'라는 말은 여기서 파생됐다.

마지막으로 럼을 어떻게 만드는지 알아보자. 먼저 일반적인 럼 제조법은 다음과 같다. 사탕수수 줄기를 짜고 으깨서 즙을 뽑아낸다. 그런 다음 사탕수수 즙을 졸이다보면(끓이다보면) 설탕 결정체인 원당이 생기고, 짙은 갈색의 즙액이 남게 된다. 엿을 녹인 것처럼 걸쭉한 이 즙액을 당밀(molasses)이라고 하는데, 이 당밀을 희석해서 발효와 증류를 한 것이 럼이다. 한마디로 정리하면 (일반적인) 럼은 사탕수수에서 나온 당밀로 만드는 것이다.

- 정확히 1970년 7월 31일까지 럼 배급(tot)이 이뤄졌다. 이런 이유로 영국인들은 7월 마지막 날을 '블랙 토트 데이'라고 부른다.

'일반적'이지 않은 럼도 있다. 설탕을 만들 때 나오는 부산물인 당밀로 만드는 게 아니라, 사탕수수 즙 자체를 바로 발효시켜서 증류해 만드는 방식이다. 이렇게 갓 짜낸 사탕수수 즙으로 만든 럼을 '럼 아그리콜'이라고 한다. 전세계 럼의 약 1%를 차지하며, 주요 생산지는 카리브해의 프랑스령 마르티니크 섬이다. 럼 아그리콜은 당밀로 만든 럼과는 맛도 다르다. 좋게 말하면 사탕수수 본연의 맛, 즉 '야생의 맛'이 살아 있고, 나쁘게 말하면 정제가 덜 된 거친 느낌이다.

하루키가 사랑한 럼 칵테일

다이키리
DAIQUIRI

등장하는 작품: 소설 『국경의 남쪽, 태양의 서쪽』, 『1Q84』, 『스푸트니크의 연인』(바나나 다이키리), 「패밀리 어페어」, 「코끼리의 소멸」(프로즌 다이키리)

만드는 법 IBA 레시피

재료/용량 화이트 럼 45ml, 라임주스(생라임 즙) 25ml, 설탕 시럽 15ml

장식 라임 슬라이스

제조 1) 셰이커에 얼음과 재료를 넣고 흔든다.
2) 스트레이너로 걸러서 차가운 칵테일 잔에 따른다.
3) 라임 슬라이스로 장식한다.

더블 프로즌 다이키리

만드는 법

재료/용량 바카디 화이트 라벨 3과 3/4온스(약 112.5ml), 라임 두 개를 짠 즙, 자몽 반 개를 짠 즙, 마라스키노 6방울

제조 1) 재료를 얼음과 함께 믹서기에 넣고 돌린다.
2) 큰 고블릿goblet 잔에 담아 내놓는다.

(출처는 헤밍웨이 전기 *Papa Hemingway*에 수록된 레시피다.)

탄광촌 이름이 칵테일로

다이키리는 쿠바 남동쪽에 있는 탄광촌이다. 별로 유명하지도 않은 작은 마을이 어쩌다가 칵테일 이름이 된 걸까? 이런저런 주장이 있지만, 다이키리 마을 광산에서 근무한 미국인 기술자 제닝스 콕스 때문이라는 설이 가장 잘 알려져 있다. 이야기는 1900년대 초로 거슬러올라간다. 어느 날 다이키리 광산에 파견 근무중이던 제닝스 콕스 집으로 미국에서 친구들이 놀러왔다. 그런데 파티를 하려고 보니 진이 바닥나 있었다(당시 미국인들에게는 진이 최고의 파티용 주류였다). 제닝스 콕스는 어쩔 수 없이 집에 굴러다니던 럼에 라임 즙과 설탕을 대충 섞어서 내놓았는데, 의외로 반응이 좋았다. 이때 친구들이 칵

헤밍웨이가 사랑한 다이키리 칵테일.

테일 이름을 묻자, 제닝스 콕스가 엉겁결에 마을 이름인 "다이키리"라고 답했다는 것이다.

이 이야기가 사실이라고 해도, 제닝스 콕스를 다이키리의 창시자라고 부르긴 힘들다. 럼과 설탕, 라임주스를 혼합한 칵테일은 훨씬 오래전부터 존재했기 때문이다. 거슬러올라가면 1740년 영국 해군들이 마신 '그로그(Grog, 물로 희석한 럼에 라임을 섞은 것)'가 다이키리의 원조일 가능성이 크다.

헤밍웨이가 사랑한 칵테일

이 칵테일을 언급할 때마다 빠지지 않는 인물이 있다. 『누구를 위하여 종은 울리나』, 『노인과 바다』와 같은 명작을 남긴 헤밍웨이다. 무라카미 하루키가 존경한 작가 헤밍웨이는 다이키리 홍보대사나 마찬가지였다. 어찌나 이 칵테일을 좋아했던지, 헤밍웨이 연구자인 크레이그 보레스Craig Boreth는 다이키리를 "가장 헤밍웨이를 닮은 단 하나의 술"이라고 단언했다.

헤밍웨이가 다이키리를 접하게 된 계기도 재밌다. 작가 웨인 커티스Wayne Curtis의 책(*And A Bottle of Rum*)에 따르면, 헤밍웨이가 처음 이 칵테일을 맛본 건 1932년의 일이다. 이 무렵 헤밍웨이는 논픽션 『오후의 죽음』을 탈고한 뒤, 차기 작품 구상을 위해 쿠바로 떠났다. 아바나 시내에 있는 암보스 문도스 호텔에 투숙한 헤밍웨이는 거리를 산책하다가 갑자기 소변이 마려워 눈에 보이는 술집에 무작정 들어갔다. 그런데 하필 그곳이 다이키리 칵테일로 유명한 엘 플로리디타El Floridita였다. 급한 볼일만 보고 나가려던 헤밍웨이는 그곳 사장인 콘스탄티노 베르트Constantino R. Vert가 만들고 있던 다이키리에 호기심이 생겨 한 잔을 주문해 마신 뒤 이렇게 평했다.

> "괜찮네요. 하지만 설탕은 빼고, 럼은 두 배로 넣는다면 더 좋을 거 같아요."

콘스탄티노는 헤밍웨이의 주문을 받아들여 '더블 프로즌 다이키리'라는 변형 칵테일을 개발했다. 기존 다이키리에서 설탕은 빼고, 럼과 과즙은 두 배로 늘린 '곱빼기 버전'으로, 얼음과 재료를 몽땅 믹서기에 넣고 갈아서 만들었다. 헤밍웨이는 자신의 애칭인 파파를 따서 '파파 더블Papa Double'로 불린 이 칵테일을 쿠바 체류 기간 내내 줄기차게 마셨다. 용량부터 거대한 더블 프로즌 다이키리를 한자리에서 무려 18잔까지 마셨다는 기록도 있다.

다만 여기서 주의할 게 있다. 이 글을 읽고 호기심이 생기더라도, 절대 헤밍웨이를 따라 하지 마시길. 다른 칵테일과 달리, 더블 프로즌 다이키리는 양이 어마어마하다. 더블 프로즌 다이키리 18잔이면 마신 럼만 2160ml(120ml×18)에 달한다. 양주 한 병이 보통 750ml이니까, 거의 세 병(750×3=2250ml)을 칵테일로 섞어서 마신 셈이다. 술 싸움에서 단 한 번도 져본 적 없다는 헤밍웨이라서 가능한 주량이다. 어쭙잖게 객기 부리다간 큰일 치를지도 모른다.

시마모토가 마신 다이키리

하루키는 헤밍웨이에게 큰 영향을 받았다. 하루키 스스로 "헤밍웨이는 내가 사랑하는 미국 작가 중 한 명"이라고 여러 번 말했다. 『해변의 카프카』와 『1Q84』에서도 헤밍웨이를 언급한 적이 있고, 2014년에는 헤밍웨이 단편집 『여자 없는 남자들』에서 영감을 받아 같은 제목의 책을 출간하기도 했다.

우연인지 아니면 의도한 건지는 알 수 없지만, 하루키의 작품에는 헤밍웨이가 사랑한 다이키리가 자주 등장한다. 다이키리가 나오는 작품이 단편까지 포함해 5편이나 된다.

다이키리가 가장 인상적인 소재로 쓰인 작품은 『국경의 남쪽, 태양의 서쪽』이다. 11월 첫째 주 월요일 밤, 주인공 하지메가 운영하는 칵테일 바(재즈 클럽)에 "시선을 확 끌 정도의" 미인이 찾아온다. 이 여자 손님은 카운터에 혼자 앉아서 음악을 들으며 조용히 다이키리를 즐긴다.

> 그녀는 아주 자연스러우면서도 여유롭게 주위 분위기에 녹아 있었다. 그녀는 카운터에 턱을 괴고 앉아 피아노 트리오의 연주에 귀 기울이며 마치 아름다운 문장을 음미하듯이 칵테일을 조금씩 홀짝이고 있었다. (…) 가게 문을 열 즈음에는 제법 손님이 많았는데, 9시가 지나 비가 세차게 퍼붓기 시작하자 손님들의 발길이 뚝 끊겼다. 10시에는 손님이 앉아 있는 테이블은 얼마 안 되었다. 하지만 그 여자는 여전히 그 자리에 앉아 홀로 조용히 다이키리를 마시고 있었다.
>
> ─『국경의 남쪽, 태양의 서쪽』

"아름다운 문장을 음미하듯" 다이키리를 마시는 이 여인은 대체 누굴까? 세 시간 가까이 꼼짝도 안 하고 다이키리를 마시던 여인은 천천히 주인공 옆자리로 다가와 말을 건넨다. 그제야 주인공은 이 여인이 자신이 어릴 때 사랑한 시마모토라는 사실을 깨닫게 된다.

이 소설에서도 그렇지만, 하루키 작품에서 다이키리는 '여자가 즐기는' 칵테일이다. 아마도 하루키에게는 '다이키리는 곧 여성 취향'이라는 인식이 박혀 있는 것 같다. 예를 들어 『1Q84』에서는 마티니를 마시는 중년 남성을 바라보며 여주인공 아오마메가 다이키리를 홀짝이는 장면이 나온다. 단편 「코끼리의 소멸」에서도 남자가 바에서 위스키 온더록스를 마실 때 여자는 다이키리를 마신다.

다이키리는 원래 레시피 그대로 만들어도 괜찮지만, 헤밍웨이가 즐긴 방식처럼 얼음과 재료를 몽땅 믹서기에 넣고 갈아서 프로즌 스타일로 만들면 더없이 시원하고 상쾌하다. 특히 바나나와 딸기 같은 각종 과일까지 넣으면 여름에 즐기기에 제격이다. 다이키리의 변형인 프로즌 다이키리도 단편 「코끼리의 소멸」에 등장한다. 또 바나나를 넣은 다이키리는 장편 『스푸트니크의 연인』의 여주인공 스미레가 즐기는 칵테일로 나온다.

모히토
MOJITO

등장하는 작품: 『색채가 없는 다자키 쓰쿠루와 그가 순례를 떠난 해』

만드는 법　　　　　　　　　　　　　　　　　　IBA 레시피

- **재료/용량**　화이트 럼 40ml, 라임주스 30ml(생라임을 반으로 잘라서 즙을 짜면 된다), 민트 잎 6장(IBA 표준 레시피일 뿐, 훨씬 더 많이 넣어도 좋다), 설탕 2스푼, 탄산수 약간
- **장식**　민트 잎
- **제조**
  1) 하이볼 잔(혹은 콜린스 잔)에 민트 잎과 설탕, 라임주스를 넣고 머들러로 가볍게 찧는다.
  2) 화이트 럼을 붓고 잘게 부순 얼음(crushed ice)을 넣는다.
  3) 탄산수로 가득 채운다.
  4) 민트 잎을 올려 장식한다.

바르셀로나에서 맛본 '쿠바 모히토'

2014년 4월, 하루키는 자신의 팬 사이트에 스페인에서 모히토를 마신 얘기를 올렸다. 이 글에 따르면, 하루키는 영화감독 이자벨 카스티요 Isabel C. Castillo의 바르셀로나 집으로 초대돼 저녁 대접을 받았던 것 같다. 식사가 끝나자 이자벨 감독은 하루키에게 "근처에 모히토를 잘하는 바가 있으니 가보자"라고 제안했는데, 그가 안내한 곳은 모히토의 고향인 쿠바에서 망

『색채가 없는 다자키 쓰쿠루와 그가 순례를 떠난 해』에 등장하는 모히토 칵테일.

명한 사람이 운영하는 술집이었다. 이곳에서 모히토를 맛본 하루키는 "분위기도 아주 좋았으며, 모히토 맛은 진짜 최고였다"고 회고했다.

모히토는 하루키 소설에서는 딱 한 번 나온다. 2013년에 발표한 장편 『색채가 없는 다자키 쓰쿠루와 그가 순례를 떠난 해』에는 주인공 쓰쿠루의 여자친구 사라가 모히토 한 잔을 마시는 장면이 나온다. 모히토가 2000년대 중반부터 세계적으로 인기를 끌게 됐다는 걸 감안하면, 비교적 최신 유행의 칵테일을 소설에 끌어들인 셈이다.

헤밍웨이와 모히토

"모히토 가서 몰디브나 한잔 하실래요"라는 대사 때문에 더 유명해진 모히토. 이 칵테일을 설명할 때도 늘 헤밍웨이가 등장한다. 책이나 신문, 잡지는 물론이고 전문 바텐더들조차 모히토를 "헤밍웨이가 사랑한 칵테일"이라고 설명한다. 그렇다면 이게 사실일까? 결론부터 말하자면, '절대로' 아니다. 헤밍웨이가 몰디브를 사랑했을 수는 있어도, 모히토는 아니다.

헛소문의 진원지는 쿠바 아바나에 있는 라 보데기타 델 메디오 La Bodeguita del Medio라는 술집이다. 이곳은 이른바 '모히토 성지'로 불린다. 전세계에서 몰려온 관광객이 길게 줄을 서서 모히토 한 잔을 맛보고 돌아간다. 모히토 파는 집이 이곳만 있는 게 아닌데, 왜 다들 이곳으로 몰려들까? 다름 아닌 술집 벽에 붙어 있는 종이 한 장 때문이다. 액자에 보관된 종이에는 이렇게 적혀 있다.

나의 모히토는 보데기타에 있고, 나의 다이키리는 플로리디타에 있다.
My Mojito in La Bodeguita, My Daiquiri in El Floridita.
―어니스트 헤밍웨이

헤밍웨이가 모히토를 마신 뒤 즉석에서 휘갈겨 썼다는 이 쪽지는 마법사의 주문과도 같다. 지금도 끊임없이 손님을 불러모으고 있으니 말이다. 흰 수염의 대문호를 떠올리며 전세계에서 찾아오는 손님들 덕분에 '보데기타'는 두바이와 파리에 이어 밀라노에도 라이선스 지점(가게 이름을 빌려주고 돈을 받는 방식)을 냈다.

카리브해의 섬에 있는 허름한 술집. 민트 향이 물씬 나는 맛있는 칵테일. 거기에 대문호의 친필 사인까지. 정말 모든 게 완벽하다. 그런데 1990년대부터 헤밍웨이 연구자들이 잇따라 의혹을 제기하고 나섰다. 의혹의 근거는 첫째로 헤밍웨이의 기록물 중에서 '모히토' 혹은 '보데기타'에 대한 언급을 전혀 찾을 수 없다는 것이다. 헤밍웨이는 자기가 마신 술을 글에 빼놓지 않고 적어놓는 작가다. 꼭 소설만이 아니라 편지와 메모, 심지어 낙서에도 술 얘기가 가득하다. 그래서 이런 글만 읽어보면 헤밍웨이가 어떤 시기에 어떤 술을 즐겼는지, 심지어 그때 어떤 안주를 먹었는지까지 파악할 수 있다. 그런데 모히토는 희한하다. 눈 비비고 찾아봐도 기록이 하나도 없다. 혹시 있는데 못 찾은 건 아니냐고? 그렇진 않다. 미국을 대표하는 노벨문학상 수상 작가를 연구한 학자가 한둘인가? 그들이 지난 수십 년간 뒤지고 또 뒤졌는데도 못 찾았다면, 정말 없는 것이다.

둘째 의문은 주변 사람들의 증언이다. 헤밍웨이는 '혼술족'이 아니었다. 주변에 술친구가 참 많았다. 그런데 그중 어느 누구도 헤밍웨이가 '보데기타'에서 술 마시는 걸 본 적이 없다. 쿠바 체류 시절 단짝 술친구였던 호세 페드로는 전기 작가인 데이비드 너퍼에게 다음과 같이 말했다.

"(헤밍웨이 단골 술집) '엘 플로리디타 바'에는 함께 여러 번 갔어요. 암보스 문도스 호텔에서도 같이 굴을 먹기도 했고요. (…) 하지만

라 보데기타라는 곳은 처음 들어봐요."

—Philip Greene, *To Have and Have Another*

그렇다면 헤밍웨이의 친필 사인이 있는 저 쪽지의 정체는 뭘까? 헤밍웨이가 사랑한 칵테일을 연구한 필립 그린의 견해부터 소개한다. 그의 책에는 이른바 '헤밍웨이 모히토 미스터리'를 풀 수 있는 결정적인 단서가 등장한다. '보데기타' 술집 벽에 걸린 쪽지에 의문을 품고 있던 필립 그린은 헤밍웨이의 필체에 관한 최고 권위자인 브루스터 체임벌린에게 의견을 물었다. 그리고 2011년 8월, 이런 내용의 감정 결과를 전달받았다.

"헤밍웨이가 친필로 썼다는 쪽지를 면밀히 감정했습니다. 그리고 나는 이걸 헤밍웨이가 쓰지 않았다고 확신합니다. 그 글씨체는 헤밍웨이의 것이 아닙니다.—브루스터 체임벌린."

—Philip Greene, *To Have and Have Another*

헤밍웨이가 안 썼다면 누가 썼는지 뻔하다. *Hemingway Cookbook*을 저술한 헤밍웨이 연구자 크레이그 보레스는 "헤밍웨이는 보데기타에 가본 적도 없으며, 1959년 쿠바 혁명 이후에 그 가게 주인이 매출을 올리려고 쪽지를 꾸며낸 것"이라고 결론내렸다.

모히토 마시려고 일부러 '보데기타'에 찾아갔다는 분들이 내 주변에도 많다. 크게 실망하셨을 분들에게 위로 삼아 드리고 싶은 말이 있다. 헤밍웨이는 아니어도, 노벨상 수상 작가인 칠레의 대문호 파블로 네루다와 미국의 재즈 스타 냇 킹 콜, 그리고 피델

카스트로까지 많은 유명 인사들이 이 집에서 모히토를 마셨다. 또 주인이 사기를 쳤건 안 쳤건, 맛 하나는 최고라는 데 이견이 없다. 그러니 너무 억울해하지 마시라.

쿠바 '서민의 술'

모히토는 19세기까지는 쿠바 시골 농장 일꾼과 도시 공장 노동자가 마시던 '서민의 술'이었다. 그러다가 20세기 들어 수도 아바나 나이트클럽에서 외국 관광객이 즐기기 시작하더니, 금주법(1920~1933) 폐지 이후엔 미국 플로리다로 건너갔다. 이후 한동안은 인기가 시들했지만, 1980년대 뉴욕과 샌프란시스코에서 다시 유행을 타기 시작했고, 2000년대에는 드라마 〈섹스 앤 더 시티〉와 영화 〈007 다이 어나더 데이〉에 등장하면서 속된 말로 '빵 터졌다'. 한국에서는 2000년대 중후반부터 칵테일 바를 중심으로 입소문을 타다가, 요즘은 동네 카페에서도 마실 수 있는 대중적인 음료가 됐다.

해적 선장과 모히토

모히토의 기원을 놓고는 몇 가지 전설이 있다. 주로 영국 해적인 프랜시스 드레이크 선장과 관련된 이야기다. 드레이크 선장이 1586년 지중해 항구도시인 카르타헤냐를 급습한 뒤 쿠바 아바나로 돌아올 때였다. 배 안에 괴혈병이 창궐하자 선원 일부가 치료제를 구하려고 작은 보트를 타고 쿠바 해안으로 갔다. 이들은 사탕수수로 만든 술(초기의 럼)과 라임 그리고 민트를 구해서 돌아왔는데, 이걸 섞어서 만든 음료를 드레이크 선장 이름을 따서 '엘 드라크El Draque'라고 불렀다. 해적이 마시던 엘 드라크가 발전해 훗날 모히토가 됐다는 설명이다.

비슷한 전설로는 프랜시스 드레이크 선장이 황금을 빼앗으려고 쿠바 아바나를 급습했을 때, 부하인 리처드 드레이크가 현지에서 구한 라임과 민트로 칵테일을 만든 게 모히토의 기원이 됐다는 얘기도 있다. (물론 대다수 칵테일 연구자들은 드레이크 선장과 관련된 이런저런 얘기가 그저 '전설'에 불과할 뿐이라고 일축한다.)

모히토라는 이름에 대해서도 이견이 분분하다. 대체적으로는 '마법' 혹은 '부적'이라는 뜻을 지닌 아프리카어 모조mojo에서 비롯됐다고 본다. 19세기 사탕수수 농장으로 끌려온 아프리카 흑인 노예들이 쓰던 말에서 유래했다는 것이다. 하지만 어떤 학자들은 모조mojo가 쿠바 요리에 들어가는, 라임으로 만든 양념을 뜻한다고 주장하기도 한다. 또 '젖은(wet)'이라는 의미인 스페인어 모하도Mojado라는 단어가 모히토로 변했다는 얘기도 있다.

피냐 콜라다
PIÑA COLADA

등장하는 작품: 소설 『댄스 댄스 댄스』, 에세이집 『먼 북소리』

만드는 법 IBA 레시피

재료/용량	화이트 럼 30ml, 코코넛 크림 30ml, 파인애플주스 90ml
장식	파인애플 슬라이스
제조	1) 믹서기에 재료와 잘게 부순 얼음을 넣고 간다. 2) 차갑게 식힌 하이볼 잔에 따른다.

3) 파인애플을 잘라서 장식한다.

(피냐 콜라다 레시피에서 베이스를 보드카로 바꾸면 '치치'라는 칵테일이 된다.)

열세 살 소녀가 마시는 칵테일

하루키 소설에는 비현실적이고 신비스러운 인물이 자주 등장한다. 예를 들어 『양을 쫓는 모험』에 나오는 '양 사나이'가 대표적이다. 몸집이 작고 다리가 구부러진 양 사나이는 양 가죽을 머리부터 뒤집어쓰고 다니는 괴이한 인물이다. 심지어 거울에는 모습이 비치지 않고, 죽은 사람에게 자신의 몸을 빌려줘 대화를 나눌 수 있게 하는 능력까지 지니고 있다. 하루키 연구자인 쓰게 데루히코는 양 사나이 같은 존재가 "'이편'의 세계와 '저편'의 세계를 잇는 일종의 영매靈媒와 같은 역할을 한다"면서 "하루키 소설을 신화적이라고 보는 요소 중 하나가 많은 소설에 등장하는 신비한 사람들"이라고 분석했다.

『댄스 댄스 댄스』에도 이런 신비스런 '영매'가 등장한다. 긴 머리에 얼굴이 예쁜 열세 살 소녀 유키다. 록밴드 티셔츠를 입고 다니며 워크맨으로 음악을 듣는 유키는 초능력에 가까운 직관력과 놀라운 예지력을 지녔다. 유키의 아빠는 '한물갔다'는 평가를 받는 베스트셀러 소설가이고, 엄마는 '지금도 잘나가는' 유명한 사진작가다. 부모가 이혼하면서 유키는 엄마와

함께 살게 되지만, 엄마는 일에 빠져 유키를 내팽개치기 일쑤다. 주인공인 '나'는 삿포로 호텔에 홀로 남겨진 유키를 데리고 도쿄로 돌아오게 되고, 이 과정에서 둘은 친해진다.

비밀을 털어놓을 만큼 가까워진 '나'에게 유키는 "엄마가 있는 하와이에 가서 일주일 동안 놀고 오자"고 제안한다. 이때 주인공은 '하와이'라는 말을 듣자마자, 곧바로 칵테일 하나를 떠올린다. 바로 피냐 콜라다다.

> 하와이— 나쁘지 않다. 거기서 1주일 동안 한가로이 지내면서 실컷 수영을 하고, 피나콜라다를 마시고 돌아온다. 피로도 가시고, 행복한 기분도 된다.
>
> —『댄스 댄스 댄스』

허영심 많은 유키 아빠의 도움으로 1등석 항공편에 고급 아파트까지 제공받은 주인공은 하와이에 도착해 짐을 풀자마자 유키와 함께 해변으로 달려가 수영을 하고 피냐 콜라다를 마신다.

　　주인공은 다음날에도 호텔 비치 바에서 피냐 콜라다를 마신다. 열세 살 미성년자인 유키는 주인공의 피냐 콜라다를 한두 모금 마시더니, 나중엔 아예 절반쯤을 쭉 들이켠다.

> 다 마시고 잠시 후에 그녀는 테이블에 팔꿈치를 세우고 손으로 턱을 괸 채 멍한 눈으로 내 얼굴을 바라보았다.
> "좀 이상해" 하고 그녀는 말했다. "몸이 따스하고 졸리는 것 같아요."
> "그럼 됐어" 하고 나는 말했다. "기분은 나쁘지 않아?"
> "나쁘지 않아요. 좋은 기분이에요."
> "좋아. 긴 하루였어. 열세 살이든 서른네 살이든 간에 마지막으로 약간 기분이 좋아질 정도의 권리는 있어."
>
> ―『댄스 댄스 댄스』

　　피냐 콜라다에 맛을 들인 유키는 다음날에도 주인공의 피냐 콜라다를 빼앗아 마신다. 그러자 주인공은 아예 한 잔을 따로 주문해서 마시라고 권한다.

> 나는 웨이터를 불러 피나콜라다를 한 잔 더 주문했다. 그리고 그것을 통째로 유키에게 주었다. "모두 마셔도 돼" 하고 나는 말했

다. "저녁 때마다 나와 함께 지내고 있으면, 일주일 만에 너는 일본에서 피나콜라다에 제일 밝은 중학생이 될 거야."

―『댄스 댄스 댄스』

열세 살 미성년자가 술을 마신다는 설정은 아무리 소설이라고 해도 논란의 여지가 있을 수 있다. 다만 양해가 되는 부분이 있다. 유키가 마신 것이 피냐 콜라다라는 점이다. 아마도 마티니 같은 칵테일이었다면 반응이 달라졌겠지만, 피냐 콜라다라면, 그것도 하와이에서라면 독자들에게 충분히 받아들여질 수 있는 수준이다.

달콤하고 부드러운 피냐 콜라다

피냐 콜라다는 스페인어로 '여과된(colada=strained) 파인애플(piña=pineapple)'이라는 뜻이다. 럼에 코코넛 밀크와 파인애플주스를 섞어서 그런지 달콤하고 부드럽다.

하루키 소설에서는 태평양 하와이에서 즐기는 칵테일로 나오지만, 사실 피냐 콜라다는 카리브해의 미국 자치령인 푸에르토리코에서 처음 만들었다. 푸에르토리코 자치 정부는 1978년에 이 칵테일을 '국가 공식 칵테일(National Drink)'로 지정했다.

푸에르토리코 정부가 공식적으로 인정하는 피냐 콜라다 탄생지는 수도 산후안 외곽에 있는 카리브 힐튼 호텔이다.

1954년 이 호텔에서 일하던 라몬 마레로Ramón M. Marrero라는 바텐더가 석 달 동안 온갖 시행착오를 거쳐 최초로 피냐 콜라다를 만든 것으로 전해진다. 지금은 숙성시키지 않은 화이트 럼을 쓰는 게 일반적이지만, 당시 라몬 마레로는 숙성시킨 골드 럼(Don Q Gold Rum)을 넣었다고 한다. 이렇게 만든 칵테일이 큰 인기를 끌면서 라몬 마레로는 이후 35년 동안 카리브 힐튼 호텔에서 피냐 콜라다 전문 바텐더로 일했다.

모히토처럼 피냐 콜라다에도 해적과 연관된 전설이 전해진다. 19세기 푸에르토리코 해적인 로베르토 코프레시Roberto Cofresí가 부하들의 사기를 끌어올리려고 럼에 코코넛과 파인애플을 넣은 음료를 만들어준 게 피냐 콜라다의 기원이 됐다는 얘기다. 물론 구전으로 전해지는 이야기라서 '믿거나 말거나'에 불과하다.

세계적으로 대히트한 칵테일이다보니, 피냐 콜라다는 영화나 노래에도 자주 등장한다. 1974년 발표된 영화 〈대부 2〉에선 마치 쿠바 칵테일인 것처럼 소개됐다. 또 2004년 개봉된 영화 〈완벽한 그녀에게 딱 한 가지 없는 것〉에서는 하룻밤 사이에 갑자기 서른 살 숙녀로 변한 열세 살 여주인공(하루키 소설 속 유키와 나이가 같다)이 피냐 콜라다를 마시며 어른이 된 기분을 만끽한다.

1979년에는 작곡가 겸 가수인 루퍼트 홈스가 〈Escape (The Pina Colada Song)〉라는 곡을 발표해 빌보드 정상에 올랐다.

피냐 콜라다를 전세계에 알린 이 곡은 이후 잭 존슨 등 많은 아티스트가 리메이크했다. 또 〈Feel So Good〉으로 유명한 '플루겔호른의 명인' 척 맨지오니도 1979년 발표한 《Fun and Games》 앨범에 〈piña colada〉라는 곡을 수록했다.

여기서 한마디!

참고로 나는 이 칵테일을 집에서 즐겨 마신다. 다들 알고 있겠지만 한 가지 팁을 드린다면, 칵테일에 넣는 파인애플주스는 마트에서 파는 제품보다는 가급적 파인애플을 사다가 직접 갈아서 만드는 게 좋다. 맛이 완전히 달라진다. 만약 집에 믹서기(블렌더)가 없다면 마트 제품을 사되, 반드시 '100% 과즙'이라고 표시된 걸 골라야 한다.

그 밖의 칵테일

마르가리타
MARGARITA

등장하는 작품: 『상실의 시대』

만드는 법

재료/용량 테킬라 30ml, 라임주스(생라임 즙) 15ml, 쿠앵트로(트리플 섹) 15ml

장식 레몬 슬라이스, 체리 1개

제조	1) 차갑게 식힌 칵테일 잔 가장자리에 소금을 묻힌다.
	2) 셰이커에 얼음과 재료를 넣고 흔든다.
	3) 스트레이너로 잘 걸러서 칵테일 잔에 붓는다.

마르가리타의 기원은?

하루키는 테킬라를 별로 좋아하지 않는 것 같다. 명색이 세계 6대 증류주(위스키, 브랜디, 럼, 진, 보드카, 테킬라)에 들지만, 하루키의 작품 세계에선 거의 모습을 드러내지 않는다. 『도쿄 기담집』에 실린 단편 「하나레이 해변」에 테킬라가 슬쩍 언급되고, 장편 『상실의 시대』에 테킬라로 만드는 마르가리타가 나오는 정도다.

테킬라 칵테일 중 가장 유명한 마르가리타의 기원을 둘러싸고는 수십 가지 설이 있다. 1938년 멕시코에서 카를로스 에

레라Carlos D. Herrera라는 바텐더가 테킬라를 제외한 다른 술에 알레르기가 있는 댄서를 위해 만들었다는 얘기도 있고, 1941년에 또다른 멕시코 바텐더가 독일 대사의 딸인 마르가리타 헨켈에게 만들어준 칵테일이라는 설도 있다. 그런가 하면 미국 댈러스주 출신의 사교계 인사인 마가리타 여사가 멕시코 항구도시 아카풀코에서 파티를 열었을 때 만들었다는 주장도 있고, 1948년 텍사스의 바텐더가 가수 페기 리Peggy Margaret Lee를 위해 만든 게 시초라는 설도 있다. 이 밖에도 설이 하도 많아서 어느 게 진짜인지 알 수가 없다. 일본과 한국에서는 미국 LA의 바텐더 존 듀레서가 사냥 도중 유탄을 맞고 숨진 애인의 이름을 따서 만든 칵테일이라는 설이 광범위하게 퍼져 있는데, 이 역시 모호한 얘기일 뿐이다.

그래스호퍼
GRASSHOPPER

등장하는 작품: 「패밀리 어페어」

만드는 법　　　　　　　　　　　　　　　　　　　　　　IBA 레시피

재료/용량　크림 드 민트(그린) 30ml, 크림 드 카카오 화이트 30ml, 생크림(우유) 30ml

장식　레몬 슬라이스, 체리 1개

제조　1) 셰이커에 얼음과 재료를 넣고 흔든다.
　　　　2) 스트레이너로 잘 걸러서 칵테일 잔에 붓는다.

'메뚜기' 칵테일

단편 「패밀리 어페어」의 주인공 '나'는 굉장한 술꾼이다. 주인공은 집에 놀러온 여동생 약혼남에게 자신의 주량을 이렇게 설명한다.

"난 학교 다닐 때 친구들과 내기해서 세숫대야 가득 맥주를 마신 적도 있는데." 나는 말했다.
"그래서 어떻게 되셨습니까?" 와타나베 노보루가 물었다.
"꼬박 이틀 동안 소변에 맥주 냄새가 나더군." 나는 말했다.
"게다가 트림—이……"

—「패밀리 어페어」, 『빵가게 재습격』

주인공은 버드와이저 캔에 이어, 맥주 4병과 와인 1병을 마신 뒤 여동생 커플을 위해 자리를 비켜준다. 저녁 8시쯤 가까운 바에 들어간 주인공은 여기서도 야구중계를 보면서 버번 위스키 온더록스 석 잔을 내리 마신다. 그런 다음 한 자리 건너 옆에 앉은 20대 여성과 야구 얘기를 나누며 다시 위스키 온더록스를 마시고, 여자에겐 다이키리 칵테일 두 잔을 사준다. 10시쯤이 되자, 주인공은 이 여성을 데리고 다른 바로 옮겨 또 술을 마시는데, 이때 여성이 선택한 술이 그래스호퍼다.

그래스호퍼는 민트 향이 물씬 나는 칵테일이다. 달달해서 주로 식후에 마신다. 이름이 그래스호퍼(메뚜기)가 된 건, 민트

리큐어인 '크림 드 민트' 때문에 칵테일 색이 진한 녹색이라서 그렇다. 그래스호퍼는 미국 루이지애나 뉴올리언스 프렌치쿼터 지역에 있는 유명 레스토랑 투자그Tujague's에서 개발한 칵테일로, 1950~60년대 미국 남부를 중심으로 큰 인기를 끌었다.

여기서 한마디!

이 칵테일은 가급적 집에서는 만들지 말 것을 권한다. 주류점에서 파는 제품을 사다가 레시피만 보고 대충 섞었다간 한 모금도 마시지 못하고 버리기 십상이다. 그만큼 맛을 내기가 어려운 고난도 칵테일이다. 장담하건대, 그래스호퍼를 맛있게 만드는 실력이면, 진짜 대단한 바텐더라고 할 수 있다. 나는 잘 모르는 바에 갔을 때, 이 칵테일로 바텐더 실력을 가늠한다.

캄파리 소다
CAMPARI SODA

등장하는 작품: 「흙속의 그녀의 작은 개」

만드는 법

재료/용량 캄파리 45ml, 소다수 적당량

제조 1) 올드 패션드 잔에 큰 각얼음을 넣는다.

2) 캄파리를 넣은 뒤, 소다수(클럽 소다)로 채운다.

흰 치마를 망친 캄파리 소다

이 칵테일은 단편 「흙속의 그녀의 작은 개」에서 주인공과 여자친구가 한판 크게 다투는 계기가 된다. 어느 토요일 밤, 주인공 커플은 만원인 극장에서 지루한 영화를 본다. 기분이 별로인 상황에서 둘은 술을 마셨는데, 옆자리에 앉은 남녀가 자리에서 일어나다가 캄파리 소다 한 잔을 여자친구의 하얀 치마에 엎어버린다.

칵테일 전문가인 하루키가 왜 이 장면에서 캄파리 소다를 등장시켰는지 짐작이 간다. 캄파리 소다가 매우 진한 붉은 빛깔이기 때문이다. 흰 치마를 완전히 엉망으로 만들어버리려면 캄파리 소다만한 칵테일이 없었을 것이다.

칵테일 '네그로니Negroni'의 주재료인 캄파리는 1860년 이탈리아에서 탄생했다. 뒷맛이 씁쓸하면서도 매력적인 이 술을

처음 만든 사람은 가스파레 캄파리Gaspare Campari. 그는 약용 리큐어인 비터스를 자신의 방식대로 개량해 캄파리 제조 레시피를 완성했다. 캄파리의 붉은 빛깔은 선인장에 붙어사는 연지벌레에서 추출한 카민carmine이라는 염료 때문이다. 유해성 논란이 일자 캄파리 제조사는 2006년 이후로 이 염료 사용을 중단했다.

미모사
MIMOSA

등장하는 작품: 『1Q84』

만드는 법　　　　　　　　　　　　　　　　　　　　IBA 레시피

재료/용량　샴페인 75ml, 오렌지주스 75ml

제조　　　차가운 샴페인과 차가운 오렌지주스를 샴페인 잔(플루트형)에 1/2씩 넣고 잘 섞는다.

프랑스 귀족의 칵테일

샴페인은 한마디로 '우아한' 술이다. 화려한 파티와 잘 어울린다. 그럴싸한 분위기에서 마셔야 더 멋스럽다. 샴페인은 그냥 즐겨도 좋지만, 칵테일로 만들어도 그만이다. 대표적인 샴페인 칵테일로는 '미모사'를 꼽을 수 있다. 청초한 미모사 꽃과 색깔이 닮았다고 해서 이런 이름을 얻었다. 프랑스에서는 이 칵테일을 '샹파뉴 아 로랑주'(Champagne a L'orange, 오렌지를 곁들인 샴페인)라고 하는데, 수백 년 전부터 귀족들이 애용한 음주 방식이다.

장편 『1Q84』에서도 이 칵테일은 우아한 분위기에 등장한다. 여주인공 아오마메는 자신과 한 팀을 이뤄 '짜릿한 밤'을 보낸 아유미와 특별한 곳에서 저녁식사를 하기로 한다. 두 사람이 가기로 한 곳은 "가격도 엄청 비싸고, 예약하는 데만도

두 달은 걸린다"는 최고급 프렌치 레스토랑. 약속 당일, 아오마메와 아유미는 작심한 듯 멋을 부리고 레스토랑에 나타난다. 페라가모 하이힐에 금팔찌와 라 바가제리 핸드백으로 치장한 아오마메에 뒤질세라, 아유미는 콤 데 가르송 검은 재킷에 진주 귀고리를 걸고 구찌 핸드백까지 들고나온다. 명품으로 온몸을 휘감은 둘은 테이블을 안내받기 전에 바에서 미모사 칵테일로 목을 축인다. 프렌치 레스토랑 장면을 통해 하루키는 '프랑스 귀족의 칵테일'이라는 미모사의 이미지를 제대로 표현했다.

하루키와 음악—칵테일

『국경의 남쪽, 태양의 서쪽』에 흐르는 재즈 명곡

장편 『국경의 남쪽, 태양의 서쪽』에는 칵테일과 재즈가 절묘하게 어우러진다. 등장인물이 칵테일을 마시는 장면마다 귀에 익은 재즈 명곡이 흐른다. 작품 배경이 칵테일을 파는 라이브 재즈 바이니 너무도 당연하다. 소설에 등장하는 노래가 많아서, 아마 영화로 만들었다면 OST 선곡은 고민할 필요가 없었을 것이다.

『국경의 남쪽, 태양의 서쪽』은 제목부터 재즈 명곡에서 빌려왔다. 한 가지 노래 제목을 그대로 차용한 『노르웨이의 숲』과 달리, 유명한 재즈 스탠더드 곡 둘을 합쳤다. 1930년대 영화 주제곡으로 프랭크 시나트라의 십팔번이었던 〈South of The Border〉와 빌리 홀리데이, 프랭크 시나트라 등 여러 가수가 부른 〈East of The Sun (And West of The Moon)〉을 살짝 바꿔서 이어붙였다. 또 소설에서도 설명하고 있지만, 주인공 하지메가 운영하는 재즈 바 'Robin's Nest' 역시 색소포니스트 일리노이 자크와 피아니스트 찰스 톰슨이 작곡한 재즈 스탠더드 곡 제목이다. 그뿐 아니라 이 소설에는 보사노바 재즈의 대가 안토니오 조빔이 만든 〈Corcovado〉나 조지 거슈윈이 작곡한 발라드 〈Embraceable You〉, 영화 〈카사블랑카〉 주제가 〈As Time Goes By〉 같은 명곡이 칵테일과 함께 작품의 분위기를 완성한다.

『국경의 남쪽, 태양의 서쪽』에 등장하는 노래는 한둘이 아니지만, 이 책을 읽고 난 뒤 가장 기억나는 곡을 꼽으라면, 누구나 〈Pretend〉와 〈Star Crossed Lovers〉라고 말할 것이다.

냇 킹 콜이 불러 크게 히트한 〈Pretend〉는 하지메와 시마모토 두 사람의 풋풋한 유년시절 첫사랑의 기억이 담긴 곡이다. 초등학교 6학년이던 둘은 크리스마스를 앞둔 12월 어느 날, 시마모토 집 거실에서 냇 킹 콜의 목소리로 이 노래를 듣는다. "구름이 짙게 깔린 어두운 겨울의 오후"였고, 마침 시마모토의 엄마는 외출해서 집에는 아무도 없었다.

> 시각은 이미 해질녘에 가까웠고, 실내는 밤처럼 깜깜했다. 전등은 켜져 있지 않았던 것 같다. 가스 스토브의 붉은 불빛이 희미하게 벽을 비추고 있을 뿐이었다. 냇 킹 콜은 〈프리텐드〉를 부르고 있었다. 물론 우리는 영어 가사의 의미를 전혀 이해할 수 없었다. 그것은 우리에게 단지 주문 같은 것이었다. 하지만 우리는 그 노래를 좋아했고 몇 번이고 되풀이해 들어왔기에 첫 부분을 흥얼거리며 따라 부를 수 있었다.
> ―『국경의 남쪽, 태양의 서쪽』

서로를 향한 설레는 마음을 감추고 〈Pretend〉를 함께 따라 부른 이날의 기억은 먼 훗날 두 사람이 다시 만나게 됐을 때까지 그대로 남아 있다. 25년 만에 나타난 시마모토는 이 곡이 수록된 냇 킹 콜의 LP를 하지메에게 선물한다. 두 사람이 시마모토 집 거실에서 함께 듣던 바로 그 레코드였다. 사마모토 아버지의 유품이 된 레코드를 선물받은 하지메는 "어디론가 가서 둘이서 함께 레코드를 듣자"고 제안한다. 하지메와 시마모토는 곧장 차를 몰고 하코네에 있는 별장으로 가서 마치 그 옛날처럼 소파에 앉아 냇 킹 콜의 이 곡을 듣는다.

별장에 도착하자 나는 전깃불을 켜고 거실의 가스 스토브를 켰다. 그리고 선반에서 브랜디 잔과 브랜디를 꺼냈다. 잠시 후 방이 따뜻해지자, 우리는 옛날처럼 소파에 나란히 앉아 냇 킹 콜의 레코드를 턴테이블에 얹었다. (…) 냇 킹 콜이 〈프리텐드〉를 부르자, 시마모토는 예전에 자주 그랬던 것처럼 나지막한 목소리로 그 노래를 따라 불렀다.

―『국경의 남쪽, 태양의 서쪽』

〈Pretend〉와는 달리, 〈Star Crossed Lovers〉는 두 사람의 이루어질 수 없는 사랑을 상징한다. 거장 듀크 엘링턴이 만든 이 곡은 주인공 하지메가 학창 시절부터 좋아해온 노래다.

엘링턴이 만든 곡 중에서는 그다지 유명한 편도 아니고, 그 곡에 얽힌 개인적인 추억이 있는 것도 아니지만 우연히 듣게 된 이후로 나는 그 곡을 오랫동안 좋아해왔다. 학생 시절에도, 교과서 출판사에 근무했을 무렵에도, 밤이 되면 듀크 엘링턴의 LP《서치 스위트 선더》에 들어 있는 〈스타 크로스드 러버스〉를 몇 번이고 몇 번이고 되풀이하여 듣곤 했다.

―『국경의 남쪽, 태양의 서쪽』

하지메가 운영하는 재즈 바의 피아니스트는 하지메가 이 노래를 좋아한다는 걸 잘 알고 있다. 그래서 하지메가 가게에 있을 때마다 이 곡을 연주해준다. 시마모토는 어느 날 바에서 라이브로 이 노래를 듣다가 제목이 뭘 의미하는지를 하지메에게 묻는다.

"스타 크로스드 러버스, 그건 무슨 뜻이야?"
"엇갈린 운명을 타고난 연인들. 불운한 연인들. 영어로는 그런 표현을 쓰거든. 이 곡에서는 로미오와 줄리엣 얘기지. 엘링턴과 스트레이혼은 온타리오에서 열린 셰익스피어 페스티벌에서 연주하기 위해 이 곡을 포함한 조곡을 만들었거든. 오리지널 연주에서는 조니 호지스의 알토 색소폰이 줄리엣 역을 연주했고, 폴 곤잘레스의 테너 색소폰이 로미오 역을 연주했지."
"엇갈린 운명을 타고난 연인들" 하고 시마모토는 말했다. "마치 우리를 위해서 만들어진 곡 같네."
"우리가 연인일까?"
"넌 아니라고 생각해?"

—『국경의 남쪽, 태양의 서쪽』

'불운한 연인'이라는 노래 제목이 암시하듯, 하지메와 시마모토의 사랑은 끝내 이뤄지지 않는다. 시마모토가 하지메의 곁을 떠난 뒤, 하지메는 피아니스트에게 더는 〈Star Crossed Lovers〉는 연주하지 말아달라고 당부한다.

내가 〈스타 크로스드 러버스〉를 더이상 듣고 싶지 않다는 생각을 하게 된 것은, 그 멜로디를 들을 때마다 시마모토가 생각나기 때문이라는 것과 같은 이유는 아니었다. 그 곡은 이제 예전만큼 내 마음에 감동적으로 다가오지 않게 된 것이다.

―『국경의 남쪽, 태양의 서쪽』

⟨Pretend⟩와 ⟨Star Crossed Lovers⟩를 비롯해 이 소설에 등장하는 주옥같은 명곡을 한데 모은 음반이 있다. 하루키 팬이라면 아마 대부분 알고 있겠지만, 혹시 모르는 분이 있을까 싶어 소개한다. 재즈 피아니스트 클로드 윌리엄슨이 『국경의 남쪽, 태양의 서쪽』의 명곡을 재해석해 발표한 《South Of The Border, West Of The Sun》 앨범이다. 여기엔 하루키 소설 『국경의 남쪽, 태양의 서쪽』에 나오는 곡뿐만 아니라, 클로드 윌리엄슨이 만든 ⟨West Of The Sun⟩이라는 노래도 실려 있다. 한적한 휴일 오후에 이 앨범을 쭉 틀어놓고 홀짝홀짝 술 한잔 하며 이 소설을 읽어 보시라. 하루키의 표현을 빌리자면, "듣는 음악 한 음 한 음이, 읽는 책 한 줄 한 줄이, 몸속으로 스며들어오는" 놀라운 경험을 할 수 있을 것이다.

부록 1
이 책을 읽고 가볼 만한 곳

부록 2
술꾼이 밑줄 그은 하루키의 문장

부록 1

이 책을 읽고 가볼 만한 곳

DUG

주소: 160-0022 東京都新宿區新宿3-15-12
전화번호: 03-3354-7776
홈페이지: www.dug.co.jp

하루키의 소설에서는 에세이와 달리 술집 이름이 실명으로 등장하는 예가 드물다. 그냥 "늘 가는 근처의 바"(『상실의 시대』)라든가 "5층짜리 건물 지하에 있는 작고 아담한 바"(『댄스 댄스 댄스』), 혹은 "헤밍웨이의 초상화가 있는 곳"(『1Q84』) 정도로 표현된다. 물론 하루키의 초기 삼부작(일명 '쥐 삼부작')에는 '제이스 바'라는 술집 이름이 나오고, 『국경의 남쪽, 태양의 서쪽』에도 '로빈스 네스트'라는 칵테일 바가 등장한다. 하지만 이런 곳은 하루키가 그려낸 가상의 공간일 뿐, 소설 창작 당시에 실재했던 술집이 아니다. (지금 일본에 있는 수없이 많은 '제이스 바'는 모두 소설이 발표된 이후에 문을 연 술집들이다.)

그런 점에서 도쿄 신주쿠에 있는 재즈 바 'DUG'은 하루키

『상실의 시대』에서 미도리와 와타나베가 칵테일을 마신 재즈 바 'DUG'.

재즈 바 'DUG' 내부. 20대부터 70대까지 다양한 연령과 계층의 손님이 찾고 있다.

팬들에겐 매우 특별한 공간이다. 하루키 최고의 베스트셀러인 『상실의 시대』에 '실명'으로 등장하는 '진짜' 술집이기 때문이다. 하루키가 이곳을 소설에 실명으로 적어놓은 이유는 정확히 알 수 없다. 다만 대학 시절 재즈에 심취한 하루키가 이곳을 즐겨 찾았던 건 분명하다. 「이사 그래피티」라는 에세이에서 하루키는 "재즈가 짜릿짜릿하게 몸으로 파고드는 시절"이었다고 회고하면서 "여자애랑 같이 갈 때는 DUG 같은 데가 좋았다"라고 적었다.

재즈 바 'DUG'을 찾아가는 건 어렵지 않다. 신주쿠역 근처 큰길가에 있기 때문이다. 간판을 보고 문을 열면 지하로 내려가는 계단이 눈에 띈다. 『상실의 시대』에서 미도리가 보드카 토닉에 취해서 비틀거린 바로 그 계단이다. 계단이 높고 가팔라서 술에 취하면 진짜로 넘어질 수도 있겠구나 싶은 생각이 든다. 한 발 한 발 조심해서 계단을 내려가니 드디어 바가 나온다. 미도리가 대낮에 왔다는 걸 감안해 일부러 해가 지기 전에 찾아갔더니, 정말 바깥세상과는 완전히 단절된 기분이 든다. 왜 미도리가 이곳을 가리켜 "낮술을 마셔도 꺼림칙한 느낌이 들지 않는다"라고 했는지 알 것 같다. 환한 대낮이라도 이곳에 오면 한밤중처럼 느껴질 정도다. 1961년 'DIG'이라는 이름으로 처음 문을 열었다가 이름도 바꾸고 장소도 옮겼지만, 가게 분위기만큼은 하루키가 드나들던 1960년대 그대로다.

오래된 가게 역사 때문인지 손님층도 다양했다. 나이 지긋

재즈 바 'DUG'의 계단.
『상실의 시대』에서 미도리는 칵테일에 취해 이 계단에서 미끄러질 뻔한다.

한 할머니부터 20대로 보이는 청년들까지 드나들고 있었다. 처음 갔어도 여러 번 드나든 것처럼 느껴지는 편안함 때문이기도 할 텐데, 무엇보다 대형 스피커를 통해 흘러나오는 환상적인 재즈 사운드가 압권이었다. 그러니까 여기서 음악을 들으며 칵테일을 마시면 귀와 입이 모두 호강하는 셈이다.

아버지를 이어 2대째 이 가게를 지키고 있는 나카다이라 루이(中平 壘) 씨는 'DUG'이 하루키 소설에 등장하는 곳이라는 사실에 큰 자부심을 갖고 있었다. 내가 보드카 토닉을 주문한 뒤 '하루키의 술'을 주제로 책을 쓰고 있다고 밝히자, 미도리가 보드카 토닉을 마실 때 흘러나오는 텔로니어스 몽크의 〈Honeysuckle Rose〉를 틀어주셨다. 또 손님이 많아 바쁜 시간이었는데도 짬을 내서 사진 촬영과 인터뷰에 응해주셨다.

다음은 나카다이라 루이 씨와의 일문일답이다.

Q 가게 역사가 오래됐다고 들었다. 원래부터 이런 분위기였나?
A 아버지가 처음 문을 열었을 때는 술은 팔지 않았다. 그땐 음식만 팔다가 손님들을 좀더 편하게 모시기 위해 술을 파는 바로 바꾸었다.

Q 하루키 소설에 나와서 그런지 팬들이 자주 찾아온다고 들었다. 대체 얼마나 많이 찾아오는가?
A 평소에도 자주 오지만, 하루키가 언론의 주목을 받을 때

아버지에 이어 2대째 'DUG'을 운영하고 있는 나카다이라 씨.
'DUG'이 하루키 소설에 등장한다는 것에 큰 자부심을 지니고 있었다.

특히 많이 온다. 예를 들어 해마다 노벨문학상 시즌만 되면 손님이 늘어난다. 몇 년 전에는 하루키 소설이 원작인 영화 〈노르웨이의 숲〉이 개봉되었는데, 그때도 참 많이 왔다. 마침 근처에 영화관이 있어서, 팬들이 그 영화를 보고 나서 우르르 몰려오기도 했다.

Q 팬들이 주로 주문하는 건 보드카 토닉과 톰 콜린스가 아닐까 싶은데.

A (웃으며) 아마 일본에서 보드카 토닉과 톰 콜린스가 가장

많이 팔리는 곳이 여기가 아닐까 싶을 정도다. 그만큼 팬들이 많이 찾는다.

Q 하루키 씨가 최근에 여길 온 적이 있는가?
A 아니다. 하루키 씨가 이곳을 다닌 건 유명해지기 전이다. 내가 여기서 일한 지 20년이 됐지만, 나는 아직도 하루키 씨를 만난 적이 없다. 물론 창업자인 아버지는 젊은 시절에 하루키를 자주 보셨다고 했다.

바 라디오

주소: 107-0062 東京都港區南靑山3-10-34
전화번호: 03-3402-2668
홈페이지: www.bar-radio.com

하루키가 공개적으로 애정을 드러낸 곳이다. 하루키는 에세이에서 두 번이나 '바 라디오Bar Radio'를 실명으로 언급하며 찬사를 보냈다. 대체 어떤 곳이기에 7년이나 바를 운영한 전직 바텐더 하루키의 입맛을 사로잡았을까?

이곳을 들락거린 단골 중에는 유명인사가 한둘이 아니다. 작가 시오노 나나미를 비롯해 소설가이자 감독으로도 활동하는 무라카미 류, 일본을 대표하는 그래픽 디자이너 다나카 잇코田中一光도 이곳을 즐겨 찾았다. 바 라디오 창업자인 오자키 고지尾崎浩司가 1992년 칵테일 북을 냈을 땐 이런 유명인사 단골들이 책 출간을 축하하는 메시지를 앞다퉈 보내기도 했다. 이를테면 무라카미 류가 이곳의 김렛 칵테일을 소개하고, 무라카미 하루키가 오리지널 칵테일인 'So Tired'를 추천하는 식이었다.

바 라디오가 유명 소설가와 디자이너, 영화감독의 아지트가 된 건 가게 주인인 오자키 씨의 탁월한 예술적 안목과 감각

하루키가 에세이에서 언급한 '바 라디오'의 오리지널 칵테일 'So Tired'.

덕분이 아닐까 싶다. 고등학교 2학년 때부터 다도와 꽃꽂이를 배운 오자키는 스물네 살 때 도쿄로 올라와 재즈 바 'DUG'에서 3년간 웨이터로 일했다. 손재주가 유난히 좋았던 오자키는 런던 사보이 호텔 칵테일 교본인 『사보이 칵테일 북』을 보며 독학으로 칵테일을 익혔고, 1972년에는 도쿄 진구마에에 9석짜리 바를 열어 독립한다. 이후 두 차례 가게를 옮겼고, 지금은 (서울로 치면 청담동에 해당하는) 도쿄 아오야마에서 20년째 가게를 운영하고 있다.

이 가게 손님이었던 디자이너 다나카 잇코는 "바 라디오의 문을 열면 기묘한 조용함이 있다. 술집에서 느껴지는 어수선

한 기운이 없다"라고 했는데, 가보니 정말 그랬다. 번화가 뒷골목 2층 주택을 유럽 민가풍으로 개조한 이 가게는 아름다우면서도 '기묘하게' 차분했다. 흙벽과 나무 소재로 꾸민 바 내부에선 부드러운 조명 아래 모든 게 반짝반짝 빛났다. 진열장에 놓아두는 유리잔과 매일 바뀐다는 생화 꽃꽂이 등 작은 소품 하나도 예술작품 같았다. 다만 이 공간에선 반드시 소곤소곤해야 한다. 음악 소리마저 아주 작게 틀어놔서 조금이라도 목소리를 높였다간 눈총을 받을 수밖에 없는 분위기였다.

50년 가까이 바 라디오를 이끌어온 오자키 씨를 만나고 싶었지만, 아쉽게도 그럴 순 없었다. 1944년생으로 고령인 오자키 씨는 최근엔 한 달에 열흘 정도만 가게에 나오고, 나머지 기간에는 교토 산자락에 있는 암자에 머문다고 했다. 대신에 오자키 씨 밑에서 20년간 일한 매니저 사이토 씨에게 바 라디오의 칵테일 철학을 들을 수 있었다. 사이토 씨의 얘기 가운데 가장 인상적이었던 건 "칵테일에서 베이스로 어떤 브랜드 상품을 쓰느냐는 크게 중요하지 않다. 오히려 각각의 재료를 어떻게 잘 배합하느냐가 더 중요하다"는 말이었다. 실제로 바 라디오에선 칵테일 베이스로 가장 기본적이면서 전통적인 제품을 쓰고 있었다. 보드카는 스미노프Smirnoff, 진은 고든Gordon, 브랜디는 마르텔Martell. 하나같이 최신 유행과는 거리가 먼 고전적인 제품들이다. 칵테일 기본기도 갖추지 못했으면서 값비싼 프리미엄 제품을 고집하며 가격을 올려 받는 서울 강남 일대

'바 라디오'의 마티니. 마티니를 주문하면 1920년대 영국산 잔에 담겨서 나온다.

일부 럭셔리 바의 행태와는 정반대였다.

다른 칵테일도 훌륭했지만, 이 집 마티니는 아주 특별했다. "제대로 된 바에선 무조건 마티니를 맛봐야 한다"는 말이 떠올라 주문했더니, '바 라디오 칵테일 북' 표지에 나온 것과 비슷한 잔에 담겨 나오는 게 아닌가. 물어보니, "1920년대 영국에서 생산된 제품인데, 지진이 날 때마다 깨져서 이제 남은 게 몇 개 없다"고 했다. 자칫 실수로 잔을 깨먹으면 큰일나겠다 싶어 얼른 마티니를 마시고 조심스럽게 돌려드렸다.

칵테일 서너 잔에 취기가 올라 무심결에 "에세이에서 언급한 칵테일 말고 무라카미 하루키 씨가 여기 와서 자주 시키는 게 또 있느냐?"라고 물었다. 그러자 사이토 씨는 정색하면서 "손님 사생활이기 때문에 말할 수 없다"고 했다. 그렇다. 질문 자체가 우문이었다. 제대로 된 바텐더라면 고객에 대한 그 어떤 사소한 정보도 밖으로 흘리지 않는 법이다. 문득 만화『바텐더』(학산문화사)에 나오는 대목이 떠올랐다.

"세상에는 절대로 손님을 배신해서는 안 되는 직업이 있습니다. 의사와 약제사, 그리고 바텐더."

왜 이 가게가 사생활에 민감한 명사들의 사랑을 받고 있는지 알 수 있는 대목이기도 했다.

아무튼 하루키 팬이라면 바 라디오에서 블러디 메리와 더

불어 'So Tired'는 반드시 맛봐야 한다. 아트 블레키(Art Blakey)와 함께 재즈 메신저스(The Jazz Messengers)로 활동한 바비 티먼스(Bobby Timmons)의 명곡에서 이름을 따온 칵테일이다. 칵테일 이름은 '너무 지쳤다(so tired)'이지만, 마셔보면 불끈 힘이 솟는다. 하루키가 에세이에 적은 표현을 인용하면, "하루를 마감하는 지친 저녁, 카운터에서 마시는 이 칵테일이 부드럽게 당신을 걷어찰 것"이다.

바 라디오 오리지널 칵테일 'So Tired' 제조법

재료/용량 보드카 10ml, 드라이 진 10ml, 기네스 맥주(스타우트) 적당량

제조 1) 먼저 보드카와 진을 섞어서 중간 크기 칵테일 잔에 따른다.
2) 차갑게 식힌 기네스 맥주로 잔을 채운다.

바 텐더리

주소: 143-0016 東京都大田區大森北1丁目33-11 大森北パークビル2階
전화: 03-3298-2155
홈페이지: http://ameblo.jp/bartenderly

요즘 칵테일 좀 안다는 한국의 술꾼은 도쿄의 웬만한 바는 줄줄이 꿰고 있다. 하루키 단골집 '바 라디오'는 물론이고 모리 마티니로 유명한 모리 바Mori bar, 하드셰이킹의 원조인 우에다 씨가 운영하는 텐더 바Tender bar 같은 곳이 특히 유명하다. 비행기로 두 시간만 날아가면 되기 때문에, 위스키 동호회 카페나 개인 블로그에도 도쿄 바 기행기가 심심찮게 올라온다. 그러다보니 도쿄의 유명한 바를 찾아갔다가 한국인끼리 나란히 앉아 칵테일을 마셨다는 얘기도 들린다.

국내 애호가들이 (마치 선진 문물 체험하듯) 도쿄의 칵테일 바를 찾아다니기 시작한 건 만화『바텐더』가 크게 히트한 뒤부터다. 이 만화를 통해 맛과 서비스에서 궁극을 지향하는 일본의 클래식 칵테일 문화가 국내에 알려졌기 때문이다. 실제로 이 만화를 읽다보면 일본 칵테일 바에 대한 환상과 함께 몇 가지 궁금증도 생긴다. 만화에 나오는 저런 멋진 곳이 일본에 진짜 존재할까? 만화 원작자인 아라키 조는 대체 어떤 바를 돌

일본의 문인들과
예술인들이 즐겨 찾는
'바 텐더리'.

아다니며 소재를 얻었을까? 주인공(사사쿠라 류) 캐릭터는 어떻게 탄생했을까?

만화 『바텐더』의 실제 모델로 추정되는 곳은 많다. 앞서 언급한 바 라디오, 모리 바, 텐더 바 같은 곳이 다 해당된다. 내로라하는 술꾼인 작가 아라키 조는 아마도 저런 유명한 곳은 죄다 다녔을 테고, 여기저기에서 받은 영감을 섞어 작품을 완성했을 게 분명하다.

그런데 도쿄의 바를 제법 많이 다녀본 칵테일 애호가도 잘 모르는 곳이 한 군데 있다. 바로 도쿄 외곽에 있는 바 텐더리 Bar Tenderly다. 여기가 별로 안 알려진 건 위치 때문인 것 같다. 유명 클래식 칵테일 바가 몰려 있는 긴자가 아니라, (한국으로 치면 서울 방화동쯤 되는) 변두리에 자리잡고 있어서다. 하지만 변두리에 있다고 무시했다간 큰코다친다. 맛과 서비스 모두 도심 긴자의 바와 견주어 손색이 없다. 솔직히 말하자면 손색이 없는 정도가 아니라, 오히려 낫다는 게 내 생각이다.

변두리 술집 하나 가지고 왜 이렇게 호들갑이냐 하실 텐데, 가보면 안다. 이곳이 매우 특별한 곳이라는 걸. 사실 여기는 무라카미 하루키와도 직접적인 연관이 없다. 하루키의 단골 바도 아니고 작품에 등장하는 장소도 아니다. 그럼에도 소개하는 이유는 하루키를 좋아하고 술을 좋아하는 분들이라면 마음에 쏙 들어 할 만한 공간이기 때문이다. 특히 서비스라는 측면에서 본다면, 이런 데가 또 있을까 싶다. 한 가지 예를 들

'바 텐더리'의 바텐더 미야자키 여사. 각종 칵테일 대회에서 상을 휩쓴 실력파다.
유명 추리작가 오쿠라 다카히로의 최신작 소설에는 바텐더 미야자키 유코 여사의 이름이 등장하기도 한다.

어보자. 내가 이 가게에 갔을 때 기본 서비스 안주로 앵두가 나왔는데, 안주 옆에 한지 비슷한 종이가 소라 모양으로 돌돌 말려 있었다. 너무 예쁜 종이여서 메모지인가 싶어 물어보니, 앵두 씨앗을 버릴 때 쓰라고 놔뒀단다. 손님들이 씨앗을 뱉을 때 보기 흉하지 않도록 예쁜 종이를 일일이 말아서 준비해둔 것이다. 과일 안주 내주면서 씨앗 뱉으라고 작은 접시나 냅킨을 별도로 내주는 경우는 봤어도, 이렇게까지 정성스러운 서비스는 난생처음이었다. 생각해보니, 물수건만 해도 감동이었다. 보통 바에 들어가서 자리에 앉으면 시원한 물 한 잔과 함께 따뜻한 물수건을 내준다. 그런데 이곳은 술을 다 마시고 나갈 때도 또 한번 따뜻한 물수건을 내준다. 집에 갈 때도 상쾌한 기분을 느끼라는 배려였다.

바 텐더리에 친절과 환대만 있다고 생각하면 큰 오산이다. 이 가게를 운영하는 미야자키 유코 여사는 바텐더 경력이 30년 된 베테랑 실력파다. 20대 중후반에 모리와 우에다 같은 거장에게 수학하며 칵테일에 입문했다. 1991년 바텐더 전국 경연대회 과제부문에서 우승을 차지하며 일찌감치 두각을 나타냈고, 2004년에는 총리대신배 칵테일 경연대회 은상을 받기도 했다.

자, 이쯤 해서 슬쩍 귀띔을 하자면, 만화 『바텐더』의 원작자인 아라키 조 역시 이 가게를 찾아왔다고 한다. 그러니 아마도 만화에 나오는 어떤 대목은 바 텐더리의 섬세하고 따뜻한 환대와 친절에서 영감을 받았을지도 모른다. 또 아라키 조 말고도 이 가게를 즐겨 찾는 문인이나 예술가는 꽤 많다. 문화계 인사와 교류가 잦다보니, 유명 추리작가 오쿠라 다카히로大倉崇裕의 최신작 소설에는 바텐더 미야자키 유코 여사의 이름이 등장하기도 한다.

칵테일 마시러 도쿄에 가신다면, 긴자의 유명한 바에만 들르지 말고 여기도 방문해서 미야자키 여사가 내주는 다이키리를 맛보시길. 특히 비 오는 날 오후, 창밖을 내다보면서 깔끔한 다이키리 한 잔을 음미한다면 『국경의 남쪽, 태양의 서쪽』의 주인공 시마모토가 된 기분을 느낄 수 있을 것이다.

팩토리 정(구 팩토리)

주소: 서울 마포구 백범로 31길 7 SK리더스뷰아파트 101동 1층 B119호
전화: 02-337-3133

술꾼에겐 희한한 걱정거리 두 가지가 있다. 하나는 단골 바가 망해서 문을 닫는 거다. 상상해보자. 한 10년쯤 뻔질나게 다닌 술집이 하루아침에 없어진다면 어떻겠는가? 새로운 단골집을 찾아야 하는 수고쯤은 별것 아니다. 심각한 문제는 다른 데 있다. 내 얼굴 표정만 보고도 기분과 상태를 알아채고 거기에 맞춰 칵테일 한 잔을 내미는 바텐더를 어디 가서 찾는단 말인가? 그뿐인가? 그 긴 세월 동안 쌓인 추억과 이야깃거리는 또 어떻고. 술꾼에겐 정든 단골 술집이 사라지는 게 악몽이나 다름없다.

두번째 걱정은 정반대 상황이다. 그러니까 단골 바가 장사가 너무 잘돼 문전성시를 이루는 경우다. 퇴근길에 '촉촉하게' 한잔하러 갔는데 자리가 없다든가, 아니면 겨우 자리에 앉기는 했는데 바텐더가 너무 바빠 눈길 한번 주지 못하는 상황 말이다. 이 역시 술꾼에겐 달갑지 않다. 그래서일까? 신문사 맛집 담당 기자는 자기가 가는 진짜 단골집은 절대로 기사로 안 쓴다고 한다. 단골집에 손님 많아져서 자기한테 좋을 게 없으니까.

내가 '팩토리 정'을 소개하는 것을 놓고 꽤 오랫동안 망설인 이유도 여기에 있다. 그러잖아도 단골이 많은 집인데, 자칫 입소문이라도 크게 나면 나 역시 곤란한 상황에 처할 수 있기 때문이다. 게다가 이 집 사장 두 분의 성향을 볼 때, 무작정 손님 늘어나는 걸 썩 달가워할 것 같지도 않다. 내가 상찬을 늘어놓아봐야 별로 좋은 소리 들을 일도 없다는 말이다. 그럼에도 불구하고, 책을 통해 팩토리 정을 대놓고 알리는 데는 이유가 있다. '하루키의 술'이라는 주제로 책을 쓰면서, 독자들에게 이곳을 소개 안 한다면 두고두고 양심의 가책을 느낄 거 같아서다.

홍대의 터줏대감으로 불리던 팩토리는 지난 2023년 공덕으로 터를 옮기며 이름을 팩토리 정으로 바꿨다. 홍대 시절 팩토리는 지하에 있어 답답한 느낌이 들 때도 있었다. 하지만 지금은 완전히 다르다. 커다란 통창으로 공원 풍경이 한눈에 잡힌다. 봄에는 활짝 핀 꽃을 보고 겨울에는 소복이 쌓인 눈을 구경할 수 있다. 바 내부 분위기도 아담하면서 정겹다. 유행을 좇는 곳처럼 보이지는 않으나, 시대에 뒤처진 느낌이 들지도 않는다. 한마디로 고루하지 않으면서도 경박스럽지 않다.

팩토리 정에서는 칵테일로 먼저 목을 축여보길 바란다. 팩토리 정의 칵테일은 기본에 충실하면서도 때론 과감하고 도전적이다. 마티니와 김렛 같은 클래식 칵테일은 정석 그대로

의 깔끔한 맛을 보여준다. 음식으로 비유하면 대갓집 맏며느리가 만든 정갈한 한정식 반찬 같은 느낌이랄까. 반면 팩토리 정에서만 맛볼 수 있는 시그니처 칵테일은 한껏 자유분방하고 창조적이다. 해마다 버전이 업그레이드되는 '팩토리 시리즈'는 2025년에 15.0까지 나왔고 진저스모키, 에고이스트, 라라랜드, 포숑 같은 오리지널 칵테일 30가지를 맛볼 수 있다. 하나하나가 모두 개성이 넘쳐, 음식으로 치면 미슐랭 쓰리스타 셰프 30명의 특선 요리를 골라서 맛보는 기분이다.

분위기나 맛도 중요하겠지만, 바를 특별하게 만드는 건 결국 '사람'이다. 2009년 12월부터 지금까지 팩토리 정을 지키고 있는 박시영, 한규선 사장을 비롯해 모든 바텐더가 손님을 진심으로 응대한다. 매출을 위해 억지로 꾸며낸 친절이나, 부담스러울 만큼의 과도한 환대는 없다. 그저 이들은 손님을 진심으로 맞이할 뿐이다.

더구나 팩토리 정의 사장 두 분은 하루키의 열렬한 팬이기도 하다. 그들은 15년 전, 바를 열 무렵에도 하루키를 언급했다.

"무라카미 하루키 소설의 주인공인 것처럼 Bar에 기대 앉아
칵테일 색에 취해도 보고, 위스키 잔을 기울이며,
한 걸음 한 걸음 어른이 되어갔던 우리에게
바는 일상의 피로를 놓고 잠시 쉴 수 있는 테라피였죠."

—'팩토리' 블로그, 2010년 2월 27일

하루키 팬들에게만 슬쩍 정보를 드린다면, 팩토리 정에 가면 이 책에 등장하는 하루키가 사랑한 칵테일을 전부 마실 수 있다. 또한 세 가지 아일라 싱글몰트를 한 잔씩 맛볼 수 있는 '하루키를 마시다'라는 이름의 테이스팅 세트도 판다. 특히 하루키에게 헌정하는 '무라카미 하루키'라는 이름의 오리지널 칵테일까지 있다. 나는 '무라카미 하루키' 칵테일이 메뉴에 정식으로 오르기 전에 미리 마셔봤는데, 이거라면 하루키가 정말 좋아할 것 같다는 느낌이 들었다. 어떤 칵테일인지 궁금해하실 분들을 위해 힌트 하나만 드린다면, 베이스는 하루키가 선호하는 보드카다.

팩토리 정 얘길 하다보니 문득 왕가위 감독이 떠오른다. 예전에 왕가위 감독에게 한 기자가 물었다.

"어떻게 하면 배우를 그토록 아름답게 찍을 수 있습니까? 비결이 있나요?"

그러자 왕가위는 이렇게 답했다.

"제가 아름다운 걸 좋아해서 배우를 아름답게 찍는 게 아닙니다. 그들을 사랑하기 때문에 아름답게 찍는 겁니다."

그렇다. 뭔가 아름다운 걸 만들어내려면 진심으로 사랑해야

한다. 지난 15년간 내가 팩토리 정 사람들을 보면서 느낀 게 바로 이것이다. 팩토리 정 사람들은 진심으로 '칵테일을 사랑하고, 손님을 사랑한다'는 것. 그러고보니, 팩토리 정에는 항상 이런 문구가 벽에 붙어 있다.

"Love Drink, Trust Bartender"
(술을 사랑하고 바텐더를 믿어라)

피터 캣

주소: 서울 마포구 와우산로32길 40
전화번호: 070-4125-0099
(하루키를 테마로 한 북카페 피터 캣은
2024년 6월 폐업했다.)

하루키 팬이라면 '피터 캣'이라는 간판을 보는 순간 발걸음을 멈추게 될 것이다. 이 북카페는 하루키가 젊은 시절 7년간 운영한 재즈 바 '피터 캣Peter Cat'에서 이름을 따왔으니까. 하루키의 '피터 캣'이 지금 일본에는 남아 있지 않으니, 하루키 팬들에게는 새로운 '하루키 성지'가 생긴 셈이다.

홍대에서 신촌으로 넘어가는 경의선 책거리에 자리잡은 '피터 캣'은 하루키를 사랑하는 이들에겐 천국이나 다름없다. 구구절절 얘기하기에 앞서 하나만 콕 집어 말하자면, '피터 캣'에서 소장하고 있는 하루키 작품만 120종에 달한다. 국내에서 출간된 모든 소설과 에세이는 물론이고, 일본 원서나 영어 번역본도 있다. 또 1990년대 소형 출판사들이 정식 계약 없이 찍어낸 희귀 '해적본'까지 구해서 갖다 놨다. 베스트셀러 『상실의 시대(노르웨이의 숲)』만 해도, 각기 다른 버전으로 총 6종이나 된다. 하루키 팬들로선 '피터 캣'의 사장이 발품 팔아

경의선 책거리에 있는 북카페 '피터 캣'. 하루키 관련 책 120종이 전시돼 있다.

헌책방을 돌아다니며 모은 희귀본을 구경하는 재미도 쏠쏠할 것이다. 북카페에 흐르는 음악도 대개는 하루키와 관련된 곡이다. 하루키 책에 등장하는 음악이 담긴 CD가 300장이다. 하루키 작품이 가득한 곳에서 하루키가 사랑하는 음악을 들으며 책을 읽다보면 시간이 언제 흘렀는지 모를 정도로 삼매경에 빠진다.

이렇게 멋진 공간을 만든 이는 대체 누구일까도 궁금해진다. 대기업에서 17년간 일하다가 북카페 사장이 된 이한구씨의 이야기는 재즈 바 주인에서 소설가로 변신한 하루키만큼이나 극적이다. 그는 대학 1학년 때 선배가 빌려준 『상실의 시대』를 읽으며 하루키와 처음 만났다. 하지만 본격적으로 하루키에 빠진 건 30대에 들어선 뒤였다. 어느 날 우연히 청계천 헌책방에서 그 책을 집어들었는데, 대학 때 읽었던 느낌과는 전혀 달랐다고 한다. 단순한 연애소설 정도로 여겼지만 시간이 흘러 다시 읽어보니 삶과 죽음, 그리고 사랑에 대한 깊은 성찰과 이해가 담겨 있더라는 것이다. 그날 이후 그는 하루키 작품을 모조리 탐독하며 '하루키스트'의 길을 걷게 된다. 소설과 에세이를 포함해 하루키의 모든 작품을 빠짐없이 읽고, 『상실의 시대』, 『세계의 끝과 하드보일드 원더랜드』, 『댄스 댄스 댄스』, 『해변의 카프카』 같은 작품은 다섯 번 넘게 읽었다고 한다. 하루키의 세계에서 헤어나지 못한 그는 결국 회사를 그만둔 뒤에는 '피터 캣'까지 열게 된다. 헌책방에서 우연히 만난 책 한 권이 이렇게 인생을 바꿨으니, 그가 청계천에서 『상실의 시대』를 집어든 그날은 하루키가 도쿄 진구 구장에서 야쿠르트 스왈로스의 경기를 보다가 소설을 써야겠다고 결심한 1978년 4월의 어느 날과도 비슷한 셈이다.

나는 '피터 캣'이 가지고 있는 매력의 절반은 사장한테서 나온다고 생각한다. 수염 때문에 조금 강한 인상이고 평소엔 말수도 많지 않지만, 문학이나 책 얘기만 나오면 얼굴이 확 밝아진다. 카페 이름이 '피터 캣'이라서 하루키에만 통달한 분인가 싶었는데, 절대 그렇지가 않다. 하루키뿐 아니라 고전과 현대를 막론하고 세계 문학에 정통한 분이다. '피터 캣'에 갖다 둔 세계 문학도서만 천여 권에 달한다고 한다.

'피터 캣' 이한구 사장은 "하루키는 독자를 세계 문학으로 안내하는 훌륭한 관문"이라고 말한다. 그래서 이곳에서는 매주 한 번씩 독서 모임도 연다. 주제는 하루키 문학에서부터 한국문학, 세계문학, 인문학까지 다양하다. 독서 모임에 참석해 함께 책을 읽고 토론하면서 카뮈나 사르트르, 도스토옙스키, 니체를 읽게 되는 손님들을 볼 때마다 큰 보람을 느낀다고 한다. 혹시 '세계문학'이라는 광활한 우주에서 길을 잃고 방황하고 있는 여행자라면 반드시 이곳을 찾아가 이한구 사장께 조언을 구해보시라. 알차고 신나는 문학 여행을 위한 훌륭한 길잡이가 되어줄 것이다.

끝으로 하나만 더. 술꾼이라면 '피터 캣'에서 커피만 마시기엔 심심할 수 있다. 그럴 땐 망설이지 말고 칵테일을 주문해보시라. 미도리의 칵테일인 '보드카 토닉'과 아오마메의 칵테일인 '커티삭 하이볼' 등을 맛볼 수 있다. 야나체크의 〈신포니에타〉를 들으며 『1Q84』를 읽다가 '커티삭 하이볼' 한잔 곁들이는 기분이라니. 상상만 해도 정말 기가 막히지 않은가.

부록 2

술꾼이 밑줄 그은
하루키의 문장

술

세상에는 크게 두 부류의 술꾼이 있다. 하나는 자신에게 뭔가를 보태기 위해 술을 마셔야 하는 사람들이고, 또 하나는 자신에게서 뭔가를 지우기 위해 술을 마셔야 하는 사람들이다.

―「드라이브 마이 카」

한 사람의 인간이 습관적으로 많은 양의 술을 마시게 되는 데에는 여러 가지 이유가 있다. 이유는 다양하지만, 결과는 대개 똑같다.

―『양을 쫓는 모험』

그것은 어쩌면 술이라는 것이, 모든 음식물 가운데서 가장 흥이 나는 축제와 같은 성격을 지니고 있기 때문일지도 모른다.

―『세계의 끝과 하드보일드 원더랜드』

"그러니까 초조해요."

"그것도 잘 이해할 수 있어." 나는 말했다. "그러한 때에 우리 어른들은 술을 마셔요."

—『댄스 댄스 댄스』

맥주

여름 내내 나하고 쥐는 마치 무엇인가에 씐 것처럼 25미터 풀을 가득 채울 정도의 맥주를 퍼마셨고, 제이스 바의 바닥에 5센티미터는 쌓일 만큼의 땅콩 껍질을 버렸다.

—『바람의 노래를 들어라』

그녀는 내 등에 두른 팔에 다시 힘을 주었다. 나는 명치 부근에서 그녀의 가슴을 느꼈다. 견딜 수 없이 맥주가 마시고 싶었다.

—『바람의 노래를 들어라』

"맥주의 좋은 점은 말이야, 전부 오줌으로 변해서 나와 버린다는 거지, 원 아웃, 1루, 더블 플레이, 아무것도 남지 않는 거야."

—『바람의 노래를 들어라』

나는 이미 맥주를 충분히 마신 게 아닐까? 물론 서른이 되든 마흔이 되든 맥주는 얼마든지 마실 수 있다. 하지만 여기서 마시는 맥주만은 다르다고 그는 생각했다.

—『1973년의 핀볼』

부디 내 몫의 맥주 마시는 일을 잊지 말게나.

—『양을 쫓는 모험』

나는 마음껏 맥주를 마시기 위해서 수영장에 다니거나 조깅을 하면서 배의 군살을 빼고 있다.

—『세계의 끝과 하드보일드 원더랜드』

나는 햇살이 눈부시게 쏟아지는 잔디밭에 누워서 음악을 들으며, 시원한 맥주를 마시고 싶다. 그 이상은 아무것도 바라지 않는다.

—『세계의 끝과 하드보일드 원더랜드』

"하루가 저물 무렵에 마시는 아주 차가운 맥주 한 병은 정말 기가 막힙니다."

—『태엽 감는 새』

틀림없이 언젠가는, 나는 먼 세계의 기묘한 장소에서 나 자신을 만날 것 같다. 그리고 그곳이 될 수 있으면 따스한 장소였으면 좋겠다고 생각한다. 만일 거기에 차가운 맥주 몇 병이 있으면 바랄 게 없을 것이다.

—「1963년, 1982년의 아파네마 아가씨」

위스키

조금이라도 가을 냄새가 느껴질 때면, 쥐는 맥주는 안 마시고 버번을 온더록스로 마구 마셔대며 스탠드 옆에 있는 주크박스에 쉴새없이 돈을 집어넣고, 핀볼 기계를 반칙 사인이 나올 때까지 발로 차서 J를 당혹스럽게 했다.

—『바람의 노래를 들어라』

나는 두 잔째 위스키를 제일 좋아한다. 첫 잔째의 위스키로 한숨 돌린 기분이 되고, 두 잔째의 위스키로 머리가 정상이 된다. 석 잔째부터는 맛 따위는 없다. 그저 위 속에 들어부을 뿐이다.

—『양을 쫓는 모험』

그런 일을 멍하게 생각하고 있을 동안 이 세상에 또 한 사람의 내가 존재하고 있어서 지금쯤 어떤 바에서 기분 좋게 위스키를 마시고 있을 것 같은 생각이 들기 시작했다. 그리고 생각하면 생각할수록 그쪽의 내가 더 현실의 나처럼 여겨졌다.

—『양을 쫓는 모험』

그 대신 나는 얼음 없이 위스키를 마셨다. 만약 이런 식으로 겨울 한 철을 난다면 나는 알코올 중독자가 되어 버릴지도 모를 일이다.

—『양을 쫓는 모험』

나는 부엌으로 가서 위스키 병과 잔을 가져다가 5센티미터 정도를 마셨다. 위스키를 마시는 것 이외에는 아무것도 생각나지 않았다.

—『양을 쫓는 모험』

경매에 붙여지기 전에 약용 알코올로 보기 좋게 광낸 중고품 같은 하늘이었다. 나는 그런 하늘을 위해, 옛날에는 신품이었던 여름 하늘을 위해, 또 한 모금의 위스키를 마셨다. 나쁘지 않은 스카치 위스키였다.

—『양을 쫓는 모험』

위스키란 처음에는 그저 바라보기만 해야 제격이다. 바라보다가 지치면, 그제야 마시는 것이다.

—『세계의 끝과 하드보일드 원더랜드』

맥주나 위스키를 마시면서 내 삶을 지탱해왔다. 자연히 신문이나 잡지 같은 걸 훑어볼 필요가 없었던 것이다.

—『세계의 끝과 하드보일드 원더랜드』

한밤중 두세 시에 눈을 뜨곤 그대로 잠들지 못할 때도 종종 있었다. 그럴 때면 나는 침대에서 나와 부엌으로 가서 위스키를 잔에 따라 마셨다. 창밖으로 어두운 묘지와 그 아래로 난 도로를 달려가는 자동차의 헤드라이트가 보였다. 술잔을 손에 들고 나는 그런 풍경을 하염없이 바라보았다.

—『국경의 남쪽, 태양의 서쪽』

덴고는 눈을 뜨고 의식의 집중을 풀고 깊은 숨을 토해내고, 버번 위스키를 한 모금 마셨다. 그것이 목구멍을 지나 식도를 타고 내려가는 감촉을 맛보았다.

—『1Q84』

위스키를 잔에 따르니 무척 좋은 소리가 났다. 가까운 사람이 마음을 여는 듯한 소리다. 우리는 위스키를 마시며 음식 준비를 했다.

—『기사단장 죽이기』

기타

브랜디는 침묵과 잘 어울리는 술이다. 조용히 잔을 흔들며 색깔을 바라보고, 향기를 맡으며 시간을 때울 수 있다.

—「기노」

나는 배낭에서 브랜디를 담은 얇은 금속제 물통을 꺼내어, 한 모금 입에 넣고 천천히 삼켰다. 따뜻한 감촉이 목구멍으로부터 위장으로 서서히 내려가는 것이 느껴졌다. 그리고 그 따스함은 위에서 몸 구석구석으로 퍼져나갔다.

—『상실의 시대』

나는 태어나서 지금껏 숙취를 겪어본 적이 없다. 이유는 모른다. 아마 타고난 체질이리라. 아무리 술을 마셔도 하룻밤 자고 일어나면 알코올의 흔적은 완전히 지워져버린다.

—『기사단장 죽이기』

"여름날 오후에 마시는 상온의 셰리주를 나는 옛날부터 아주 좋아했답니다. 날씨가 무더울 때 차가운 술을 마시는 건 그리 좋지 않아요. 셰리주를 마시고 자리에 누워 설핏 눈을 붙입니다. 나도 알지 못하는 사이에 잠이 들어요. 잠에서 깨어나면 조금쯤은 더위가 사라집니다. 언젠가 그런 식으로 죽을 수 있으면 좋겠어요."

—『1Q84』

감사의 말

'하루키의 술'이라는 멋진 주제를 떠올리게 해주신 김민경 님에게 깊은 감사 인사를 전합니다. '돈가스를 좋아하는' 민경 님의 각별한 관심과 애정이 없었다면, 이 책은 세상으로 나오지 못했을 겁니다.

박시영, 한규선 두 분을 비롯한 홍대 '팩토리' 식구들의 헌신과 열정도 잊을 수 없습니다. 그들은 책의 공동 작업자로서 200%의 역할을 해주셨습니다. 진심으로 감사합니다.

선배를 도와주겠다며 일본까지 따라가 사진을 찍어준 김태효님의 노고에는 절로 고개가 숙여집니다. 정말 고맙습니다.

전작『열정적 위로, 우아한 탐닉』으로 맺어진 인연으로 기꺼이 '재능기부'를 해주신 강릉의 김동욱 선생님에게도 감사드립니다. 꼭 찾아뵙고 인사드리겠습니다.

혹시 틀린 곳이 있을까 전전긍긍하던 나를 위해 원고를 살펴봐준 분도 있습니다. '피터 캣'의 이한구 사장님, 소문난 '하루키스트'인 유성재 SBS 기자, 『하루키를 찾아가는 여행』의 저자인 신성현 작가입니다. 또 책 출간과 관련해 따뜻한 조언을 해준 머니투데이 신혜리 기자를 비롯해 김상훈, 박경진, 정현환 세 분에게 고맙다는 말을 전하고 싶습니다.

 모두 감사합니다.

하루키를 읽다가 술집으로

ⓒ 조승원 2025

1판 1쇄 발행 2018년 9월 20일
1판 6쇄 발행 2023년 7월 18일
2판 1쇄 발행 2025년 7월 12일

지은이	조승원
편집	최연희 이희연 정소리
디자인	최윤미
마케팅	김다정 박재원
브랜딩	함유지 박민재 김희숙 이송이 박다솔 조다현 김하연 이준희 복다은
제작	강신은 김동욱 이순호
제작처	천광인쇄사
펴낸곳	(주)교유당
펴낸이	신정민
출판등록	2019년 5월 24일 제406-2019-000052호
주소	10881 경기도 파주시 회동길 210
전화	031-955-8891(마케팅) | 031-955-2692(편집) | 031-955-8855(팩스)
전자우편	gyoyudang@munhak.com

홈페이지 www.gyoyudang.com
인스타그램 @thinkgoods \| 트위터 @think_paper \| 페이스북 @thinkgoods

ISBN 979-11-94523-56-7 03810

- 싱긋은 (주)교유당의 교양 브랜드입니다.
  이 책의 판권은 지은이와 (주)교유당에 있습니다.
  이 책 내용의 전부 또는 일부를 재사용하려면 반드시 양측의 서면 동의를 받아야 합니다.